RESEARCH ON
THE
LEGAL
INTERESTS
OF
UNREGISTERED
TRADEMARKS
IN CHINA

# 我国未注册商标法益研究

咸晨旭／著

法律出版社
LAW PRESS·CHINA
北京

## 图书在版编目（CIP）数据

我国未注册商标法益研究 / 咸晨旭著. -- 北京：法律出版社, 2025. -- ISBN 978-7-5244-0373-9

Ⅰ. D923.434

中国国家版本馆 CIP 数据核字第 2025H0L291 号

我国未注册商标法益研究
WOGUO WEI ZHUCE SHANGBIAO FAYI YANJIU

咸晨旭 著

责任编辑　李　群　陈　熙
装帧设计　汪奇峰　苏　慰

| | | | |
|---|---|---|---|
| 出版发行　法律出版社 | | 开本　710 毫米 × 1000 毫米　1/16 | |
| 编辑统筹　法规出版分社 | | 印张　19　　字数　220 千 | |
| 责任校对　张红蕊 | | 版本　2025 年 5 月第 1 版 | |
| 责任印制　耿润瑜 | | 印次　2025 年 5 月第 1 次印刷 | |
| 经　　销　新华书店 | | 印刷　北京科信印刷有限公司 | |

地址：北京市丰台区莲花池西里 7 号（100073）
网址：www.lawpress.com.cn　　　　　　销售电话：010-83938349
投稿邮箱：info@lawpress.com.cn　　　　客服电话：010-83938350
举报盗版邮箱：jbwq@lawpress.com.cn　　咨询电话：010-63939796
版权所有·侵权必究

书号：ISBN 978-7-5244-0373-9　　　　　　定价：58.00 元

凡购买本社图书，如有印装错误，我社负责退换。电话：010-83938349

# 序 一

基于自愿注册原则和实践需求，未注册商标在我国长期存在且绝非少数。遏制针对未注册商标的恶意抢注与商誉侵占，不仅顺应当前我国商标注册制度强调商标使用的改革方向，有助于应对商标侵占、商标劫持等商标领域劣币驱良币的乱象，还关乎商标法与反不正当竞争法的规范协同以及公平竞争市场秩序的构建与维护。在我国商标权注册取得模式下，未通过注册形成标准化财产内容之未注册商标，仍属"法益"范畴，在商标保护"权利"理论占主导地位的理论体系中，其保护机制尚缺乏完整的理论基础与科学的制度架构，极有必要对未注册商标法益保护机制进行深入检视与反思，分析其系统化完善的思路。

咸晨旭博士这本书，第一，对分散在《商标法》和《反不正当竞争法》多个条款中，具有非体系化缺陷的未注册商标法益规则进行系统梳理，释明模糊与不确定之处，整理出清晰的制度架构，澄清认识误区。第二，深入检视未注册商标法益设置的内部规则，总结归纳存在的突出问题；考察未注册商标法益设置运行过程中的运行冲突，为有针对性地提出完善路径奠定基础。第三，从《商标法》与《反不正当竞争法》在未注册商标法益设置上的应有定位、未注册商标法益取得的实质要求、商标授权确权阶段与商标侵权阶段我国未注册商标法益的具体设置等方面，提出我国未注册商标法益设置系统完善的路径。

  本书从未注册商标的形成逻辑出发，在注册商标权、商标专用权等"权利"理论外，从"法益"视角研究未注册商标，探究未注册商标保护机制背后的运行机理，是对未注册商标保护理论体系的丰富和发展。同时，在《商标法》修法着力解决商标法律制度设计"重注册、轻使用"的问题时，本书着眼于未注册商标这类因"使用"形成的、真正发挥商标功能且符合商标本质的标识的法益保护问题，从另一视角研究商标法律制度强化商标使用的完善路径。我国《商标法》正迎来第五次修订，其中未注册商标保护相关条款被纳入讨论范围。本书分析未注册商标法益保护机制的基本原理，以问题为导向，从宏观和微观两个方面提出未注册商标法益设置的具体建议，为未注册商标法律保护制度的完善提供明确、具体的实证与理论基础。

中南财经政法大学教授 博士研究生导师

2025 年 6 月 3 日

# 序 二

我国在商标权取得上秉持着商标注册的基本原则,《商标法》以商标注册为基础建立起整个制度。在此种商标法律框架下,我国未注册商标以法益属性存在,并具有以《商标法》上未注册商标法益和《反不正当竞争法》上未注册商标法益为主的法益内容。深入研究我国与未注册商标法益相关的法律规定发现,我国在未注册商标法益设置方面存在一些问题,不仅不能有效保护未注册商标所有人通过商标使用所获得的利益,还在一定程度上刺激了实践中频频发生的恶意抢注以及不当抢注他人未注册商标的行为。为解决相关问题并完善我国现有商标法律制度,本书基于我国未注册商标的法益属性,运用历史研究、比较研究和案例分析的研究方法,论述未注册商标法益的正当性基础以及设置与保护未注册商标法益对我国商标注册制度的有益影响,并通过剖析我国和域外有关未注册商标法益的现有规定,探究我国未注册商标法益设置的应有状态。本书

---

① 为便于阅读,本书中的法律规范性文件均使用简称。

的最终研究目的并非刻意加大我国对未注册商标法益的保护力度，而是希望通过合理的制度安排和对现有制度的解释，勾勒出一个针对未注册商标法益的规范化体系，使合法的未注册商标法益得到应有的保护，使恶意抢注、不当抢注他人未注册商标的行为得到有效制止。

在具体研究中，认识未注册商标与法益的概念是明确未注册商标法益内涵的前提。未注册商标是通过"使用"与商品或服务结合，能够识别商品或服务来源的标志。法益是权利之外存在的，法律主体享有的受法律保护的利益。结合未注册商标与法益的概念，未注册商标法益是指法律主体就未注册商标享有的，基于商标使用行为产生的，不同于商标权的，受法律保护的利益，其本质是基于商标使用行为产生的商誉或商标经使用实际具有的来源识别性。在我国，未注册商标法益有其存在的实践基础。首先，商标法律制度为未注册商标预留了存在的空间且未注册商标有其存在的现实需要与优势，这构成了未注册商标存在的法律上的正当性和实践上的必要性；其次，在商标法领域的权利保护和法益保护的两分格局下，知识产权法定原则与商标注册的设权性是决定我国未注册商标法益属性的重要因素；最后，以我国商标法律制度为基础，我国已存在驰名未注册商标、在先使用并具有一定影响的未注册商标和普通未注册商标三种类型的未注册商标。此外，考察我国未注册商标法益的发展历程可知，未注册商标法益在我国经历了从无到有，并逐渐发展完善的过程。上述内容均构成我国未注册商标法益的制度背景。

法律保护一项法益时，往往会影响与之相关的主体的权利与义务，因此在确定一项法益时需要论证其存在的理论正当性。未注册商标法益的正当性基础是法律设置并保护未注册商标法益的根基所在。哲学特别是法哲学是论证权利或法益正当性最先求助的知识，未注册商标中蕴含着未注册商标所有人使用商标的劳动，负载着其指代商品或服务的使用价值与符号价值，因而设置与保护未注册商标法益与劳动财产权理论和符号价值理论充分契合。法哲学之外，法理作为法律制度中的普遍原理可为未注册商标法益的正当性提供基础。在先占理论下，在先使用未注册商标的所有人虽未通过注册完成先占，但已通过使用从事实上占有了商标法意义上的无主物，这种占有更符合商标作为财产权客体的本质。在正义理论下，未注册商标因使用具有了实际的来源识别性与商誉，产生了商标法律制度上的法益的，理应受到适当保护。此外，商标注册制度是我国商标法的基本制度，对未注册商标法益的探讨应以不颠覆现有商标注册制度为前提，经分析可知，无论是从自然法理论与功利主义相辅相成的角度，还是从公平价值与效率价值兼顾平衡的角度看，未注册商标法益的设置都是对注册取得商标权制度的有益补充。

明确了未注册商标法益的正当性基础后，对我国未注册商标法益进行类型化分析是体系化梳理我国未注册商标法益内容的有效途径。未注册商标法益在我国主要包括《商标法》上的未注册商标法益和《反不正当竞争法》上的未注册商标法益。在《商标法》上，我国驰名未注册商标具有最为全面的法益，这不仅可以制止他人混淆性注册，还可以禁止他人的擅自使用；在先使用并具有一定影响的未注册商标所有人在他人以"不正当手段"抢注时享有异议权与无效宣告请求权，除此之外，还享有商标先用权；普通未注册商标的法益十分有限，仅在相对人与未注册商标所有人存在法律规定的特殊关系时，才能制止相对人抢注，以及在相对人是代理人或代表人的情况下禁止其对未注册商标的使用。在《反不正当竞争法》上，我国有一定影响的未注册商标具有仿冒禁止法益，能够制止他人擅自实施的混淆性使用行为。除《商标法》和《反不正当竞争法》外，我国民法上涉及民事权益的一般条款可作为未注册商标法益受保护的依据，《著作权法》和《专利法》在一定条件下保护未注册商标。上述我国未注册商标法益的设置，发挥着保护未注册商标使用者使用未注册商标所生利益的重要功能。但是，深入检视我国法律对未注册商标法益的具体规定可知，目前我国仍存在对未注册商标法益保护整体不足；未注册商标法益制度本身存在模糊、不协调和引发争议的部分；《商标法》与《反不正当竞争法》在未注册商标法益设置上界限不明的制度缺陷，这严重影响了我国对未注册商标法益的调整与保护。除上述缺陷外，我国未注册商标法益设置的关键问题表现为"未注册商标法益保护"与"恶意注册的法律规制"混同，这不仅使我国未注册商标法益规则体系整体目的不明，亦使恶意侵占未注册商标法益的认定与法律后果不匹配。在"未注册商标法益保护"与"恶意注册的法律规制"混同的表象背后，我国未注册商标不具有独立的法律地位是症结所在。

域外采用不同商标权取得模式的国家的未注册商标法益实践各具特点。这些国家以德国、日本和美国为代表，德国采用使用与注册并行制；日本采用注册取得权利，使用产生法益的注册制；美国采用以使用为主、注册为辅的使用制。在德国、日本和美国各自代表性的商标权取得模式下，未注册商标具有不同的法律属性、保护方式、法律救济等，但德国、日本和美国在调整未注册商标时均意在维护商标使用所生之利益,这与我国设置未注册商标法益的意旨一致。德国、日本和美国在可受保护的未注册商标、《商标法》与《反不正当竞争法》在未注册商标法益上的划分、未注册商标的法益内容上的特点与共性,为完善我国未注册商标法益的设置提供了参考。以我国法律对未注册商标法益规定的现存问题为基础,在酌情参考域外未注册商标法益的实践经验后,本书建议在完善我国未注册商标法益设置时:首先,明确我国《商标法》与《反不正当竞争法》在未注册商标法益设置上的应有定位和未注册商标法益取得的实质要求,这是我国设置未注册商标法益的前提。其次,在商标授权确权阶段,在《商标法》上通过区分恶意抢注与不当抢注,划分"未注册商标法益保护"与"恶意注册的法律规制"的清晰界限。对于恶意抢注未注册商标的,落入惩罚恶意的法律规制不对未注册商标通过使用形成的影响力作过高要求,只要求未注册商标具有受法律保护的状态即可,且《商标法》增加针对恶意抢注的损害赔偿责任的规定;对于不当抢注未注册商标的,以存在混淆可能性为禁止依据,要求未注册商标具有识别商品或服务来源的较高的影响力。最后,在商标侵权阶段,《反不正当竞争法》增加"未注册商标"概念,并为一般未注册商标设置反混淆法益,为驰名未注册商标设置反淡化法益。

# 目 录

**前　言**
**001**

一、封锁《商标法》修法后恶意注册存在的制度空间　002

二、完善我国未注册商标法益相关制度以适当保护未注册商标　004

三、促进商标法制度效用的充分发挥　005

四、解决未注册商标侵权频发和维权困难的紧迫问题　006

**第一章
基本理论：
未注册商标
法益之概述
008**

第一节　未注册商标法益的范畴剖析　009
　一、未注册商标的概念　009
　二、法益的概念与特征　015
　三、未注册商标法益的内涵　020

第二节　我国未注册商标法益的实践基础　023
　一、我国未注册商标的存在缘由　023
　二、我国未注册商标的法益属性　027
　三、我国未注册商标的基本类型　031

| 第三节 我国未注册商标法益的发展历程 | 035 |
| 一、我国未注册商标法益的历史溯源 | 035 |
| 二、我国未注册商标法益的现代演进 | 041 |
| 本章小结 | 050 |

**第二章 多维探究：未注册商标法益之正当性基础 052**

| 第一节 未注册商标法益的法哲学依据 | 053 |
| 一、劳动财产权理论 | 054 |
| 二、符号价值理论 | 059 |
| 第二节 未注册商标法益的法理支撑 | 064 |
| 一、先占理论 | 064 |
| 二、正义理论 | 069 |
| 第三节 未注册商标法益设置是注册取得商标权制度的补充 | 074 |
| 一、法哲学视角：自然法理论与功利主义的相辅相成 | 075 |
| 二、法经济学视角：公平价值与效率价值的兼顾平衡 | 080 |
| 本章小结 | 085 |

**第三章 系统梳理：我国未注册商标法益之类型化分析 087**

| 第一节 我国《商标法》上的未注册商标法益 | 088 |
| 一、我国驰名未注册商标之法益 | 088 |
| 二、我国在先使用并具有一定影响的未注册商标之法益 | 099 |
| 三、我国普通未注册商标之法益 | 112 |

| | 第二节 我国《反不正当竞争法》上的 | |
| --- | --- | --- |
| | 　　　　未注册商标法益 | 119 |
| | 　一、我国反不正当竞争法与知识产权法 | |
| | 　　　的关系 | 120 |
| | 　二、《反不正当竞争法》的重要内容 | |
| | 　　　——反仿冒 | 121 |
| | 　三、我国未注册商标之仿冒禁止法益 | 124 |
| | 第三节　我国其他法律上的未注册商标法益 | 143 |
| | 　一、我国民法上的未注册商标法益 | 143 |
| | 　二、我国《著作权法》对未注册商标 | |
| | 　　　的保护 | 145 |
| | 　三、我国《专利法》对未注册商标的 | |
| | 　　　保护 | 147 |
| | 本章小结 | 148 |

| 第四章 | 第一节　我国未注册商标法益相关的制度 | |
| --- | --- | --- |
| 深入检视： | 　　　　缺陷 | 152 |
| 我国法律对 | 　一、对未注册商标法益保护整体稍显不足 | 152 |
| 未注册商标 | 　二、未注册商标法益制度本身存在模 | |
| 法益规定之 | 　　　糊、不协调和引发争议的部分 | 153 |
| 瑕疵解析 | 　三、《商标法》与《反不正当竞争法》 | |
| 151 | 　　　在未注册商标法益设置上界限不明 | 156 |
| | 第二节　我国未注册商标法益设置的关键 | |
| | 　　　　问题 | 158 |
| | 　一、混乱表象："未注册商标法益保护" | |

| | | 与"恶意注册的法律规制"混同 | 158 |
| | | 二、症结所在：未注册商标不具有独立的法律地位 | 168 |
| | 本章小结 | | 172 |
| 第五章<br>域外考察：<br>有关国家<br>未注册商标<br>法益之<br>实践经验<br>174 | 第一节 德国未注册商标法益考察 | | 175 |
| | 一、德国的商标权取得模式 | | 176 |
| | 二、《德国商标法》上的未注册商标权益 | | 178 |
| | 三、《德国反不正当竞争法》上的未注册商标法益 | | 184 |
| | 第二节 日本未注册商标法益考察 | | 190 |
| | 一、日本的商标权取得模式 | | 191 |
| | 二、《日本商标法》上的未注册商标法益 | | 192 |
| | 三、《日本反不正当竞争法》上的未注册商标法益 | | 198 |
| | 第三节 美国未注册商标法益考察 | | 203 |
| | 一、美国的商标权取得模式 | | 204 |
| | 二、美国联邦商标法上的未注册商标法益 | | 206 |
| | 三、美国联邦反不正当竞争法上的未注册商标法益 | | 213 |
| | 第四节 域外未注册商标法益的总结分析 | | 218 |
| | 一、可受保护的未注册商标 | | 219 |
| | 二、未注册商标的法益内容 | | 220 |
| | 三、商标法与反不正当竞争法在未注册商标法益上的划分 | | 222 |
| | 本章小结 | | 223 |

## 第六章 制度设计：我国未注册商标法益设置之完善思路 226

第一节 我国未注册商标法益设置的基本前提 227

一、《商标法》与《反不正当竞争法》在未注册商标法益设置上的应有定位 227

二、未注册商标法益取得的实质要求 232

第二节 我国未注册商标法益的具体设置——商标授权确权阶段 241

一、恶意抢注未注册商标：落入惩罚恶意的法律规制 241

二、不当抢注未注册商标：以混淆可能性为禁止依据 245

三、未注册商标先用权 249

第三节 我国未注册商标法益的具体设置——商标侵权阶段 252

一、一般未注册商标之反混淆法益 253

二、驰名未注册商标之反淡化法益 255

第四节 完善我国未注册商标法益设置的立法建议 256

本章小结 260

## 结　语 263

## 参考文献 266

# 前　　言

商标注册制度是我国《商标法》的根本制度，《商标法》围绕商标注册展开，并为商标注册服务。在商标注册制度下，基于商标注册的公示效力，商标权利归属一目了然，注册商标自然成为《商标法》首要的调整对象，但《商标法》对注册商标的过多关注，不免会造成对未注册商标的关注不足。即使在历次修法中，我国《商标法》逐步增加了有关未注册商标法益的法律规定，但因对未注册商标保护力度过大会冲击到商标注册制度，现有未注册商标法益的设置往往隐于对恶意注册的法律规制中，这不仅抬高了构成恶意抢注的法律门槛，缩小了恶意注册的规制范围，更使未注册商标法益的设置丧失了自身独立的法律价值。我国《反不正当竞争法》中的商业标识保护制度是我国商标法律制度的重要补充，虽然无论是司法实践还是学术研究均将我国《反不正当竞争法》对"有一定影响的商品名称、包装、装潢"的规定视为对未注册商标的保护，但《反不正当竞争法》未提及"未注册商标"概念，这在一定程度上传递出我国《反不正当竞争法》对未注册商标法益的含糊态度，不利于对市场上经营者的行为作出明确指引。

上述我国在未注册商标法益设置上的问题，不仅在实践中引发了众多诸如以商标恶意抢注、商标囤积为主的商标恶意注册，更使我国《商标法》制度效用得不到充分发挥。事实上，经过有效使用的未注册商标承载着商标使用者所经营商品或服务的商誉，设置并保护未注册商标法益，不仅符合我国《商标法》的基本精神，更是对现有商标注册制度的有益补充。在此背景下，研究我国未注册商标法益至少具有如下重要意义。

### 一、封锁《商标法》修法后恶意注册存在的制度空间

2019 年 4 月 23 日，第十三届全国人大常委会第十次会议决定对我国《商标法》作出修改。依据国家知识产权局的修法解读可得，本次修法的目标在于从源头遏制商标恶意注册行为，使商标注册回归以使用为目的的制度本源。① 为此，修改后的《商标法》不仅规定了对于不以使用为目的的恶意商标注册申请应当予以驳回，商标代理机构知道或者应当知道委托人属于恶意注册时不得接受其委托，还规定了对于申请人、商标代理机构恶意申请和恶意诉讼行为的处罚措施。

修法后，依据《商标法》第 4 条对"不以使用为目的的恶意商标注册"行为的规制，一些不具有使用目的、扰乱商标注册秩序的恶意商标注册将失去生存空间。但需要注意的是，"不以使用为目的的恶意商标注册"并非包含所有"不以使用为目的"的商标注册行为，作为一种绝对禁注情形，有较之相对禁注事由更加严格的适用空间，主要针对在申请审查阶段能够以显著事实确定具有"不以

---

① 参见国家知识产权局：《商标法修改相关问题解读》，载中央人民政府网 2019 年 5 月 9 日，http://www.gov.cn/zhengce/2019-05/09/content_5390029.htm。

使用为目的"且具有损害公共利益"恶意"（如占用商标资源）的商标囤积注册，而单个或少数的商标注册行为，即便不具有使用意图，也应留给"撤三"制度去解决。① 基于此，现实中针对未注册商标的，不以使用为目的的商标恶意抢注，只要尚未达至典型的商标囤积的地步，就不能以2019年《商标法》第4条为禁止注册的依据。综上，2019年《商标法》修改后对打击恶意注册行为关口的前移，遏制的仅是商标恶意注册中的商标囤积行为，而对商标恶意抢注效用有限。

商标恶意抢注是指在未注册商标所有人申请商标注册之前，他人出于侵占在先未注册商标商誉、阻碍未注册商标所有人正常商业活动等不正当目的实施的注册行为，对在先使用人的未注册商标法益危害极大。依据我国《商标法》对商标不予注册理由（绝对不予注册理由和相对不予注册理由）的划分，此类损害特定民事主体利益而非公共利益的情形并不适宜像商标囤积行为一样，在商标申请阶段由商标审查机构主动审查，而应由未注册商标所有人自行维权。《商标法》对未注册商标法益的设置直接关系到未注册商标所有人的维权难度和制止恶意抢注行为的可能性。但从现行商标法律制度看，我国未注册商标法益的设置，并不能有效保护未注册商标，不能有效制止恶意抢注未注册商标的行为。基于此，研究我国未注册商标法益对遏制商标恶意抢注，封锁2019年《商标法》修法后留下的恶意注册存在的制度空间具有重要的现实意义。

---

① 参见孔祥俊：《论非使用性恶意商标注册的法律规制——事实与价值的二元构造分析》，载《比较法研究》2020年第2期。

## 二、完善我国未注册商标法益相关制度以适当保护未注册商标

目前,我国有关未注册商标法益的法律规定主要有:(1)《商标法》第 13 条对驰名未注册商标的规定;(2)《商标法》第 15 条对代理人、代表人和关系人抢注的规定;(3)《商标法》第 32 条对在先权利和以不正当手段抢注他人在先使用并具有一定影响商标的规定;(4)《商标法》第 59 条对商标先用权的规定;(5)《反不正当竞争法》第 6 条第 1 款对"有一定影响的商品名称、包装、装潢等相同或者近似的标识"的规定,等等。上述规定在保护未注册商标时存在一定的局限:《商标法》第 13 条仅保护少数驰名未注册商标,不具有普遍适用性;《商标法》第 15 条和第 32 条的规制重点在于惩罚恶意而非保护在先使用的未注册商标;《商标法》第 59 条维护了未注册商标在先使用人的正当利益,却无法阻却抢注未注册商标的行为;《反不正当竞争法》的规定之于《商标法》的规定对未注册商标的保护具有补充作用,但《反不正当竞争法》甚至未出现"未注册商标"的概念,且不能适用抢注但不使用的情形。

依据上述我国有关未注册商标法益的法律规定,在先使用尚未具有一定影响的未注册商标即使在对方恶意抢注的情况下也无法获得法律救济,在先使用具有一定影响的未注册商标只能借助对抢注人恶意的规制获得保护。具言之,在我国,未注册商标并不具有真正的能够防止商标利益被侵占的法益,尚未形成独立的法律地位。此种现状不仅不利于对未注册商标的保护,更在一定程度上鼓励了商标抢注、商标挟持等利用注册制度施行的不正当行为,这与我国商标制度的根本宗旨相违背。研究我国未注册商标法益时,发现我

国未注册商标法益相关制度存在的问题并提出相应的完善思路是重要部分，制度完善后将有助于实现我国对未注册商标的适当保护，防止商标注册制度沦为他人不正当竞争的工具。

**三、促进商标法制度效用的充分发挥**

较少关注未注册商标法益使我国现行商标法律制度效用有限。以 2020 年的数据为例，截至 2020 年年底，我国商标有效注册量达 2839.3 万件，① 稳居世界首位，但我国市场主体达 1.4 亿户，② 如果按照一个市场主体只拥有一件注册商标计算，有超过 1 亿的市场主体不拥有注册商标。事实上，现有注册商标并非按照一个市场主体拥有一个注册商标分布，而是众多注册商标集中在少部分市场主体手中。统计数据显示：截至 2018 年 6 月 30 日，仅腾讯科技（深圳）有限公司的商标持有量就达 13998 件，阿里巴巴集团以 13214 件紧随其后；仅 2019 年上半年，国内商标注册申请量前十的申请人就合计申请商标 16513 件。这意味着在我国不拥有注册商标的市场主体的数量远超 1 亿。如果按比例计算，可以说拥有注册商标的市场主体占市场主体的比例低于 20%。与此同时，以 2019 年上半年为例，我国商标申请量为 76696 件，因连续 3 年停止使用被撤销的商标达 28337 件，这不仅折射出我国商标囤积现象严重，更说明拥有注册商标并在实际生产经营中使用注册商标的市场主体的数量占市场主体数量的比例远低于 20%。一般情况下，市场主体在进入市场时，会使用一定的符号将自己与其他市场主体加以区分，这些符号在使

---

① 参见国家知识产权局发布的《2020 年四季度各省、自治区、直辖市商标注册申请量、注册量统计表》。
② 参见国家统计局发布的《2020 年国民经济和社会发展统计公报》。

用过程中逐渐成为消费者识别商品或服务来源的商标。少部分市场主体在使用特定符号前或者使用特定符号后会进行商标注册，但大部分市场主体并不具有这种意识或基于战略安排选择先不进行商标注册，因而，现实中存在大量的使用但未进行注册的商标。

我国采用注册取得商标权模式，只有注册才能取得商标专用权，同时《商标法》开宗明义，在第1条规定，"为了加强商标管理，保护商标专用权……特制定本法"，因此，我国《商标法》调整和保护的对象主要是注册商标。单行法是调整特定法律关系的法律规范的总称，如《民法典》婚姻家庭编是调整婚姻家庭关系的法律规范的总和，那么《商标法》应是调整商标法律关系的法律规范的总和。"商标"并不仅仅指注册商标，应包括注册商标和未注册商标。如果我国《商标法》过度关注注册商标，而不对存在于市场上远多于注册商标的未注册商标进行有效调整与保护，将使我国《商标法》只对少数对象发挥作用，《商标法》加强商标管理、维护市场秩序、促进市场经济发展的价值与目标不可能最大限度地实现。因此，研究我国未注册商标法益，探究《商标法》调整与设置未注册商标法益的路径，有助于促进我国《商标法》制度效用的充分发挥。

## 四、解决未注册商标侵权频发和维权困难的紧迫问题

有关未注册商标法益的问题在我国《商标法》2013年修改时得到了广泛关注，但此次修法仅增加了有关禁止因合同、业务往来等关系明知他人商标存在而抢注和商标先用权的规定。由于有关禁止因合同、业务往来等关系明知他人商标存在而抢注的规定只能制止少数关系人的抢注行为，有关商标先用权的规定仅让先使用的未注

册商标可以在原有范围内继续使用,因此,该次修法并未切实加强制止恶意抢注、不当抢注他人未注册商标的防线。加之抢注商标具有巨大的获利空间,实践中侵犯他人未注册商标法益的情况仍旧频频发生,"优衣库"商标案、"拉菲"商标案、"采蝶轩"商标案、"捕鱼达人"商标案等未注册商标纠纷层出不穷。在这些案件中,未注册商标所有人的维权十分困难。以"优衣库"商标案为例,优衣库公司历经多年诉讼,遍历民事一审、二审和再审以及行政一审、二审,才最终维权成功,此案在抢注者进行批量注册且主观恶意明显的情况下尚且如此,更不用谈普通案件中未注册商标所有人维权的艰辛程度。质言之,未注册商标法益保护已经是我国司法实践中亟待解决的问题,研究我国未注册商标法益,完善我国未注册商标法益的法律保障与救济,有助于遏制实践中侵犯未注册商标法益的现象,为未注册商标所有人的维权提供有效的法律武器。

# 第一章　基本理论：未注册商标法益之概述

世界范围内，不同商标权取得模式下，未注册商标的法律属性有所不同，但因未注册商标经使用产生了实际利益，未注册商标法律属性的不同并不影响大多数国家为未注册商标提供保护。在我国，未注册商标以法益属性存在，受到了以《商标法》和《反不正当竞争法》为主的法律保护，且由此形成的未注册商标法益制度发挥着保护商标使用所生利益、维护商标注册秩序的重要作用。但是，我国未注册商标法益的现有设置尚存在一些问题，影响了相关制度功能的有效发挥和制度目的的充分实现。为此，有必要深入研究我国未注册商标法益，在梳理我国未注册商标法益现状的基础上，分析我国未注册商标法益存在的问题并提出相应的完善建议。在此之前，未注册商标法益的基本理论是需要明确的基础性问题。其中，对未注册商标法益相关范畴的剖析尤为重要，因为当未注册商标、法益、未注册商标法益的内涵模糊不清时，整个研究过程不免丧失针对性，素材与论据的选取会随意且缺乏限制。鉴于此，本章将：首先，确定未注册商标、法益以及未注册商标法益的概念与内涵；其次，以我国未注册商标法益实践为基础，分析我国未注册商标的存在缘由、法益属性与基本类型；最后，回顾我国未注册商标法益发展的各个阶段，梳理出未注册商标法益在我国从无到有，并逐步完善的过程，以求为今后我国未注册商标法益的研究奠定基础。

## 第一节　未注册商标法益的范畴剖析

### 一、未注册商标的概念

概念化是主体适度浓缩和舍弃客体特征的过程，是人们对事物的认识由感性层次推进到理性层次的阶段，因而，概念特别是法律概念之于理论构建具有重要的作用，不仅作为"细胞"连接起整个理论体系的"骨架"，更储藏特定共同体所秉持的法律价值。①

#### （一）商标的概念

"未注册商标"中的"未注册"是修饰在后"商标"的形容词，而"商标"才是真正的主体词，因此，欲探求"未注册商标"的概念，首先需要了解的是"商标"的真实含义。商标产生于人们在器物上刻印标记的实践，并随着标记的商业化与商标的财产化发展至今。商标受法律保护的需要是商标法定化的直接动因，将商标

---

① 参见李可：《类型思维及其法学方法论意义——以传统抽象思维作为参照》，载《金陵法律评论》2003 年第 2 期。

利益以"财产法语言"在法律上加以表达使《商标法》成文化。①本书探讨的商标并非在社会生活中所有被称为商标的标志,而是专指《商标法》意义上的、具有商标权益并受商标法保护的标志。②

《与贸易有关的知识产权协定》(TRIPs)是最先规定商标内涵的国际公约,其第 15 条第 1 款规定,"任何标记或标记的组合,只要能够将一企业的货物和服务区别于其他企业的货物或服务,即能够构成商标"。诸多国家的商标法对"商标"作出了解释性规定。例如:《英国商标法》规定,"商标指任何能够以图像表示的、能够将某一企业的商品或服务与其他企业的商品或服务区分开来的标记";《德国商标法》规定,"任何足以将企业的商品或服务与其他企业的商品或服务区别开来的标志,特别是包含人名在内的文字、图形……可作为商标受保护";我国《商标法》第 8 条规定,"任何能够将自然人、法人或者其他组织的商品与他人的商品区别开的标志,包括文字、图形、字母、数字、三维标志、颜色组合和声音等,以及上述要素的组合,均可以作为商标申请注册"。③ 基于上述规定,抛开对商标构成要素的列举可得,商标应是能够将企业(或言自然人、法人或者其他组织)的商品或服务区别开的标志。从商标的功能出发,识别性是标志作为商标应具备的最基本的属性。但是,TRIPs 规定的是"能够构成商标"的标志,《德国商标法》规定的是"可作为商标受保护"的标志,我国《商标法》规定的是"可以作为商标申请注册"的标志,这与已经实际形成并受《商标

---

① 参见余俊:《商标法律进化论》,华中科技大学出版社 2011 年版,第 67 页。
② 此处的"商标法"指的是广义的商标法,即包括《商标法》在内的所有调整商标社会关系的法律规范。
③ 我国《商标法》第 4 条第 2 款规定,"本法有关商品商标的规定,适用于服务商标",因此,此处对商标的规定包括服务商标。

## 第一章 基本理论：未注册商标法益之概述

法》保护的商标仍存在一定差别，因此，有关商标的准确概念仍需进一步探究。

我国许多学者都曾对商标的概念进行界定与概括。总结来看，学者们的观点可大致分为两类：一类与我国《商标法》的规定一致，即将商标直接界定为能够将自然人、法人或者其他组织的商品或服务与他人的商品或服务区别开的标志。① 另一类强调"使用在商品或服务上"的限定，将商标界定为使用在商品或服务上以区别商品或者服务不同来源的标记。② 除此之外，还有学者从使用商标的目的出发，认为"商标是一种商业标志，用以将不同的经营者所提供的商品或服务区别开来"③。从符号学角度，认为"商标是由能指、所指和对象组成的三元结构，其中，能指就是有形或可以感知的标志，所指为商品的出处或商誉，对象则是所附着的商品"④。学者们对商标的界定虽然各有侧重，但均包含了商标必备的三个要素，即标志、商品或服务、商品或服务的来源。在描述三者的关系时，"能够将……区别开"指出的是商标的识别性要求，"使用在商品或服务上"或"用以将经营者提供的商品或服务区别开"强调的是标志与商品或服务的结合关系，以上两点均是构成商标的本质要求。故本书将商标界定为：与商品或服务结合，能够将自然人、法人或者其他组织的商品或服务与他人的商品或服务区别开（能够识别商品或服务来源）的标志。"不和特定的商品或服务相结合的标

---

① 参见郑成思：《知识产权论》，法律出版社2003年版，第91页。
② 参见曹新明主编：《知识产权法学》（第3版），中国人民大学出版社2016年版，第93页；王莲峰：《商标法学》（第3版），北京大学出版社2019年版，第1页；刘春田主编：《知识产权法》（第5版），中国人民大学出版社2014年版，第232页。
③ 吴汉东主编：《知识产权法学》（第7版），北京大学出版社2019年版，第273页。
④ 彭学龙：《商标法基本范畴的符号学分析》，载《法学研究》2007年第1期。

志无所谓识别性,因此单纯的标志不能称为商标",[1]且这里的"结合"必须是商标法律意义上的结合。

(二) 标志与商品或服务的结合方式

采用不同商标权取得模式的国家,其法律所承认的标志与商品或服务的结合方式存在不同。在奉行纯粹注册取得商标权的国家,注册是法律承认的标志与商品或服务结合的唯一方式,只有完成商标注册,特定标志才能作为商标受到法律保护。而在大多数国家,如奉行注册与使用并行产生商标权的国家、奉行注册产生商标权但使用产生商标法益的国家,注册与使用均可以使标志与商品或服务有效结合,进而受到商标法的保护。

以我国为例,我国虽采取的是注册取得商标权模式,但对于在先使用并具有一定影响的未注册商标亦提供法律保护,因此,在我国商标法律框架内,法律承认的标志与商品或服务的结合方式有两种:一是注册;二是使用。能够将自然人、法人或者其他组织的商品或服务与他人的商品或服务区别开的标志,即使尚未使用,也可以通过注册与特定商品或服务相结合,最终成为注册商标受到法律保护。没有注册的标志,则需要通过在特定商品或服务上实际使用并用于识别商品或服务的来源,以完成与商品或服务的结合,成为未注册商标受到法律保护。既未注册又未使用的标志,即使是以"商标"为目标设计出来的,具有较强的固有显著性,也不能作为商标受到《商标法》的保护。但需要注意的是,标志不能作为商标受到《商标法》的保护并不意味着该标志不受任何法律的保护,在

---

[1] 参见张玉敏:《商标注册与确权程序改革研究》,知识产权出版社2016年版,第26页。

满足相关条件下，该标志可以受到《著作权法》、民法等其他法律的保护。

除注册与使用之外，许多国家的商标法还承认一种特殊的标志与商品或服务的结合方式。如《德国商标法》第 11 条、《日本商标法》第 53 条第 2 款以及我国《商标法》第 15 条第 1 款均对被代理人、被代表人的商标作出了规定。对于被代理人、被代表人的商标，如若代理人或代表人未经授权以自己的名义进行商标注册，被代理人或被代表人有权提出注册异议。由于法律并未要求被代理人、被代表人的商标是已经使用的商标，因而此处受保护的商标可能是既未通过使用与特定商品或服务结合，亦尚未通过注册与特定商品或服务结合的标志。《商标法》保护此类商标，可以理解为在代理人（代表人）与被代理人（代表人）之间，标志已与商品或服务结合，但由于这种结合只被特定关系人知晓，仅在特定关系人之间产生效力，因此本书并不对此作过多讨论。

（三）注册商标与未注册商标

基于上文分析的商标概念和标志与商品或服务的结合方式可得，注册商标是指通过注册与商品或服务结合，能够识别商品或服务来源的标志，而作为本书研究对象的未注册商标指的是通过使用与商品或服务结合，能够识别商品或服务来源的标志。[①] 虽然进行注册的商标可能是已经使用的商标，但当其作为注册商标受保护

---

① 实践中存在一类未注册商标，商标使用者具有明确的使用未注册商标的意图，并为了使用商标已进行了商品包装印制、店铺装修等一系列准备活动，这一阶段的未注册商标可能存在部分法益，但由于此类未注册商标尚未在商品流通环节被实际使用，且本书篇幅有限，因此本书并不将此类未注册商标作为讨论对象。

时，法律承认的是其通过注册与商品或服务的结合。注册商标与未注册商标的本质区别在于标志与商品或服务结合方式的不同。

对于注册商标，通过注册使标志与商品或服务结合具有很大优势，不仅有助于明确商标权利归属、维护市场交易秩序与安全，而且有助于确定商标受法律保护的时间边界，减轻权利人的举证难度。基于此，许多国家均建立了本国的商标注册制度并采用注册取得商标权的基本模式。在这些国家，注册商标权利人既可以阻止他人在同一种或类似的商品或服务上注册与其商标相同或近似的商标，又可以阻止他人未经许可在同一种或类似商品或服务上混淆性使用与其商标相同或近似的商标，同时，在注册商标权受到侵害时，注册商标权利人还可获得停止侵害、损害赔偿等权利救济。

对于未注册商标，通过使用使标志与商品或服务结合更契合商标的本质，因为商标的本质在于标志背后所蕴含的商誉，而标志只有经过使用才能形成商誉，才能与其标示的商品或服务的商誉产生联系。但是，此种标志与商品或服务的结合方式存在弊端，首先，通过使用形成的未注册商标，因缺乏统一的公示不易被社会广泛认知，其效力往往局限于一定区域，且随着商标使用情况的变化处于一种不确定的状态；其次，由于同一标志可能被不同主体同时使用，因此不仅难以确定商标的最终归属，而且可能导致同一区域范围内存在多个相互冲突的未注册商标。① 为此，在注册制度下，尽管各国普遍对未注册商标提供保护，但多数情况下未注册商标与注册商标无论在法律属性还是受保护的程度上均存在一定的差别。

---

① 参见王春燕：《商标保护法律框架的比较研究》，载《法商研究（中南政法学院学报）》2001年第4期。

## 二、法益的概念与特征

### （一）法益的概念

法益由德文"das Rechtsgut"翻译而来，这一概念最早由迈克尔·伯恩鲍姆（Michael Birnbaum）引入犯罪的实质概念中，被认为是犯罪行为侵犯的客体，也就是说，"法益"一词实质上源于《德国刑法》。① 早期，关于犯罪的本质，"权利侵害说"在19世纪初就占据刑法学研究的主导地位，在此学说下，犯罪是指侵害他人权利的行为，但随着刑法理论的发展，"权利侵害说"难以妥善说明那些被实定法规定为犯罪但并未侵犯他人权利的行为，此时"法益侵害说"出现并取代"权利侵害说"成为关于犯罪本质的基本学说，犯罪被认定为侵害或威胁法律保护的利益或价值的行为。② 在刑法领域，法益是作为"权利"的上位概念，即一种超越且涵盖权利的范畴出现的。但对于中国的民法学研究而言，法益这一概念经过了数次传递，从德国的刑法到民法，再从德国的民法到中国的民法，③ 其含义已然有所变化，需要重新认识与科学的界定。

在民法学界，关于法益的概念，有两种代表性学说：

第一种：广义法益说，此说将法益描述为法律所保护的利益，法益是权利的上位概念，利益因类型化程度不同而被分为权利和权利以外的法益。如龙卫球教授认为，"权利仅限于指称名义上被称作权利者，属于广义法益的核心部分，其余民法上的利益均称其他

---

① 参见李岩：《民事法益研究》，吉林大学2007年博士学位论文，第10页。
② 参见张明楷：《新刑法与法益侵害说》，载《法学研究》2000年第1期。
③ 参见孙山：《民法上"法益"概念的探源与本土化》，载《河北法学》2020年第4期。

法益"①。又如梁慧星教授认为，受法律保护的生活利益是法律利益，即法益，其中法律为了保护个人特定法益而赋予的法律上的力（受法律支持与保障的力量），称为权利。②

第二种：狭义法益说，此说指出法益是权利之外存在的，法律主体享有的受法律保护的利益。③ 如曾世雄先生认为，以受保护的程度为标准，资源可以分为权利资源、法益资源和自由资源，其中权利资源和法益资源均受法律的保护，二者的区别在于权利资源在法律上有名分且受法律的完整保护，而法益资源在法律上无名分仅受法律某种程度的保护。④

概念之于法律的重要性毋庸置疑，没有概念我们便无法理性地思考法律问题，无法将对法律的思考转变为语言并以一种可以理解的方式传达给他人，甚至于可以说，若没有概念，整个法律大厦将不复存在，但是，概念的界定从来都是困难的，鲜有概念能够在界定上取得普遍的共识。⑤ 笔者认为，在法益的概念界定上，学者们虽未达成一致意见，但只要本书确定法益的基本概念并在理解与分析整个法律体系的过程中一贯坚守，就不影响法益作为本书研究内容的重要基点。参考上述有关法益概念的学说与区分注册商标与未注册商标的需要，本书拟采用"狭义法益说"，即将法益界定为权利之外存在的，法律主体享有的受法律保护的利益。法益这一概念囊括的范围很广，法益既可依照利益主体分为国家法益、社会法益

---

① 龙卫球：《民法总论》，中国法制出版社2001年版，第137页。
② 参见梁慧星：《民法总论》，法律出版社2017年版，第71页。
③ 参见史尚宽：《债法总论》，中国政法大学出版社2000年版，第131页。
④ 参见曾世雄：《民法总则之现在与未来》，中国政法大学出版社2001年版，第11页。
⑤ 参见［美］E. 博登海默：《法理学：法律哲学与法律方法》，邓正来译，中国政法大学出版社2017年版，第503页。

第一章　基本理论：未注册商标法益之概述

和个人法益，亦可依据法益的属性分为公法法益和私法法益，① 本书讨论的法益专指私法法益。

(二) 法益的特征

"特征"的本意是一事物异于其他事物的特点，② 因而，在探究法益的特征时，找到与法益相似的概念并进行对比，更有助于明确法益的真实特点。学者们在探讨法益的概念时，无论是广义法益说还是狭义法益说，都离不开一个参照性概念——权利。权利与法益均是从利益体系中筛选出来的以法定形式存在的利益，二者具有相当程度的关联性，故以权利为参照探究法益的特征是再合适不过的。较之权利，法益具有如下特征：

第一，法益的事后救济性。法律对权利的保护方式是"事前确认+事后救济"。民法意欲充分保护权利这一特定利益时，往往并不仅仅设定一种静止的权利，而是会设定一系列相关的权利，前面的权利在受到侵害或者有受到侵害的现实危险的时候，就转化为后面的权利，在后的权利目的在于救济前面的权利，这一系列相互关联的权利就称为原权与救济权。③ 而民法对法益的保护采用的是事后救济的方式，民法并未在事前将法益确定为权利，但在法益受到侵害时，通过赋予享有法益的相关主体以救济权，最终达到保护法益的目的。需要注意的是，这里的未事前将法益确定为权利，又分为两种情况：一种情况是法律直接规定将特定利益作为法益保护，

---

① 参见张开泽：《法益性权利：权利认识新视域》，载《法制与发展》2007年第2期。
② 参见《特征》，载百度百科 2020 年 11 月 22 日，https：//baike.baidu.com/item/特征？forcehttps=1％3Ffr％3Dkg_hanyu。
③ 参见李岩：《民事法益研究》，吉林大学 2007 年博士学位论文，第 25 页。

这种情况主要针对的是法律明确规定为民事利益的情形。① 例如，我国《民法典》第 16 条所规定的"涉及遗产继承、接受赠与等"的胎儿利益即为法益。另一种情况是现有法律规定对相关利益是用权利还是用法益保护并不明确，因而需要进一步探究。例如，我国《民法典》第 111 条对个人信息的规定，并未显示出个人信息是一种民事权利还是法益。

第二，法益保护的消极性。法益保护的消极性在与权利保护的积极性作对比时表现得尤为明显。由于权利是定型化、类型化和确定化的利益，对人们的社会生活具有重要的影响，所以法律在保障一项权利时，会赋予权利主体强大的维护自身利益的力量，往往既通过原则性规定和具体规定明确权利范围，又通过设权性规范、义务性规范和禁止性规范配合调整，一言以蔽之，法律对权利提供全方位保护。较之权利，法律对法益的保护具有消极性，这种消极性主要体现在法律对法益的规定主要是义务性规范和禁止性规范。法益主体并不享有要求他人为或不为某种行为的积极权能，且法益的行使具有被动性，法益在受到侵害时主要依据《民法典》《反不正当竞争法》《反垄断法》等法律获得事后救济。②

第三，法益利益的反射性。法律在规定某项权利时就赋予了权利人特定的利益，这种利益是直接且确定的，而法益蕴含的多是间接的反射利益。以商业秘密为例，商业秘密的所有人并不享有商业秘密所涉技术或经营成果的商业秘密权，只是因为《反不正当竞争

---

① 参见杨立新：《个人信息：法益抑或民事权利——对〈民法总则〉第 111 条规定的"个人信息"之解读》，载《法学论坛》2018 年第 1 期。

② 参见鲁晓明：《论民事法益的概念及其构造》，载梁慧星主编：《民商法论丛》第 52 卷，法律出版社 2013 年版。

法》制止他人非法获取和披露商业秘密的行为，为商业秘密所有人带来了某种反射利益。①

上述法益的特征显示了法益与权利的区别性，但这种区别性是外在的、人为的，是一定历史条件下法律在利益评价过程中做出的不同选择，从本质来看，法益与权利之间并无泾渭分明的界限。首先，权利与法益在本质上均是一种利益，共同反映的是主体与客体之间的特定关系——客体对主体的有用性，这种有用性表现为客体能够在特定方面满足主体的需要。② 一国法律所保护的利益分为权利和法益，其中法律提供完整保护的利益是权利，法律提供局部保护的利益是法益。③ 其次，权利与法益在法律利益保护方面彼此分工，互为补充。由权利调整那些核心的、稳定的且能够清楚认识的利益，由法益调整次要的、笼统的、概括的利益，二者的调整对象共同构成法律保护的完整利益；同时，法益在权利体系力所不及的地方，弥补人有限理性导致的法律的不完备性。④ 最后，向权利转化是法益发展的趋势。"权利是一个具有发展性的概念，某种利益在交易上具有重要性时，或直接经由立法，或间接经由判例学说赋予法律效力，使其称为权利加以保护"⑤，从权利的生成过程看，多数权利最先以法益形式存在并受到法律的消极保护，而后才作为权利进入私权体系。⑥ 例如，我国对"隐私"的保护，最初我国《民

---

① 参见王太平：《我国知名商品特有名称法律保护制度之完善——基于我国反不正当竞争法第5条第2项的分析》，载《法商研究》2015年第6期。
② 参见曹昌伟：《侵权法上的违法性研究》，中国政法大学出版社2017年版，第78页。
③ 参见曹昌伟：《侵权法上的违法性研究》，中国政法大学出版社2017年版，第78页。
④ 参见鲁晓明：《论民事法益的概念及其构造》，载梁慧星主编：《民商法论丛》第52卷，法律出版社2013年版。
⑤ 王泽鉴：《民法总则》，中国政法大学出版社2001年版，第86页。
⑥ 参见李岩：《民事法益与权利、利益的转化关系》，载《社科纵横》2008年第3期。

法通则》(已失效)并未规定隐私权,法律对"隐私"的保护采用间接保护的方式,而后发展为法律对"隐私利益"进行直接保护,直到2009年公布的《侵权责任法》(已失效)才确定了隐私权这一具体人格权。当然,法益转化为权利只是一种可能性,并非所有的法益都会在未来完成权利的转化,不宜转化为权利的法益将继续以法益的形式受到法律保护。①

### 三、未注册商标法益的内涵

在对"未注册商标"和"法益"的概念有了基本认识后,需结合二者概念对未注册商标法益的内涵予以明确。由于法益是权利之外存在的,法律主体享有的受法律保护的利益,因此未注册商标法益可初步概括为:法律主体就未注册商标享有的,不同于商标权的,受法律保护的利益。同时,由于未注册商标是通过使用与商品或服务结合,能够识别商品或服务来源的标志,"使用"这一行为是特定标志成为未注册商标的前提,因此,未注册商标法益可进一步理解为:法律主体就未注册商标享有的,基于商标使用行为产生的,不同于商标权的,受法律保护的利益。

未注册商标法益的归属规则是确定未注册商标"法律主体"的依据,而未注册商标法益的生成机制与未注册商标的法益归属规则密切相关。与注册商标权的生成机制不同,未注册商标法益的生成机制有其自身特点。注册商标权通过注册行为产生,无论注册行为的性质是"授权""确权",还是其他属性,一经注册,即产生了商标专用权这一绝对权。与注册商标权的生成机制相对应,商标注册

---

① 参见杨立新:《个人信息:法益抑或民事权利——对〈民法总则〉第111条规定的"个人信息"之解读》,载《法学论坛》2018年第1期。

人享有商标专用权。① 至于未注册商标法益，因使用行为产生，即商标被用于识别商品或服务来源的这一使用行为，产生了受法律保护的利益，因此，未注册商标法益在原则上应归属于实际的商标使用者。除另有法定事由外，未注册商标使用者即未注册商标的所有者，是享有未注册商标法益的法律主体。

明确未注册商标法益内涵中的"受法律保护的利益"，是理解未注册商标法益的关键。在未注册商标语境下讨论何为"受法律保护的利益"，实质上就是在讨论法律保护未注册商标时所保护的真正的对象是什么。现今，对商标保护的对象的认识形成了多种理论，其中商誉理论是被普遍认可的理论。商誉理论是从英美法系中的"名誉诋毁之诉"演变而来的理论，② 最初用于解决对公众欺诈的商标侵权纠纷因不涉及私人财产权而无法纳入衡平法院进行司法管辖的问题。人们认识到虽然作为商标标志的单词、符号等处于公共领域，不应为私人所有，但通过在商品上使用商标产生的商誉可归为私有，商誉作为财产使衡平法院管辖商标侵权纠纷具有了正当性。③ 依据商誉理论，商誉较之商标本身更加重要，商标权保护的并不是商标本身，而是商标所蕴含的商誉。④ 不过，将商誉认定为商标保护的对象会面临一些问题：第一，从商誉的来源看，商誉是通过商标使用建立起来的，商标尚未实际投入使用或使用未达一定

---

① 例如我国《商标法》第3条中就明确规定"商标注册人享有商标专用权，受法律保护"。
② 参见江帆：《商誉与商誉侵权的竞争法规制》，载《比较法研究》2005年第5期。
③ Robert G. Bone, *Hunting Goodwill: a History of the Concept of Goodwill in Trademark Law*, Boston University Law Review, Vol. 86：3, p. 547 - 622（2006）.
④ 参见刘铁光：《商标法基本范畴的界定及其制度的体系化解释与改造》，法律出版社2017年版，第54页。

程度时，不具有商誉。[1] 但在许多国家，已经注册但尚未投入使用的商标，即使尚未产生商誉，也可以获得商标法的保护。第二，商誉的英文是"goodwill"，包含正向的含义，即其作为一种相关市场主体对特定经营者综合品质的评价应是积极的、正面的，[2] 但即使一个商标因其所附着的商品或服务质量出现问题而代表着消极的评价与印象，也不意味着他人可以肆意侵害该商标。因此，用商誉理论解释商标保护的对象似乎并不具有普遍适用性。但是，这并不影响商誉理论在解释未注册商标法益时的重要意义。一方面，未注册商标法益是基于商标使用行为产生的利益，这一点与商誉的生成方式相契合；另一方面，商誉虽被认为是一种正向的评价，但本质上代表的是商标在使用过程中所积累的价值，即使相关市场主体对商标所代表的商品或服务的评价是消极与负面的，也并不能说明商标是无价值的。除商誉理论外，来源识别理论是解释商标保护对象的重要理论。刘铁光教授指出，商标是一种识别商品或服务来源的标志，来源识别性是商标的本质属性，对商标保护对象的讨论应结合商标的来源识别性，在此意义上，商标保护的对象是商标的来源识别性，包括"已经具有的来源识别性"与"可能产生的来源识别性"。[3] 来源识别理论由于关注"可能产生的来源识别性"，因而能够很好地解释注册体制国家的商标法对已经注册但尚未使用的注册商标的保护。依据来源识别理论，商标法保护未注册商标时，保护

---

[1] 参见王春燕：《商标保护法律框架的比较研究》，载《法商研究（中南政法学院学报）》2001年第4期。

[2] 参见朱谢群：《商标、商誉与知识产权——兼谈反不正当竞争法之归类》，载《当代法学》2003年第5期。

[3] 参见刘铁光：《商标法基本范畴的界定及其制度的体系化解释与改造》，法律出版社2017年版，第55-56页。

的是通过实际使用商标建立的来源识别性。综上，未注册商标法益内涵中"受法律保护的利益"是基于商标使用行为产生的商誉或商标经使用实际具有的来源识别性。

## 第二节 我国未注册商标法益的实践基础

### 一、我国未注册商标的存在缘由

在我国，未注册商标大量存在，除商标所有人怠于注册、注册失败等原因外，未注册商标的存在还有两个方面的重要原因：一方面在于现有商标法律制度为未注册商标留下了得以存在的制度空间，这是未注册商标存在的法律上的正当性；另一方面在于未注册商标有其存在的现实需要与优势，这是未注册商标存在的实践上的必要性。

#### （一）商标法律制度有未注册商标存在的制度空间

从我国商标立法的总体取向和具体的制度设计来看，未注册商标在我国具有存在的制度空间。在1982年《商标法》颁布之前，我国商标法的主要目的并不在于保护商标权，而在于加强商标管理和监督商品质量，这在一定程度上偏离了商标法是"权利法"的基本立场，而将商标法作为"管理法"发挥作用，[1] 因而与之配套的商标注册采取强制注册制。在这种注册制度下，只有经过注册的商

---

[1] 参见李琛：《中国商标法制四十年观念史述略》，载《知识产权》2018年第9期。

标才能使用，市场上并不存在合法的未注册商标。改革开放后，我国商标立法观念发生转变，商标法律制度因此作出了重要修改。[1] 1982 年的《商标法》开始从"管理法"向权利法回归，不仅将保护商标专用权作为《商标法》的立法目的纳入法律规定，更重要的是取消了商标强制注册制度，确立了商标自愿注册原则，即除国家规定必须使用注册商标的商品外，未注册商标可在不违反其他法律规定的情况下自由使用。这样一来，未注册商标在我国商标法律制度下得以合法存在。同时，商标自愿注册原则在一定程度上意味着《商标法》要适当保护未注册商标，因为当未注册商标通过使用在相关公众中被广泛认同时，其在实质上已具有了需要被保护的利益，如若在自愿注册的原则下允许未注册商标的存在，又无视他人对未注册商标所涉利益的侵占与损害，将会使自愿注册原则流于表面，变相提高市场准入的门槛。[2]

2020 年 5 月 28 日，我国第十三届全国人大第三次会议通过了《民法典》，《民法典》第 123 条在规定知识产权的客体时，使用了"商标"这一词语，且并未强调是"注册商标"，[3] 这体现了《民法典》对未注册商标承认与接纳的态度。"自罗马法以来，法律在传统上被分为两类：一为公法；二为私法。"[4] 权利有公权与私权的区分，二者的划分是识别知识产权属性的理论工具。知识产权是平等主体之间的权利，是以满足私人需要为目的的权利，是以各方意思

---

[1] 参见李琛：《中国商标法制四十年观念史述略》，载《知识产权》2018 年第 9 期。

[2] 参见孙山：《未注册商标法律保护的逻辑基础与规范设计》，载《甘肃政法学院学报》2015 年第 2 期。

[3] 参见《民法典》第 123 条。

[4] 王泽鉴：《民法总则》，北京大学出版社 2009 年版，第 10 页。

自治行使的权利，是私法所确认的权利，因此知识产权是私权。①1995年1月1日生效的TRIPs在"绪言"中对此亦作出了明确肯定。② 民法是私法的母法，知识产权作为私权，知识产权法律制度应遵循民法的精神、理念和原则，商标法律制度作为知识产权法律制度的重要组成部分亦不例外。《民法典》并未将未注册商标排除在外，我国《商标法》以此为基础承认合法存在的未注册商标。

(二) 商标实践有未注册商标存在的现实需求

从商标实践看，未注册商标具有存在的现实需要与优势。首先，注册商标的跨类使用可能产生未注册商标。依据我国《商标法》的规定，商标注册需要按照商品或服务的分类表提出注册申请，③ 除特殊情况外，特定商标仅在其申请注册的商品或服务上构成注册商标，因此，当某一注册商标被使用在与其注册的商品或服务类别不同的商品或服务上时，就可能在新类别的商品或服务上形成未注册商标，这是注册商标跨类使用的结果。实践中注册商标的跨类使用普遍存在，特别是一些经营状况良好的企业，随着其经营范围的扩大，商标使用的地域与类别会逐步扩张，在此过程中，为了充分地利用原有注册商标的影响力，商标所有人往往不会选择注册或使用新的商标，而是会跨类使用原有的注册商标。④ 如若商标使用人未及时在新类别上进行商标注册或计划等待经营成熟后再进

---

① 参见张文显主编：《法理学》（第4版），高等教育出版社、北京大学出版社2011年版，第98页。
② 参见TRIPs绪言部分。
③ 参见《商标法》第22条。
④ 参见王太平：《商标共存的法理逻辑与制度构造》，载《法律科学（西北政法大学学报）》2018年第3期。

行注册，就会形成一部分未注册商标。

其次，一些因显著性较弱无法取得商标注册的标志可以通过实际使用获得显著性，在获得显著性后、申请注册前，标志将以未注册商标的形式存在。我国《商标法》虽然对商标注册持鼓励与开放的态度，但并非所有标志均可获得注册。为了保护公共利益和维护商标注册秩序，《商标法》规定了诸多不予注册的情形，其中标志不具有显著性是商标不予注册的绝对理由。不仅商标局在受理注册申请后会主动审查标志的显著性，在商标初审公告后，任何人均可依据标志不具有显著性而提出注册异议。这样设计的原因在于：一方面，商标的功能在于识别商品或服务的来源，而显著性缺乏的标志难以实现上述功能，法律并无将之作为商标保护的必要；另一方面，如果描述性标志、通用标志等缺乏显著性的标志被注册为属于特定主体的注册商标，将会严重限制竞争者对该标志的使用，违背公平竞争的原则。① 不过，《商标法》对此类标志也作出了补救规定，即缺乏显著特征的标志通过使用获得显著性后可作为商标注册。② 因此，当特定主体意图通过使用使缺乏显著性的标志获得显著性时，标志在一定时间内可能以未注册商标的形式存在。

最后，使用未注册商标可以适应生产的灵活性。市场总是瞬息万变的，经营者需要及时对市场行情的变化作出回应，适时调整生产商品或提供服务的类型与规模。经营者如若总是在获得商标注册后再行调整，就可能失去先机，在此情况下，使用未注册商标对于经营者来说更加高效与便捷。同时，市场的易变性可能导致商标在

---

① 参见王迁：《知识产权法教程》（第5版），中国人民大学出版社2016年版，第408页。

② 参见《商标法》第11条。

注册后被搁置不用,对于经营者特别是小企业来说,在生产之前就大量注册商标无论从时间成本还是经济成本上考虑都是不现实的。

## 二、我国未注册商标的法益属性

我国知识产权法特别是商标法领域,存在权利保护和法益保护的利益保护两分格局,权利与法益的甄别不仅关系到知识产权客体的划分,更涉及一系列权益界定和保护机制的实质差异,① 因此,对我国未注册商标法益属性的确认,是认识我国未注册商标及未注册商标法益的重要基础与理论原点。在我国,未注册商标的法益属性可以从以下两个方面谈起。

### (一) 知识产权法定原则与未注册商标的法益属性

知识产权法定原则是我国知识产权保护的重要原则,贯穿我国知识产权制度建设的始终。② 该原则在立法上表现为知识产权的种类、权利客体、权利内容、获权条件以及保护期限等必须由制定法作出严格且明确的规定,除立法者在法律中特别授权以外,任何机构不得在法律之外创设知识产权;③ 在司法上表现为司法机关在处理知识产权案件时,应严格遵守知识产权法律规定,不得滥用自由裁量权在法律之外任意创设知识产权。④ 知识产权法定原则有其存在的正当性:一方面,知识产品作为知识形态的精神产品具有无形

---

① 参见孔祥俊:《论商品名称包装装潢法益的属性与归属——兼评"红罐凉茶"特有包装装潢案》,载《知识产权》2017 年第 12 期。
② 参见李扬:《知识产权法定主义及其适用——兼与梁慧星、易继明教授商榷》,载《法学研究》2006 年第 2 期。
③ 参见李扬:《知识产权法定主义及其适用——兼与梁慧星、易继明教授商榷》,载《法学研究》2006 年第 2 期。
④ 参见郑胜利:《论知识产权法定主义》,载《中国发展》2006 年第 3 期。

性的特征，对知识产品的占有无须实际控制使知识产品并不具有有形财产的排他性，为了防止知识产品变为公共产品，需要依靠知识产权法定原则赋予知识产品排他性，制止非权利人的"搭便车"行为。① 另一方面，知识产品因具有社会性而与社会的整体福祉密切相关，且存在公共领域是知识产权有别于物权的重要特征，这就意味着法律必须平衡知识产权权利人与社会公众之间的利益，通过知识产权法定原则对知识产权进行限制。除此之外，知识产权法定原则的正当性还体现在知识产权法定能够赋予知识产品作为财产所必需的稀缺性和可界定性。②

依据知识产权法定原则，只有法律明确规定的著作权、商标权和专利权才能作为法定权利受到知识产权法的保护。在我国商标法律框架内，商标权被规定为"商标专用权"，《商标法》第3条规定"商标注册人享有商标专用权"，《商标法》第4条规定"对其商品或者服务需要取得商标专用权的，应当向商标局申请商标注册"，由此可见，经《商标法》明确规定的商标权是注册商标权。对于未注册商标，《商标法》虽然规定了有一定影响的未注册商标使用者可以阻止他人以不正当手段抢注其未注册商标，可以在满足一定条件时在原有范围内继续使用其未注册商标等，③ 但《商标法》对注册商标与未注册商标的保护是有明显区别的。即使是驰名未注册商标，对于其是否能够获得《商标法》的保护，也需要在个案中依据商标使用的具体情况进行判断，这与注册商标通过注册取得确定的

---

① 参见杜颖、郭珺：《论严格知识产权法定主义的缺陷及其缓和——以〈民法总则〉第123条为切入点》，载《山西大学学报（哲学社会科学版）》2019年第4期。

② 参见李建华：《论知识产权法定原则——兼论我国知识产权制度的创新》，载《吉林大学社会科学学报》2006年第4期。

③ 参见《商标法》第32条和第59条。

商标权完全不同。在知识产权法定原则下，未注册商标并未被赋予专有权利，而是作为法益受到保护。

## （二）商标注册的设权性与未注册商标的法益属性

商标注册制度在我国《商标法》中具有基础性地位，《商标法》几乎所有的内容围绕着商标注册逐步展开，即使是对未注册商标的保护也具体体现在商标注册条件与异议条件的设置上。在世界范围内，诸多国家的商标法均有涉及商标注册的规定，这是因为商标注册在确定权利归属、划定权利边界、公示权利变动和便利交易活动方面都有着不可替代的作用。[①] 以商标注册为基础，我国采取的是注册取得商标权模式，在此模式下，商标注册的性质与未注册商标属性的判断密切相关。

有关商标注册性质的探讨，我国学者多有关注并形成了授权说和确权说两种颇为对立的主张。授权说认为，商标注册是一种国家授权的行政行为，无论标志在注册之前是否已经实际使用，一经注册就在全国范围内享有注册商标专用权。[②] 即使对于在先使用并具有一定影响的未注册商标，商标注册也并非对其通过使用产生的权利的确认，而是具有授权性质，因为商标注册产生的效力与商标实际使用的情形与知名度均无关。确权说认为，在商标权原始取得的过程中，行政机关通过商标注册程序介入并非将商标权授予给权利人，而是对本就属于权利人的权利在法律上进一步确认，[③] 这种权

---

[①] 参见张玉敏：《商标注册与确权程序改革研究》，知识产权出版社2016年版，第59-60页。

[②] 参见孔祥俊：《商标与不正当竞争法——原理与案例》，法律出版社2009年版，第316页。

[③] 参见余俊：《商标法律进化论》，华中科技大学出版社2011年版，第130-131页。

利来源于使用标志产生的价值。

授权说和确权说在说明我国商标注册的性质时均有一定道理，但深入分析会发现这两种主张均值得再思考。对于授权说，授权行为之于商标注册是行政机关代表政府将某标志的专用权赋予商标注册申请人的行为，其前提应是行政机关（或政府）本就拥有或掌控此项权利，但商标专用权作为私权并不会在公法上预先存在，因而行政机关（或政府）并不可能提前拥有或掌控商标专用权。① 对于确权说，在我国商标注册并不以实际使用为前提，即使在2019年《商标法》修改时，为了强化商标使用义务而增加了"不以使用为目的的恶意商标注册申请，应当予以驳回"的规定，这一点也未改变。确权说认为商标注册是对使用产生的商标权的确认，这与我国商标法律规定不符。事实上，商标注册行为是商标权产生的根本原因，而商标注册行为是一种民事法律行为，因而应回归民法范畴去讨论商标注册的性质。② 依据民法原理，本书支持张玉敏教授提出的"商标注册行为是设权行为"的观点，认为商标注册具有设权性。原因在于，商标注册是由申请人提出商标注册申请引发的一系列行为，是单方民事法律行为，③ 即在申请人意思表示完成后无须他人同意即可以成立的民事法律行为。④ 在商标注册的过程中，申请人处于主导地位，而行政机关仅负责核准符合商标法律规定的注册申请，最终使申请人本身的效果意思获得法律效力。本质上是

---

① 参见冯术杰：《商标法原理与应用》，中国人民大学出版社2017年版，第26页。
② 参见冯术杰：《商标法原理与应用》，中国人民大学出版社2017年版，第27页。
③ 参见张玉敏：《商标注册与确权程序改革研究》，知识产权出版社2016年版，第64页。
④ 参见魏振瀛主编：《民法》（第5版），北京大学出版社、高等教育出版社2013年版，第142页。

"商标注册申请这一民事法律行为产生了商标权"[①],即申请人获得的商标权是申请人通过申请行为为自己设定的。

依据我国商标注册的设权属性,未经注册的商标并不享有商标权,即使是驰名未注册商标,能够产生的也仅是法律所保护的利益即法益,此种法益若想上升为权利,离不开商标注册这一设权行为。

### 三、我国未注册商标的基本类型

上文已讨论了未注册商标的概念,但仅从概念出发并不足以充分认识我国未注册商标法益。概念化是一种理论抽象的方法,在取舍事物特征的过程中容易发生抽象化过度的现象,这导致所得概念在内涵上狭窄与模糊,因而,仅通过概念进行研究往往会陷入僵化与空洞。[②] 类型化兼具抽象化和具体化的作用,较之概念化使抽象接近于具体,使价值与生活衔接,最终能够有效克服概念化的弊端。[③] 因此,在明确未注册商标的概念后,要结合我国未注册商标的基本类型才能对我国的未注册商标实践有更深入的认识。

若从经验层面划分未注册商标的类型,未注册商标可以以是否提出注册申请为标准分为从未提出注册申请的商标和提出注册申请但尚未获得注册的商标(包括提出申请未获受理或申请被驳回的商标);可以以商标的表现形态为标准分为平面未注册商标和立体未注册商标;可以以商标的识别对象为标准分为未注册商品商标和未注册服务商标。经验层面的未注册商标类型与法律层面的未注册商

---

① 冯术杰:《商标法原理与应用》,中国人民大学出版社2017年版,第28页。
② 参见李可:《类型思维及其法学方法论意义——以传统抽象思维作为参照》,载《金陵法律评论》2003年第2期。
③ 参见黄茂荣:《法学方法与现代民法》,中国政法大学出版社2001年版,第471-473页。

标类型并不相同。在法律层面，类型化的目的在于通过对事物归类完成相应的理论构建，而事物的特征要素众多且并非所有特征要素都是重要的，因而只有能够体现事物核心特点、具有法律意义的特征要素才能够成为归类依据，帮助完成事物的类型化和最终的理论建构。商标的使用状况和商标在相关公众中的影响力是未注册商标类型化的重要依据，我国《商标法》就以此为标准划分未注册商标并赋予不同类型未注册商标不同的法益内容。

我国《商标法》第 13 条、第 15 条、第 32 条、第 59 条以及《反不正当竞争法》第 6 条是我国商标法律制度中涉及未注册商标的主要条款。从法律内容看，《商标法》第 13 条规定了驰名未注册商标。驰名未注册商标是指经过长期使用在市场上享有较高信誉并为公众熟知的未注册商标。[①] 此种商标往往具有较强的可识别性且代表品质良好的商品或服务。有关驰名未注册商标的认定，我国《商标法》第 14 条规定了驰名商标的认定主体为特定情况下的商标局、商标评审委员会以及最高人民法院指定的人民法院；规定了认定驰名商标需要考虑的因素是相关公众对商标的知晓程度、商标使用持续时间等；确定了驰名商标被动认定的基本原则。需要注意的是，商标的驰名是一种事实状态，会随着商标的使用情况的变化而改变，因此当某一未注册商标被认定为驰名未注册商标时，该认定结果仅具有个案效力。

《商标法》第 32 条以及第 59 条第 3 款规定了在先使用并具有一定影响的未注册商标。这里的"一定影响"是《商标法》对未注册商标使用程度的要求，系指商标在中国使用并为一定地域范围内相

---

① 参见吴汉东主编：《知识产权法学》（第 7 版），北京大学出版社 2019 年版，第 385 页。

关公众所知晓。① 相关公众包括与未注册商标标示的商品或服务相关的消费者、经营者、销售者等。② 司法实践中，认定商标具有"一定影响"与认定商标驰名相似，需要参考相关公众对该商标的知晓程度、商标使用持续时间、商标的宣传情况等因素。在我国，因驰名未注册商标知名度较高且承载着良好的商业信誉，《商标法》为其规定了近似于注册商标的法益内容，与驰名未注册商标所享有的法益相比，在先使用并具有一定影响的未注册商标所享有的法益明显更低，由此可见，在认定未注册商标具有"一定影响"时，应要求其影响力低于"驰名"的程度。

《商标法》第 15 条规定了被代理人、被代表人等关系人的未注册商标。《商标法》在此处并未对未注册商标的使用情况和影响力作出任何要求，而是强调申请人与未注册商标所有人的特殊关系，因而有学者认为《商标法》第 15 条 "与其说是对未注册商标的保护，不如说是对严重背信行为的制裁"③。虽如此，从商标的使用状况和在相关公众中的影响力角度，《商标法》第 15 条除驰名未注册商标与在先使用并具有一定影响的未注册商标外，还囊括了一类未注册商标，即通过使用能够识别商品或服务的来源但尚未具有一定影响的未注册商标（以下统称普通未注册商标）。普通未注册商标可依据《商标法》第 15 条获得保护。

《反不正当竞争法》第 6 条第 1 项规定，禁止经营者擅自混淆性使用与他人有一定影响的商品名称、包装、装潢等相同或者近似的标识。普遍认为《反不正当竞争法》此项是涉及未注册商标的规

---

① 参见王太平：《商标法：原理与案例》，北京大学出版社 2015 年版，第 143 页。
② 参见国家知识产权局于 2020 年发布的《商标侵权判断标准》。
③ 王太平：《我国未注册商标保护制度的体系化解释》，载《法学》2018 年第 8 期。

定。① 但以商标的使用状况和在相关公众中的影响力为标准,此处针对的是何种类型的未注册商标尚需讨论。《反不正当竞争法》第6条第1项是2017年《反不正当竞争法》修订时从旧法第5条第2项修改而来的。较之旧法"知名商品特有的名称、包装、装潢"的表述,2017年修订的《反不正当竞争法》具有以下进步:第一,避免了旧法以"知名商品"修饰"名称、包装、装潢"可能导致的保护对象的错置,明确了该项保护的对象是"商品名称、包装、装潢等"标识;② 第二,以"等"字将原有法律的穷尽式列举转变为"列举+概括",扩大了《反不正当竞争法》可能保护的商业标志的范围。2017年修订的《反不正当竞争法》虽然较之旧法有了上述进步,但也留下了一定遗憾,其中最为关键的就是"有一定影响"的判断标准不明,这直接关系到此项所调整的未注册商标的类型。对此,有观点认为,从商业标志法律保护体系的相互衔接与法律后果看,《反不正当竞争法》第6条中的"有一定影响"与《商标法》中的"有一定影响"应当作相同解释,③ 即此处针对的是在先使用并具有一定影响的未注册商标。另有观点认为,《反不正当竞争法》第6条所涉及的未注册商标"既不同于《商标法》第13条第2款规定的驰名未注册商标,也不同于《商标法》第15条规定的不需要产生一定影响的未注册商标"。④ 还

---

① 参见冯术杰:《未注册商标的权利产生机制与保护模式》,载《法学》2013年第7期;王太平:《我国未注册商标保护制度的体系化解释》,载《法学》2018年第8期;黄晖:《反不正当竞争法对未注册商标的保护》,载《中华商标》2007年第4期。

② 参见王太平:《我国知名商品特有名称法律保护制度之完善——基于我国反不正当竞争法第5条第2项的分析》,载《法商研究》2015年第6期。

③ 参见王莲峰、刘润涛:《反法解读 | 新反法第六条"有一定影响"的理解与适用》,载搜狐网2017年11月29日,https://www.sohu.com/a/207469078_221481。

④ 王太平:《我国普通未注册商标与注册商标冲突之处理》,载《知识产权》2020年第6期。

有观点认为,《反不正当竞争法》中的"有一定影响"与《商标法》第 13 条第 2 款中的"为相关公众所熟知"含义接近,即《反不正当竞争法》第 6 条保护的未注册商标在一定程度上类似于《商标法》规定的驰名未注册商标。① 在上述观点的基础上,虽不能直接得出《反不正当竞争法》第 6 条针对的是何种类型的未注册商标,但仍能看出其所涉范围不外乎驰名未注册商标、在先使用并具有一定影响的未注册商标以及普通未注册商标。因此,在未注册商标的分类上,并未出现以商标使用状况和在相关公众中的知名度为标准划分的新的未注册商标类型。

综上,目前在我国商标法律制度中,依据商标使用状况和商标在相关公众中的影响力,未注册商标可分为以下几类:第一,驰名未注册商标;第二,在先使用并具有一定影响的未注册商标(这里的一定影响尚未达到驰名程度);第三,普通未注册商标(通过使用能够识别商品或服务的来源但未达一定影响)。

## 第三节 我国未注册商标法益的发展历程

**一、我国未注册商标法益的历史溯源**

**(一)明清及明清以前我国对未注册商标的保护**

春秋末年,铁器的发明与使用使当时我国的社会生产力空前提

---

① 参见黄璞琳:《新〈反不正当竞争法〉与〈商标法〉在仿冒混淆方面的衔接问题浅析》,载《中华商标》2018 年第 2 期。

高，以家庭为单位的生产资料私有变为可能。在社会分工上，农业与手工业开始分离。手工业者不再主要通过农业生产获取粮食，而是利用自身制作的手工业产品交换农业劳动者的剩余粮食以供生活。随后，分工的继续专业化以及产品交换的进一步发展使我国的商品交换活动更加活跃。在商品交换活动中，生产者很早就开始在产品上添加作坊的名称、工匠的姓氏等标记，目的在于将自己的产品与他人的产品相区别。① 商品经济的发展逐步成熟后，类似标记的使用更加普遍，这些标记作为商标的属性日益显现。

在我国古代，国家层面对商标的态度主要是通过管理商标监督商品质量，国家并不关注保护商标以及商标背后蕴藏的商誉，古代法律体系中亦无专门的民商事法律与机构处理社会经济事务，② 因而由国家主导保护商标并不现实。但这并不意味着我国古代商标得不到任何保护。民商事法律的缺失在很大程度上促进了民商事习惯法的产生，这些习惯法在国家制定法之外，发挥着调整社会经济关系的重要作用。在商标发展史上，对商标的保护就是从我国民间习惯法开始的。在商品交换过程中，一方面，商人们逐渐意识到了商标的重要性，认识到在激烈的商品竞争中，一个承载良好信誉的商标能够为生产者带来巨大利益；另一方面，仿冒商标、假冒商标的情况开始频繁发生。在此背景下，商人们对商标保护的需求十分迫切。清代道光年间，为回应商人需求与维护市场秩序，上海绮藻堂布业公所制定并公布了"牌律"，"牌律"涉及对牌号的注册、转

---

① 参见张玉敏：《商标注册与确权程序改革研究》，知识产权出版社2016年版，第1页。

② 参见王雪梅：《从商标牌号纠纷诉讼看清末民初商民的商标法律意识》，载《四川师范大学学报（社会科学版）》2015年第4期。

# 第一章 基本理论：未注册商标法益之概述

让、专用权的保护、对假冒的查处等内容。除此之外，一些地方官府发布告示，严禁假冒和掺杂作假的行为。① 虽然当时有关商标保护的规定已经存在牌号注册、商标登记等内容，但这些内容与现代商标注册的内容相差甚远，因而我国在这一时期对"牌号""字号"等与商标类似标志的保护是对未注册商标的保护。

我国商标立法始于清朝末年。1904 年 8 月 4 日，在西方列强的大力推动下，我国颁布了第一部商标法——《商标注册试办章程》（以下简称《试办章程》），规定了注册取得商标权的基本原则。② 对于未注册商标，《试办章程》第 8 条在列举禁止商标注册的情形时，在第 3 款规定了禁止在相同或类似的商品上注册"距呈请前两年以上，已在中国公然使用之商标"。③ 依据此款规定，在他人申请注册前已经使用两年以上的未注册商标享有阻止他人注册的法益。但需要注意的是，这里未注册商标法益的效力并不能禁止他人对未注册商标的使用，因为依据《试办章程》第 1 条和第 27 条的规定，④ 仅经过注册的商标享有商标专用权，未经注册的商标仍不得享此利益。⑤《试办章程》虽是在西方列强的推动下制定的，但其内

---

① 参见张玉敏：《商标注册与确权程序改革研究》，知识产权出版社 2016 年版，第 3 页。

② 参见《试办章程》，载北洋政府农商部商标局编：《商标公报》第 2 期，附录第 1－5 页。转引自左旭初：《中国商标法律史（近现代部分）》，知识产权出版社 2005 年版，第 96－98 页。

③ 参见《试办章程》，载北洋政府农商部商标局编：《商标公报》第 2 期，附录第 1－5 页。转引自左旭初：《中国商标法律史（近现代部分）》，知识产权出版社 2005 年版，第 96－98 页。

④ 参见《试办章程》（1904 年 8 月 4 日）第 1 条规定："无论华洋商欲专用商标者，需照此例注册。"《试办章程》第 27 条规定："本局未开办之前，其商标虽经各地方官出示保护，如本局开办六个月内，不照章来请注册者，即不得享保护之利益。"

⑤ 参见屈春海：《清末中外关于〈商标注册试办章程〉交涉史实考评》，载《历史档案》2012 年第 4 期。

容并未使西方列强满意。《试办章程》还未实施,德、英、法等国就提出了诸多修改意见,其中多条要求增加在先使用商标的法益,[①]上述意见表面是对商标权益的讨论,实质上是西方列强欲扩大本国商人在华利益的手段。由于清政府与西方列强未能达成一致,《试办章程》最终未能得到执行。

(二) 新中国成立以前我国《商标法》中的未注册商标法益

在我国商标法律制度发展史上,北洋政府时期占据着重要地位。在这一时期我国诞生了第一部完整的商标管理法,成立了第一个商标局,出版了第一本商标管理出版物等,真正建立起了相对完备的商标注册与管理制度。[②] 这一时期公布实施的 1923 年《商标法》对使用取得的未注册商标法益的规定以及对使用主义的态度,成为后期《商标法》中未注册商标相关规定发展与演变的基础。

我国 1923 年《商标法》在商标注册上采用"使用在先"和"注册在先"两种原则,即当两人或两人以上就相同或近似的商标在同一商品上申请注册时,"准实际最先使用者",在申请人均未使用或无法确认使用顺序时才核准最先申请者。[③] 除此之外,1923 年《商标法》第 4 条规定了连续使用的未注册商标对抗注册商标的权利,即只要是《商标法》实施以前善意连续使用 5 年以上的未注册

---

[①] 参见曹世海:《商标权注册取得制度研究》,西南政法大学 2016 年博士学位论文,第 32 页。

[②] 参见左旭初:《民国时期的商标管理(上)——北洋政府时期》,载《中华商标》2011 年第 12 期。

[③] 参见 1923 年《商标法》第 3 条,载北洋政府农商部商标局编:《商标公报》第 1 期,公文第 1 页。转引自左旭初:《中国商标法律史(近现代部分)》,知识产权出版社 2005 年版,第 173–178 页。

商标，即使与已经注册的商标相同或近似，也可以在同一商品上申请商标注册。[①] 但这种权利需要受到两种限制：一是申请时间的限制，即注册申请应在《商标法》施行的 6 个月内提出；二是商标局认为有必要时，可以对商标的形式与使用情况作出修改或限制。[②] 从上述规定看，我国 1923 年《商标法》已经具有了一定的使用主义色彩，为使用中的未注册商标规定了较强的法益内容，但此处未注册商标的法益具有临时性，仅在《商标法》颁行后的 6 个月内有效，因而对注册商标的影响整体较小。

南京国民政府时期，我国对 1923 年《商标法》作出了两次修改，两次修改均对未注册商标法益的内容进行了调整。第一次修改的《商标法》于 1930 年 5 月 6 日正式公布（以下将修改后的商标法简称为 1930 年《商标法》），[③] 在商标注册上仍采用"使用在先"和"注册在先"两种原则。对于善意使用的未注册商标，1930 年《商标法》将 1923 年《商标法》第 4 条中商标善意使用的时间由 5 年延长为 10 年，但删除了"本法实施前"的使用时间点的限制以及申请商标注册需在《商标法》施行后 6 个月内的时间限制。[④] 总体来看，1930 年《商标法》虽然延长了未注册商标获得法益所需使用的时间，但较之 1923 年《商标法》使用色彩更加浓厚。依据 1930 年《商标法》，未注册商标只要被连续使用 10 年，即使与现有

---

[①] 参见 1923 年《商标法》第 4 条，载北洋政府农商部商标局编：《商标公报》第 1 期，公文第 1 页。转引自左旭初：《中国商标法律史（近现代部分）》，知识产权出版社 2005 年版，第 173 – 178 页。

[②] 参见 1923 年《商标法》第 4 条，载北洋政府农商部商标局编：《商标公报》第 1 期，公文第 1 页。转引自左旭初：《中国商标法律史（近现代部分）》，知识产权出版社 2005 年版，第 173 – 178 页。

[③] 参见赵毓坤：《民国时期的商标立法与商标保护》，载《历史档案》2003 年第 3 期。

[④] 参见 1930 年《商标法》第 4 条。

注册商标相同或近似,也随时享有获得注册的权利,可以说,早期《商标法》中具有将临时性的未注册商标法益转变为永久性的未注册商标法益的规定。对于这种改变,主持此次《商标法》修改的(时任南京)国民政府立法院商法委员会主任委员的马寅初解释,1930年《商标法》采用使用主义的意义不仅在于对长期使用主义的沿袭,还在于防止恶意商标注册和保护法律意识不强的华商权益。[①]

1930年《商标法》施行后,其存在的问题逐渐显现。例如,国内工商业者普遍认为,从1930年《商标法》对善意连续使用10年以上的未注册商标的规定中获益的主要是工商业先进的外国商人;善意连续使用10年以上的未注册商标在注册时与在先注册商标的冲突难以调和,等等。[②] 在此背景下,《商标法》再次作出修改,此次修改不仅将1930年《商标法》第3条中商标使用的地域限制在中华民国境内,而且完全删除了1930年《商标法》第4条对善意使用未注册商标的规定,商标权取得从注册主义兼采使用主义向注册主义转变。[③]

这一时期我国《商标法》中未注册商标法益的变化与特定时期《商标法》对使用主义与注册主义的态度密切相关。上述《商标法》修改的理由有其独特的历史背景,但法律作为上层建筑在反映社会存在时具有相对独立性,这就决定了法律在发展过程中具有延续性与继承性,[④] 历史上旧法的内容与演变值得在今天认真思考。

---

[①] 参见张玉敏:《商标注册与确权程序改革研究》,知识产权出版社2016年版,第9页。
[②] 参见国民政府实业部商标局编:《商标公报》第95期。转引自左旭初:《中国商标法律史(近现代部分)》,知识产权出版社2005年版,第333页。
[③] 参见1935年《商标法》。
[④] 参见张文显主编:《法理学》,高等教育出版社1999年版,第157–158页。

## 二、我国未注册商标法益的现代演进

### (一) 中华人民共和国成立后到 1982 年《商标法》——未注册商标法益的缺失时期

中华人民共和国成立后,我国摆脱了半殖民地半封建的社会形态,商标制度建立在了国家独立自主的基础之上。1950 年 7 月 28 日,我国公布了中华人民共和国第一部商标法规——《商标注册暂行条例》,这是中华人民共和国成立后最早的经济法规之一。① 《商标注册暂行条例》分总则、申请、审查、注册、异议和附则,共计 34 条,相对全面地规定了商标管理与商标注册的相关内容。但是,中华人民共和国成立后,我国的商品经济虽然得到了一定程度的恢复与发展,可总体发展程度不高,在工商业者中并未真正建立起商标权意识以及商标注册观念,这使工商业者很少主动进行商标注册,社会中普遍存在的是未注册商标。面对这种情况,为了对未注册商标进行有效管理,原中央工商行政管理局在 1954 年 3 月 9 日,发布了《关于未注册商标的指示》以及《未注册商标暂行管理办法》,规定未注册商标应按要求进行登记。② 此处的未注册商标登记并未赋予未注册商标登记者任何实质性权利,与商标注册有着本质区别。由于登记不仅未加强对未注册商标的保护还平添了未注册商标使用者繁重的登记义务,且地方商标管理机构多无力负担未注册商标的登记工作,最终《关于未注册商标的指示》以及《未

---

① 参见国家工商总局商标局:《新中国商标注册与管理制度的建立和发展》,载《中华商标》2003 年第 2 期。

② 参见国家工商总局商标局:《新中国商标注册与管理制度的建立和发展》,载《中华商标》2003 年第 2 期。

注册商标暂行管理办法》所要求的未注册商标登记管理并未真正开展。

1957年以后，政治运动对我国的经济发展产生了深刻影响，我国逐渐形成了单一的社会主义公有制经济，国民经济整体缺乏竞争活力，商标注册数量更是在这一时期显著下降。[1] 1963年4月10日，国务院公布了中华人民共和国第二部商标法规——《商标管理条例》，改商标自愿注册为强制注册，商标完全成为政府进行经济管理和监督商品质量的手段。《商标管理条例》颁布后至1966年，我国共注册商标29100余件，但社会上仍存在相当数量的未注册商标，商标全面注册的目的并未实现。[2]

1978年，党的十一届三中全会为我国带来了意义深远的转折，会议决定将党和国家的工作重心转向经济建设，通过了改革开放的伟大决策。[3] 以此为背景，在商标工作领域，制定一部完善的商标法成为当务之急。1982年8月23日，第五届全国人大常委会第二十四次会议通过了《商标法》（以下称为1982年《商标法》），1982年《商标法》成为我国商标法律现代演进的制度基础，以此为始，我国逐步建立起了符合我国国情的商标法律制度体系。较之1963年《商标管理条例》，1982年《商标法》更符合商品经济的发展需求，如废弃了强制注册的注册原则，将保护商标专用权写入立法宗旨等，但仍残留了一些计划经济的色彩，其显著表现就是并未规定任

---

[1] 参见国家工商总局商标局：《商标注册与管理工作的曲折道路》，载《中华商标》2003年第3期。

[2] 参见国家工商总局商标局：《商标注册与管理工作的曲折道路》，载《中华商标》2003年第3期。

[3] 参见丁晓强：《深刻认识党的十一届三中全会的历史意义》，载《思想理论教育导刊》2019年第4期。

何未注册商标法益。① 1982 年《商标法》中未注册商标法益的缺失为之后我国一定时期内商标抢注的猖獗埋下了伏笔。

（二）1993 年《商标法》——未注册商标法益的初创时期

1982 年《商标法》颁布后，国务院于次年 3 月 10 日发布了 1983 年《商标法实施细则》（已失效），对商标注册申请、审查、变更、转让等事项作出了进一步细化的规定。1982 年《商标法》与 1983 年《商标法实施细则》相配合，通过调整商标注册法律关系共同促进我国商标事业的发展。随着商标领域的竞争愈发活跃，抢注他人商标的情况时有发生，为应对这种情况，1988 年 1 月 3 日，《商标法实施细则》率先修改，在第 25 条规定对于注册不当的商标，任何人可以向商标评审委员会申请撤销商标。② 不过，遗憾的是此处并未进一步解释何为"注册不当的商标"。

1993 年 2 月 22 日，全国人大常委会对 1982 年《商标法》作出了如下修订：将商标的保护范围扩大至服务商标；增加了县级以上行政区划的地名或公众知晓的外国地名不能作为商标使用的规定；在侵犯注册商标专用权的行为中增加了"销售明知是假冒注册商标的商品"的行为；删除了商标申请注册应按商品分类表"分别"提出申请的要求；增加了处理注册商标争议的规定，等等。③ 其中，与未注册商标法益密切相关的是 1993 年《商标法》对注册商标争议的补充规定。1993 年《商标法》第 27 条规定，以欺骗手段或其

---

① 参见张玉敏：《商标注册与确权程序改革研究：追求效率与公平的统一》，知识产权出版社 2016 年版，第 18 页。
② 参见 1988 年《商标法实施细则》。
③ 参见王美娟：《我国商标法的修改和完善》，载《法治论丛》1993 年第 6 期。

他不正当手段取得商标注册的,除商标局可以自行撤销该注册商标外,其他单位或个人可以请求商标评审委员会撤销该商标。[①] 1993年《商标法》第 27 条的法条内容并未提及未注册商标,但其立法目的就是解决当时存在的以不正当手段抢注他人长期使用并具有一定信誉的商标的问题,这一点在 1992 年 12 月 22 日举行的第七届全国人大常委会第二十九次会议上由时任原国家工商行政管理局局长刘敏学对《商标法修正案(草案)》作出的说明中得到证实。[②]

  1993 年《商标法实施细则》修改,对 1993 年《商标法》第 27 条作出了进一步细化。1993 年《商标法实施细则》规定,违反诚实信用原则,将他人已为公众熟知的商标进行注册的行为;未经授权,代理人以其名义注册被代理人商标的行为;侵犯在先权利的注册行为等属于"以欺骗或者其他不正当手段取得注册的行为"。至此,驰名未注册商标作为"已为公众熟知商标"与被代理人的未注册商标一同开始受到《商标法》的保护。我国规定驰名未注册商标和被代理人未注册商标法益,除为了回应商标保护的实践需求外,很大程度上是因为受到了知识产权保护国际条约的影响。以驰名未注册商标为例,我国加入了《保护工业产权巴黎公约》(以下简称《巴黎公约》),应依照条约内容履行条约义务。《巴黎公约》第 6 条之二规定了驰名商标保护的基本要求,即要求成员国在相同或近似商品上为未在本国注册的驰名商标(以及驰名商标的主要部分)提供保护。[③] 在 1993 年《商标法》和 1993 年《商标法实施细则》实

---

  [①] 参见 1993 年《商标法》。
  [②] 参见《关于〈中华人民共和国商标法修正案(草案)〉的说明》,载法大知识产权网 2015 年 7 月 7 日,http://ipr.cupl.edu.cn/info/1329/8712.htm。
  [③] 参见《巴黎公约》第 6 条之二。

施以前，我国在处理有关驰名商标的案件，如 1987 年"PIZ-ZAHUT"商标案、1989 年"同仁堂"商标案时，商标主管机关只能依据 1986 年《民法通则》（已失效）第 142 条直接援引《巴黎公约》的规定。① 1993 年《商标法》和 1993 年《商标法实施细则》实施以后，我国在保护驰名未注册商标时有了更加明确的国内法依据。

除此之外，1993 年《反不正当竞争法》第 5 条第 2 项规定，混淆性使用知名商品特有的名称、包装、装潢，使购买者误认是该知名商品的行为属于 1993 年《反不正当竞争法》禁止的以不正当手段从事市场交易的行为。此项规定的保护对象是具有识别性的商品的名称、包装、装潢等，即未注册商标。② 据此，法益受到侵害的未注册商标所有人，除依据《商标法》外，还可以依据《反不正当竞争法》获得停止侵权和损害赔偿的侵权救济。

这一时期，未注册商标在我国商标法律框架内已享有部分法益，但可以看到，1993 年《商标法》并未对未注册商标作出明确的规定，1993 年《反不正当竞争法》并未提及"未注册商标"的概念，除驰名未注册商标和被代理人未注册商标外的绝大多数未注册商标，并不享有制止他人不当抢注的法益，因此，未注册商标法益的重要性尚待被充分认识。

（三）2001 年《商标法》——未注册商标法益的发展时期

在 1993 年《商标法》、1993 年《商标法实施细则》以及 1993

---

① 参见姚洪军：《驰名商标相关法律问题研究》，中国社会科学院研究生院 2009 年博士学位论文，第 21 页。
② 参见王太平：《我国知名商品特有名称法律保护制度之完善——基于我国反不正当竞争法第 5 条第 2 项的分析》，载《法商研究》2015 年第 6 期。

年《反不正当竞争法》施行后，我国商标法律制度得到进一步完善，在保护商标权、加强商标管理以及规范商标注册秩序方面发挥着重要作用。在此期间，我国正积极申请加入世界贸易组织，在加入世界贸易组织的谈判过程中，我国承诺在正式加入时将对1993年《商标法》《著作权法》等知识产权法律进行修改，使之与TRIPs的相关内容保持一致。① 为此，2001年10月27日，我国第九届全国人大常委会第二十四次会议通过了《关于修改〈中华人民共和国商标法〉的决定》。此次修改是一次对我国1993年《商标法》的大幅度修正，新增和修改的内容占1993年《商标法》全部内容的2/3以上。其中，与未注册商标法益相关的部分占据了重要地位，主要涉及以下四个方面。

第一，增加了在先权利的规定。2001年《商标法》不仅在第9条规定申请注册的商标不得与他人在先取得的合法权利相冲突，还在第31条规定申请商标注册不得损害他人现有的在先权利。② 这两条对在先权利的规定对应的是TRIPs第16条第1项，注册商标所有人享有的专有权不得损害任何在先权利。我国1993年《商标法实施细则》虽然规定了在先权利，但将侵犯在先权利的行为归类于"以欺骗或者其他不正当手段取得注册的行为"，即设定了主观恶意的前提，这样并不利于对在先权利的全面保护，1993年《商标法》修改后不仅将与在先权利相关的规定上升至法律层面，更加大了在先权利的保护力度。TRIPs并未通过说明或列举明确何为在先权利，但多数人认为在先权利包括已经依法形成的姓名权、肖像权等民事

---

① 参见《中国入世承诺：关于知识产权保护方面》，载商务部网站，http://chinawto.mofcom.gov.cn/article/ap/p/201411/20141100795608.shtml。

② 参见1993年《商标法》。

权利,以及商号权、著作权、未注册商标法益等知识产权。① 因此,依据2001年《商标法》在先权利条款,我国未注册商标的法益内容得到了进一步发展。

第二,增加了驰名未注册商标法益的规定。继1993年《商标法实施细则》规定保护"公众熟知的商标"后,2001年《商标法》第13条正式在法律上确认了驰名商标的法律效力:对于已注册的驰名商标,除可以禁止他人同类混淆性注册与使用外,还可以禁止他人跨类淡化性注册与使用;对于未注册的驰名商标,可以禁止他人同类混淆性注册与使用。至此,我国驰名未注册商标实际上被赋予了与普通注册商标相同的法律效力,驰名未注册商标的商誉将得到有效保护。此外,2001年《商标法》第14条还细致规定了认定驰名商标应考虑的诸多因素,使驰名商标的认定有了明确的法律依据。

第三,增加了被代理人、被代表人未注册商标法益的规定。2001年《商标法》第15条从1993年《商标法实施细则》中吸收了有关被代理人未注册商标法益的规定,并将类似法益扩大至被代表人未注册商标,明确规定代理人或代表人擅自注册被代理人或被代表人商标的,被代理人或被代表人可通过提出异议,制止代理人或代表人的注册和使用行为。

第四,增加了在先使用并具有一定影响未注册商标法益的规定。2001年《商标法》第31条规定,不得以不正当手段抢注他人已经使用并有一定影响的商标。此条对于扩大我国未注册商标法益具有重要意义。首先,对比1993年《反不正当竞争法》制止他人

---

① 参见陶鑫良:《面对第二次修改后的〈商标法〉的思绪》,载《中华商标》2001年第12期;赵惜兵:《完善商标法律制度适应我国入世需要——〈商标法〉修改内容简介》,载《科技与法律》2001年第4期。

擅自混淆性使用"知名商品特有的名称、包装、装潢"的规定，2001年《商标法》第31条的规定使在先使用并具有一定影响的未注册商标使用者可以在商标注册阶段制止他人不正当的抢注行为；其次，2001年《商标法》增加了此项规定后，即使未注册商标所有人与商标注册申请人不具有代理和代表关系或未注册商标的影响力未达驰名的程度，未注册商标也能受到商标法的保护，质言之，享有法益的未注册商标的范围得到扩大。

（四）2013年《商标法》至今——未注册商标法益的完善时期

2013年8月30日，我国《商标法》迎来了第三次修改。对于此次《商标法》修改，有学者以我国商标制度的发展历程为基础分析，认为如果说《商标法》的制定与第一次修改代表我国商标制度处于初创时期，实现了我国《商标法》从管理法向民事权利法的转变，《商标法》的第二次修改代表我国商标制度处于国际化时期，实现了商标制度向现代知识产权制度的转变，那么2013年的《商标法》修改就是我国商标制度的本土化时期，旨在实现商标制度与我国经济社会发展的实际情况以及商标实践需求相协调、相适应的目的。[①] 笔者十分认同上述观点，2013年我国对《商标法》的修改，非基于国际上的压力与加入国际组织的需要，而是立足于我国国情做出的主动安排，目的在于解决我国商标实践中产生的突出问题。

自我国2001年《商标法》修改后至2013年《商标法》修改前，我国商标事业稳固发展，但商标领域的不正当竞争现象以及恶

---

[①] 参见金武卫：《〈商标法〉第三次修改回顾与总结》，载《知识产权》2013年第10期。

意商标注册现象仍旧严重,对此,我国对2013年《商标法》作出了针对性的修改。首先,确立了诚实信用原则为《商标法》的基本原则,规定商标注册与使用应遵循诚实信用原则;其次,继续完善驰名商标保护制度,不仅明确驰名商标所有者可请求驰名商标保护,还进一步规定了驰名商标个案认定、被动保护的原则、不得以"驰名商标"字样进行宣传等内容;再次,将抢注被代理人、被代表人商标的主体范围扩大至明知其商标存在的关系人;最后,增加了有关商标先用权的规定,对于在先使用并具有一定影响的商标,在后的注册商标权利人无权禁止未注册商标使用者在原有范围内继续使用,但可要求附加适当区别标志。整体观之,此次修改进一步完善了我国与未注册商标法益相关的制度,尤其是商标先用权的规定在一定程度上弥补了先申请原则的缺陷,保护了在先使用未注册商标使用者的正当利益。

此后,2017年11月4日,我国修改《反不正当竞争法》,完善了1993年《反不正当竞争法》第5条有关未注册商标法益的规定,将"知名商品特有"改为"他人有一定影响",明确了该条保护的对象是有一定影响的商业标志而非知名商品。2019年4月23日,我国修改《商标法》以进一步加强对恶意注册行为的规制,特别是增加了制止不以使用为目的的恶意商标注册的规定。2019年《商标法》施行后,对部分不以使用为目的抢注他人未注册商标的行为(主要是商标囤积性注册行为)起到了一定的遏制作用,[①] 从侧面强化了对未注册商标法益的保护。

---

① 参见孔祥俊:《论非使用性恶意商标注册的法律规制——事实与价值的二元构造分析》,载《比较法研究》2020年第2期。

## 本章小结

通过对未注册商标法益相关范畴进行剖析，本章得出，注册商标是指通过"注册"与商品或服务结合，能够识别商品或服务来源的标志，而未注册商标指的是，通过"使用"与商品或服务结合，能够识别商品或服务来源的标志。注册商标与未注册商标的本质区别在于标志与商品或服务结合方式的不同。法益是于权利之外存在的，法律主体享有的，受法律保护的利益。相较于权利，法益具有事后救济性、消极保护性以及利益反射性的特征，但从本质来看法益与权利之间并无泾渭分明的界限，而是在法律利益保护方面彼此分工，互为补充。结合未注册商标与法益的概念，未注册商标法益的内涵可概括为法律主体就未注册商标享有的，基于商标使用行为产生的，不同于商标权的，受法律保护的利益。其中，除另有法定事由外，未注册商标使用者即未注册商标的所有者，是享有未注册商标法益的法律主体，而未注册商标法益内涵中的"受法律保护的利益"指的是基于商标使用行为产生的商誉或商标经使用实际具有的来源识别性。

在我国，未注册商标法益有其存在的实践基础。首先，我国《商标法》中的商标自愿注册原则以及《民法典》在规定知识产权客体时并未强调"注册商标"，表明了我国对未注册商标承认与接纳的态度。商标实践中，经营者在为获得商标注册所需的商标显著性、为适应生产的灵活性等情况下会使用未注册商标，这表明未注册商标具有存在的现实需要与优势。这些都构成了我国未注册商标存在的缘由。其次，我国《商标法》领域存在权利保护和法益保护的利益保护两分格局，在此格局下，知识产权法定原则与商标注册的设权性是决定我国未注册商标法益属性的根本因素。最后，目前在我国商标法律制度中，以商标使用状况和商标在相关公众中的知名度为划分依据，已存在驰名未注册商标、在先使用并具有一定影响的未注册商标和普通未注册商标三种类型的未注册商标，不同类型的未注册商标具有不同的法益内容。

通过考察我国未注册商标法益的发展历程，本章得出，我国历史上最先保护的商标就是通过使用产生的未注册商标，虽然后期注册取得商标权制度成为我国商标法的基本制度，但未注册商标法益一直未被忽视。在我国商标法律制度现代演进的过程中，未注册商标法益经历了从无到有，再到不断发展完善的历程。我国1982年《商标法》采用较为彻底的注册原则，商标权的取得以注册为必要条件，未注册商标在商标注册阶段不能阻止他人抢注，在商标使用过程中无权禁止他人使用，更谈不上获得损害赔偿等侵权救济。随着商标法律制度的发展，已经证实这种"一刀切"的做法不仅不能经受住商标实践的检验，亦不符合国际上保护未注册商标的要求。自1993年开始，扩大未注册商标法益已经成为历次我国商标法律修改的重要内容，这种变化本质上体现的是我国商标注册观念与商标价值观念向成熟发展：一方面，在商标注册观念上，对注册效力的过度迷信被纠正，实际使用形成的利益得到进一步重视；另一方面，在商标价值观上，由过度关注注册产生的价值转向兼顾使用产生的价值。现今，我国《商标法》《反不正当竞争法》等法律中有关未注册商标法益的规定已逐渐丰富，是时候梳理与未注册商标法益相关的所有法律规定，从而以体系化的视角对其作出完善。

# 第二章　多维探究：未注册商标法益之正当性基础

一项权利的诞生意味着新义务的增设，因此，几乎所有的权利在产生之初都需要证明其正当性。[①] 法益也不例外，一项法益的设立往往会影响与该项法益相关的主体的权利或义务，因此，在确定一项法益时需要论证其正当性。至于未注册商标法益，从利益保护和利益归属的角度看，对为何要保护未注册商标所承载的特定利益以及为何将未注册商标承载的特定利益归属于其所有人的考察，所涉及的就是未注册商标法益的正当性基础问题。

探究未注册商标法益的正当性基础，首先需要从以下两个方面寻找依据：一是法律哲学，即关于法具有本源性的现实事物的发展规律；二是法律原理，即在法律体系中蕴含并通过法条表现出来的根本理念。上述两个方面是与国家权力不同的、更深层次的未注册商标法益的正当性来源。同时，鉴于"法益"与"权利"在本质上

---

[①] 参见李琛：《质疑知识产权之"人格财产一体性"》，载《中国社会科学》2004 年第 2 期。

的一致性以及未注册商标法益的知识产权权益属性，在探究未注册商标正当性基础的过程中，需要从一般财产权的正当性基础出发，兼顾知识产权的正当性基础，最终证明未注册商标法益的正当性。此外，我国奉行注册取得商标权的商标注册制度且《商标法》依此建立起整个体系，未注册商标法益作为存在于我国商标注册制度下的法益，其正当性判断不能不关注未注册商标法益设置可能对我国注册取得商标权制度产生的影响。即使设置未注册商标法益符合法哲学的基本原理，符合我国法律的根本理念，如若颠覆或无益于我国现有注册取得商标权制度，未注册商标法益亦不具有存在与保护的正当性，因此，对未注册商标法益正当性基础的探讨，还应从理论上证明未注册商标法益对注册取得商标权制度的正向影响。

## 第一节　未注册商标法益的法哲学依据

"哲学对事物本质的解答，支持着法律对该事物的定位"[1]，因此，哲学特别是法哲学是论证权利或法益正当性时最先求助的知识。德国古典哲学代表、政治哲学家黑格尔在其《法哲学原理》中指出，规律分为两类：一类是自然规律，另一类是法律，自然规律简单明了，按照原来的样子就是有效的，而法律是被人类设定的东西，源于人类，因而并不具有自然规律的必然性。[2] 被设定出的法

---

[1] 李琛：《质疑知识产权之"人格财产一体性"》，载《中国社会科学》2004年第2期。
[2] 参见［德］黑格尔：《法哲学原理》，范扬、张企泰译，商务印书馆1961年版，第16-17页。

律可能与人内心的呼声一致，可能与人内心的呼声冲突，人在服从法律权威性的同时，也会在内心检视法律是否符合事物应该的样子，在法触碰到人的理性时，法中人必然会考察法的合理性，而考察法的合理性就是法哲学这门科学的事业。①

## 一、劳动财产权理论

"劳动理论是自然法上证明财产权正当性的重要理论。"② 对任何财产权的法哲学分析，几乎都无可避免地要首先涉及约翰·洛克的劳动财产权理论③。

### （一）劳动财产权理论的基本内容

劳动财产权理论是英国政治哲学家洛克在其《政府论（下篇）》中提出并完善的。洛克认为，在自然状态下，人们享有普遍的生命权、自由权与财产权，这些权利自人出生便享有，具有不可侵犯性，即使在政治社会中，人们仍保留这些最基本的权利。④ 人们对除自己身体外的地球上一切的事物都不享有私人所有权，只有其身体与身体所从事的劳动正当地归属于其自己。⑤ 以此为基础，洛克在解释财产权的产生与归属时将劳动与财产权联系起来，指出"正是劳动使一切东西具有不同价值……所以，在最初，只要有人愿意对于

---

① 参见［德］黑格尔：《法哲学原理》，范扬、张企泰译，商务印书馆1961年版，第17页。
② 朱冬：《财产话语与商标法的演进——普通法系商标财产化的历史考察》，知识产权出版社2017年版，第31页。
③ 参见朱谢群：《知识产权的法理基础》，载《知识产权》2004年第5期。
④ 参见易继明：《评财产权劳动学说》，载《法学研究》2000年第3期。
⑤ 参见［英］洛克：《政府论》（下篇），叶启芳、瞿菊农译，商务印书馆1964年版，第19页。

## 第二章 多维探究：未注册商标法益之正当性基础

原来共有的东西施加劳动，劳动就给予财产权"①，同时指出"既然劳动是劳动者的无可争议的所有物，那么对于这一有所增益的东西，除他以外就没有人能够享有权利"②。总结可得，洛克的财产权理论本质是一种劳动财产权理论，在此理论下劳动与财产权的关系表现为：首先，劳动是财产权产生的原因，承载财产权的是个人通过劳动使某项东西脱离共有的部分或使某项东西价值有所增益的部分；其次，财产权应归属于施加劳动的劳动者，这是劳动者人身派生出的自然权利。当然，上述劳动获得财产权的原则并不是绝对的，在洛克的观念中，劳动获得财产权至少需要受到以下限制：一是取得财产权必须为让人留下足够多的东西；二是在此过程中不允许存在浪费。③ 洛克的劳动财产理论以自然法为基础，为私有财产权的确立提供了有力的理论证明。

劳动财产权理论在产生之初，主要针对的是物质化的有形财产，用于解释有形财产财产权的伦理正当性。随着科学技术和商品经济的发展，财产权的客体范围不断扩张，逐渐纳入了知识财产、遗传信息财产、商事人格化财产等无形财产，④ 劳动财产权理论之于无形财产的适配性需要重新讨论。以知识财产为例，洛克提出的，每个人对其自己的人身享有一种所有权，只要其身体所从事的劳动使任何东西脱离自然所提供的状态，就可以说其加入了自身所

---

① [英]洛克：《政府论》（下篇），叶启芳、瞿菊农译，商务印书馆1964年版，第27页。
② [英]洛克：《政府论》（下篇），叶启芳、瞿菊农译，商务印书馆1964年版，第19页。
③ 参见朱冬：《财产话语与商标法的演进——普通法系商标财产化的历史考察》，知识产权出版社2017年版，第232页。
④ 参见吴汉东：《财产权的类型化、体系化与法典化——以〈民法典（草案）〉为研究对象》，载《现代法学》2017年第3期。

有的东西而使它成为其的财产。① 推演至知识产权领域，智力劳动是人的劳动中不可或缺的一部分，智力劳动成果的创新性充分表明智力劳动成果是在公共资源上增加了某种新价值，且这种新价值愈发受到人们的认可，② 因此，就此意义而言，知识创造者对于凝聚了其智力劳动价值的知识成果有理由拥有财产权，劳动财产权理论可以证成知识产权存在的正当性。除此之外，一方面，知识资源具有无穷性，将知识资源私有化不会减少其他人进行精神创造的可能性，即智慧劳动成果获得知识产权不会出现道德上的不公正；另一方面，知识产权主体拥有其智力劳动成果的财产权后，其他人在知识产权保护期限内可以有偿获益或者在一定合理使用范围内无偿获益，在知识产权保护期限届满后，其他人可以免费共享此智力劳动成果。③ 因此，知识产品的财产化符合洛克劳动财产权理论中无害他人以及财产化过程并不造成浪费的限制条件。

(二) 劳动财产理论与未注册商标法益

知识产权包括著作权、专利权、商标权等，与其他知识产权相比，商标权具有一定特殊性。一方面，著作权和专利权均是以智力劳动成果为客体的财产权，这是上文分析的劳动财产权理论用于证成知识产权正当性的基础，但商标本身并不需要智力上的创造性，而需要显著的识别性，智力劳动并非商标权关注的劳动；另一方面，以劳动财产权理论为基础，赋予创作者著作权可以激励作品的

---

① 参见［英］洛克：《政府论》（下篇），叶启芳、瞿菊农译，商务印书馆1964年版，第25页。
② 参见朱谢群：《知识产权的法理基础》，载《知识产权》2004年第5期。
③ 参见吴汉东主编：《知识产权制度：基础理论研究》，知识产权出版社2009年版，第186页。

创作，赋予发明创造者专利权可以激励发明创造，而商标权与激励智力劳动成果的产出并无关系，设置商标权更多是想保护经营者建立起的商业信誉。这样看来，劳动财产理论用于解释商标权的正当性似有不适合之处，但商标权被普遍认识为知识产权一定有其道理，商标权本质上与著作权、专利权一样，是一种具有排他性的无形财产权。虽商标权与智力劳动成果的保护无关，但并不意味着商标权不涉及保护其他劳动成果，因此，劳动财产权理论作为商标权的正当性理论并无不妥。虽然劳动财产权理论主要用于解释财产权产生的正当性，但根据上文所述，权利与法益在本质上均是一种利益，二者的属性差异仅是由于一定历史条件下法律在利益评价过程中做出了不同选择，因而劳动财产权理论在解释法益与权利的正当性上具有一致性，即劳动财产理论可以用于解释未注册商标法益的正当性。

不同类型的知识产权所涉及劳动的含义不同。在《著作权法》领域，受保护的劳动是创作者的独创性劳动，"独"要求该劳动成果是劳动者从无到有独立创作出来的或是在在先作品的基础上再创作但具有与在先作品相比能够被客观识别的差异的，"创"要求劳动成果具有一定水准的创作高度。[①] 在《商标法》领域，劳动有其独特的内涵。一个商标可能包含着多个主体多种类型的劳动，如商标设计者设计商标标志的创造性劳动、商标所有者在商业活动中使用商标的劳动等，但并非所有劳动均会产生商标法律意义上的权益。实践中，商标发挥着多种功能：（1）来源区分功能，即标明商品或服务的出处，使消费者通过商标区分商品或服务的提供者的功

---

[①] 参见王迁：《知识产权法教程》（第5版），中国人民大学出版社2016年版，第26－32页。

能；(2) 品质标示功能，即向消费者传递使用相同商标的商品或服务具有相同品质的信息的功能；(3) 广告宣传功能，即通过商标吸引消费者选择商标背后的商品或服务的功能。上述商标功能得以发挥的关键在于商标的识别性，《商标法》保护的正是商标的识别性。而识别性是商标经过实际使用获得的识别商品或服务来源的特性。[①]"使用"是产生商标识别性的关键，因此，在《商标法》语境下，劳动指的是经营者对特定商标的实际使用。基于此，商标标志的设计者即使付出再多创造性劳动，也无法获得商标法律意义上的权益。当然，这并不意味着商标标志设计者的劳动不受任何法律的保护，在标志设计满足独创性的条件下，商标标志设计者的劳动至少可以产生著作权而受到《著作权法》的保护。需要注意的是，经营者对特定标志的实际使用并非任意使用，而是一种"商标性使用"，因为只有商标性使用才能产生商标的识别性。我国《商标法》第48条对商标性使用作出了明确规定，既列举了商标性使用的具体情形，如在商品、商品包装、商品交易文书、展览等商业活动中使用，又指明了商标性使用的本质是识别商品或服务的来源。

　　本书界定的未注册商标是通过使用与商品或服务结合，能够识别商品或服务来源的标志，其产生的基础就是经营者对特定标志的商标性使用，因此，未注册商标背后蕴含的劳动与《商标法》所保护的劳动充分契合。未注册商标所有者通过对商标"商标性使用"的劳动，将无主的商标资源与商品或服务相连结，使人们看到某个

---

① 参见彭学龙：《寻求注册与使用在商标确权中的合理平衡》，载《法学研究》2010年第3期。

商标后产生一定的固定联想，这种联想就是劳动为商标创造的附加值。① 因此，依据劳动财产权理论，未注册商标使用者通过自身的劳动获得法益是正当且公平的，这种法益理应得到法律的承认。我国采用的是注册取得商标权制度，且注册并不以使用为前提，商标一经注册不论是否使用都可获得商标专用权，商标权人有权排除他人在相同或近似的商品或服务上注册或混淆性使用与商标权人的注册商标相同或近似的标志。注册取得商标权制度在效率与公示方面的优势使其被世界上许多国家选择并用于规范本国的商标法律秩序，但依据劳动财产权理论，注册取得商标权制度在一定程度上陷入了"合法化危机"，因此，在维护注册取得商标权制度在商标法律框架中的主导地位的同时，应对未注册商标法益给予足够的重视，这样才不至于使注册取得商标权制度与洛克理论下所有权的"劳动"来源相割裂。②

## 二、符号价值理论

### （一）符号价值理论的基本内容

符号价值理论是第二次世界大战后，理论家们为了概括当时新的社会结构——资本主义生产过剩后，消费者成为社会生产和生活主导动力的消费社会，而形成的一套理论。③ 法国著名的思想家、哲学家让·鲍德里亚（Jean Baudrillard）首先提出了"符号价值"

---

① 参见黄汇：《商标权正当性自然法维度的解读——兼对中国〈商标法〉传统理论的澄清与反思》，载《政法论坛》2014年第5期。
② 参见黄汇：《商标权正当性自然法维度的解读——兼对中国〈商标法〉传统理论的澄清与反思》，载《政法论坛》2014年第5期。
③ 参见孔明安：《从物的消费到符号消费——鲍德里亚的消费文化理论研究》，载《哲学研究》2002年第11期。

的概念并形成了一套相对完整的符号价值思想,对于当时和后世对符号价值理论的研究产生了重要影响,故本章对符号价值理论的研究将以鲍德里亚的符号价值思想为基础展开。鲍德里亚的符号价值思想从提出到最终形成经历了一个从偏激到成熟的发展过程,在这一过程中,其主要受到了马克思的"政治经济学"、索绪尔的"结构主义"和"符号学"、列维·斯特劳斯的"结构主义"的影响。①

　　早期的鲍德里亚将批判马克思主义与符号学结合起来,认为马克思谈及的物品的使用价值指的是物品的客观功用性,而实际上商品之于人类主体除客观功用性外还有满足人主观方面的功能,商品的客观功能表现为商品自然属性对人需求的满足,商品的主观功能则体现为商品的符号价值对人需求的满足。② 按照鲍德里亚的理解,在新的消费文化中,人们对物的消费并不在于对物的占有与消耗,人们关注的并非物具有的普遍功能,而更看重对符号的消费。③ 以汽车为例,鲍德里亚认为人们购买汽车时,除汽车能够代步的普遍功能外,关注的是汽车区别于其他同类汽车的符号属性。正如鲍德里亚在其著作《消费社会》中提出的那样:无论在符号逻辑还是象征逻辑里,物品都彻底地与某种明确的需求或功能失去了联系。④ 符号消费是超越物品客观使用价值的主体为了实现自我价值的消

---

　　① 参见《让·鲍德里亚》,载百度百科 2025 年 2 月 22 日,https：//baike.baidu.com/item/%E8%AE%A9%C2%B7%E9%B2%8D%E5%BE%B7%E9%87%8C%E4%BA%9A/4681786。
　　② 参见马淑娟、吉生保:《符号价值理论评析——对马克思使用价值理论的再审视》,载《经济学家》2011 年第 2 期。
　　③ 参见孔明安:《从物的消费到符号消费——鲍德里亚的消费文化理论研究》,载《哲学研究》2002 年第 11 期。
　　④ 参见[法]让·波德里亚:《消费社会》,刘成富、全志钢译,南京大学出版社 2000年版,第 67 页。

费。后期鲍德里亚的符号价值理论逐渐成熟。鲍德里亚吸收了结构主义的部分观点，将符号的能指与物的交换价值相关联，将符号的所指与物的使用价值相关联，并指出在现代消费社会，符号所指向的内容已荡然无存，符号仅从能指的意义上进行内部交换。① 鲍德里亚的符号价值思想的演变虽在理论完善上包含着某种逻辑的必然性，但存在一定的缺陷。首先，鲍德里亚对马克思提出的物的使用价值的理解缺乏整体视角，未看到马克思提出的物的使用价值在内涵上已包括物的客观效用与物的主观效用；其次，其主张绝对的符号价值论，过于强调符号的能指且完全否定符号的所指。依据鲍德里亚后期的理论，一个人在购买汽车时，追求的仅是品牌或象征意义而完全忽视汽车最本质的代步功能，这明显与现实的消费活动不相符。

鲍德里亚的符号价值理论虽有一定的缺陷，但深刻反映了新消费时代竞争关系的变化，预示着商品的符号价值将在未来的市场竞争中发挥越来越关键的作用。克服鲍德里亚符号价值理论过于绝对性的缺陷可得，符号价值理论在本质上强调的是商品在使用价值外亦包含符号价值。② 商品的符号价值虽然是人主观上的认识，但作为价值的一种，仍旧是"人的客观需要与客体的属性之间发生的一种客观现实关系"③，因此，商品的符号价值与使用价值相互关联且不能在绝对意义上分割开来。商品既不能单独作为被使用的客体来

---

① 参见梅琼林：《符号消费构建消费文化——浅论鲍德里亚的符号批判理论》，载《学术论坛》2006 年第 2 期。
② 这里的使用价值是从消费者的角度描述的价值，如若从生产者角度描述则为交换价值。
③ 桂世河：《符号价值是商品的第三种价值吗》，载《西安电子科技大学学报（社会科学版）》2005 年第 3 期。

把握，也不能单独作为符号来把握，对商品价值的理解要同时关注商品的使用价值与符号价值。

(二) 符号价值理论与未注册商标法益

商标作为商业符号的一种，既与商品的使用价值相关联，又是商品符号价值的重要载体。首先，商标向消费者传递着一种信息，即凡使用此商标的商品具有相同的品质，这种品质代表了商品的使用价值；其次，消费者消费特定商品时产生的自我价值的满足感源于商品的符号价值，而这种符号价值往往凝结在商品的商标上。消费者通过商标选择商品时，实际同时选择了商品特定的使用价值与符号价值。商标的存在代替商品本身向消费者传达着商品蕴含的价值信息，从而降低消费者选择商品时所要花费的信息成本。

在《商标法》领域，符号价值理论多用来作为驰名商标跨类保护的理论依据。因为从品牌角度，驰名商标承载着商品的符号价值，其代表的虚拟精神、文化内涵、象征意义等可以使消费者彰显身份与品位，当允许他人跨类使用驰名商标时，驰名商标所代表的商品或服务的类别、质量将失去控制，商标的意义容易被消耗殆尽，驰名商标的符号价值会因被淡化或丑化而受到损害。[1] 笔者同意上述观点，但有学者在利用符号价值理论解释驰名商标淡化问题时曾提出符号价值是在商誉基础上发展出的独立价值，符号价值仅存在于驰名商标中。[2] 这就意味着符号价值理论仅可用于证明驰名商标保护的正当性，笔者对此并不认可。

---

[1] 参见卢洁华、王太平：《商标跨类保护的跨学科解释》，载《知识产权》2016 年第 4 期。

[2] 参见曹静：《商标淡化理论若干问题的思考》，载《知识产权》2013 年第 8 期。

笔者认为，符号价值并非仅仅存在于驰名商标中。商标在本质上是一种运载信息的工具，其运载的信息不仅包含商品的使用价值信息，还包含商品的符号价值信息。上文已述，商品的符号价值是人主观上的认识，但其作为价值的一种，是人的客观需要与客体的属性之间的客观现实关系。这就意味着商品的符号价值与使用价值并不可能完全相互独立，二者的关系实质表现为商品的符号价值里包含着商品的使用价值。商誉是商品的使用价值信息，在此意义上，对于商标来说，存在商誉就存在符号价值，并非仅驰名商标才有符号价值。因此，符号价值理论可以用来解释蕴含着商誉的所有类型的商标保护的正当性问题。商标与商品使用价值及符号价值的连接并不是自然发生的，而是需要一个在商品上实际使用商标的过程。只有将商标实际使用在商品上，消费者才会把商标与商品的质量、消费体验感与满足感等商品价值联系起来，商标才开始承载商品的使用价值与符号价值，商标保护的需要才会产生。未注册商标法益是未注册商标使用人享有的，基于商标使用行为产生的，受法律保护的利益，其本质是使用产生的商誉或商标实际的来源识别性。商标使用行为是未注册商标法益的来源。未注册商标使用人在商业活动中使用未注册商标的过程，是形成未注册商标法益的过程，是未注册商标与商品使用价值及符号价值相连接的过程。因此，未注册这一事实并不影响未注册商标承载符号价值，反倒是一些注册商标，如果尚未在经营活动中实际使用，并不会与特定商品的使用价值及符号价值产生联系。依据符号价值理论，当未注册商标上承载着商品或服务的使用价值与符号价值时，法律保护未注册商标法益符合商标的符号本质，具有理论上的正当性。

## 第二节 未注册商标法益的法理支撑

法哲学虽是以法、法的理念为研究对象的科学，但研究偏向于形而上的哲学，主要以人类历史中权利、自由、意志等自然法的发展历程与规律为基础，并不过多研究现实中的实定法，因此，仅以法哲学上的劳动财产权理论与符号价值理论作为未注册商标法益的正当性基础，很可能因过于抽象以至脱离现实的法制建设。与法哲学不同，法理学是研究法的基础理论的学科，但更偏向于法学，主要研究现实的法律制度，探寻其中蕴含的普遍原理，目的是使本国的法律建设拥有统一的理论基础与指导思想。[①] 因此，在法哲学依据外，分析未注册商标法益的法理支撑，有助于全面理解未注册商标法益的正当性基础。

### 一、先占理论

#### （一）先占理论概述

先占理论起源于罗马法。先占是指"以其所有的意思而占有可以作为财产的无主物，从而取得对该物所有权的行为"[②]。古罗马人按照自然法（又称万民法）列举了不同类型的物对应的各自所有权

---

[①] 参见严存生：《法理学、法哲学关系辨析》，载《法律科学（西北政法学院学报）》2000年第5期。

[②] 吴汉东：《财产的非物质化革命与革命的非物质财产法》，载《中国社会科学》2003年第4期。

的取得方式，并指出野兽鸟鱼、海中长出的岛屿、丧失复返习惯的驯服动物等无主之物，应归属于最先占有者。① 可见，先占是罗马法中所有权的原始取得依据之一，其适用的对象是不为任何人所有的无主物。依据罗马法，先占的构成要件有三个：第一，占有物为无主物，在战争这种特殊情况下，还包括敌人之物；第二，存在率先占有的事实；第三，行为人必须以其所有的意思对物占有。② 同时，"先占"还可归纳为两个标准要素：一个是"先"，另一个是"占"。"先"是先占的时间标准，强调时间上的在先性，其逻辑规则是时间领先，权利优先。鉴于此种权利分配标准简单且易于识别，后来者履行防范义务的成本低于先占者的转化成本，因而此种权利分配标准具有经济上的合理性。③ "占"是先占的事实标准，指的是主体对物在事实上的占领与控制。占有人对物的占有并不限于占有人对物的亲自支配，基于某种法律关系或以他人为媒介，可以成立占有。④ 占有在法律属性上并非权利，而是一种受法律保护的事实。

从自然法理论、劳动财产理论上都能找到先占理论的合理基础。首先，先占的对象是无主物，在资源稀缺的情况下，占有无主物既不损害他人利益，又能满足人类基本需要和实现对资源的有效利用，这与自然法善良公正的本质相对应。其次，在劳动财产理论下，先占取得所有权的合理性不在于在先的时间标准，而在于达至

---

① 参见［罗马］查士丁尼：《法学总论：法学阶梯》，张企泰译，商务印书馆1989年版，第49－51页。
② 参见杨佳红：《民法占有制度研究》，西南政法大学2006年博士学位论文，第42页。
③ 参见谢晓尧：《也论知识产权的冲突与协调——一个外部性的视角》，"2006年度（第四届）中国法经济学论坛"会议论文集论文，2006年5月于南京。
④ 参见魏振瀛主编：《民法》（第5版），北京大学出版社、高等教育出版社2013年版，第333页。

占有状态的劳动付出,即依据劳动财产权理论,先占本质上是一种劳动,因而能取得财产所有权。除此之外,有学者认为,先占取得财产所有权源于社会公意。① 原因在于,所有权概念的提出并非旨在增加物主对物的支配自由,而是在排除他人阻碍的意义上间接使物主获得对物的支配自由,所有权在本质上意味着无论物主对自身所有物以何种方式处置与对待,社会其他成员均承担不干涉、不阻碍的义务,即尊重物主对物支配自由的不可侵犯性。因国家状态下的人们基于社会契约同意以国家力量保卫物主对物的占有,同意履行不干涉、不阻碍的义务,物主才因先占获得所有权。② 以上是先占能够取得财产所有权的依据。

在知识产权领域,知识产权的私权属性决定了作为各国私法源头的罗马法之于知识产权法律制度的理论基础与法律渊源地位,罗马法中的私法原理与私权规则,可为当代知识产权法律制度提供依据。罗马法的先占理论用于解释无主物所有权的原始取得已被广泛接受,但将先占理论用于解释知识产权却产生了一定的不适应。例如,罗马法中先占的对象多是自然界中存在的无主物,而知识产权的对象是精神产物而非实质意义上的无主物,且"知识"中包含开放存取的无主资源,包含部分原始共有的资源,并非所有资源都适用先占原则。③ 又如,在知识产权领域无法实现对物的实际占有。但是不可否认,罗马法中的先占理论至少为知识产权的确立提供了重要的启示与有益的思路。在知识产权领域,虽然无法实现对物的

---

① 参见张恒山:《财产所有权的正当性依据》,载《现代法学》2001年第6期。
② 参见张恒山:《财产所有权的正当性依据》,载《现代法学》2001年第6期。
③ 参见蔡晓东:《传统知识的知识产权化理论困境与反思》,载《国际商务研究》2014年第5期。

实际占有，但可以对知识产权客体成立准占有。① 我国现行知识产权制度中已经存在部分体现先占理论的规定，如《专利法》第 23 条规定，授予专利权的外观设计应当不属于现有设计，并不得与他人在申请日之前已取得的合法权利相冲突。

（二）先占理论与未注册商标法益

在《商标法》领域，先占理论发挥着重要作用。公共领域的文字、图画、色彩、声音等属于《商标法》意义上的无主物。他人享有版权的美术作品、他人享有专利权的外观设计等属于《商标法》意义上的无主物，尽管将他人享有权利的客体作为商标注册或使用要受到权利人的限制。② 依据先占理论，最先占有无主商标的人将取得商标权。在世界范围内，使用和注册是两种取得商标权的基本方式。在使用取得商标权体制下，最先通过使用占有商标的人构成先占。这里的先占除有占有时间上的要求外，还有占有程度上的标准，对于最先使用商标的人，并非无论其使用时间长短、是否积累商誉均构成占有，构成占有至少应达到通过商业使用使商标在一定领域内具有识别性的标准。依据先占理论，基于在先使用产生的利益归属于在先使用者，这符合商标形成的基本原理，使在先使用者付出的劳动与所获收益相当，因而具有充分的合理性。但是，通过在先使用占有商标进而获得商标权的，占有的事实缺乏可明确识别的外观，因而不利于先占者以外的人知悉先占者的占有事实。在注册取得商标权体制下，最先通过注册占有商标的人构成先占，依据

---

① 参见魏振瀛主编：《民法》（第 5 版），北京大学出版社、高等教育出版社 2013 年版，第 333 页。
② 参见李雨峰：《未注册在先使用商标的规范分析》，载《法商研究》2020 年第 1 期。

先占理论，在先注册人可取得商标权。通过注册先占的，占有的事实易于判断且具有公示性。但是在注册取得商标权的机制下过于强调先占原则有很大的弊端，先占者付出较少先占成本就可获得商标权，这极易引发商标抢注、商标囤积等利用先占原则投机牟利的现象。由于先占理论下的使用取得商标权机制与注册取得商标权机制均存在各自的优势与不足，因此纯粹的通过使用先占和通过注册先占均非分配商标权益的最优的选择，商标权取得采用先占原则时需要寻求注册与使用的平衡。我国是采用注册取得商标权机制的国家，在坚持注册取得商标权的同时，应关注商标在先使用产生的应受保护的利益，即未注册商标法益。在先使用未注册商标的所有人虽未通过注册完成先占，但已通过使用在事实上占有了《商标法》意义上的无主物，承认并保护未注册商标法益是先占理论的必然要求。

此外，先占理论下，通过使用占有商标形成的未注册商标法益，更符合商标作为财产权客体的本质。从符号学角度看，符号由符号形式（能指）和符号内容（所指）组成，商标作为符号由商标标志（能指）和商品或服务的信息（所指）组成，并表现为一种以商标标志代表商品或服务信息的结构或关系。[1] 因为符号本身是一种传递信息的手段，所以在符号的能指与所指之间，所指占据着更加重要的地位，是符号的灵魂，[2] 延伸到商标上即作为商标所指的商品或服务的信息是商标这一符号的灵魂。商标的商标标志（能指）与商品或服务的信息（所指）的结合并不会自然发生，而是需要一个"意指"，即产生商标符号的过程。只有在特定商品或服务上使用商标标志，使消费者在心中将商标标志与特定商品或服务的

---

[1] 参见王太平：《商标法：原理与案例》，北京大学出版社2015年版，第14–15页。
[2] 参见王太平：《商标法：原理与案例》，北京大学出版社2015年版，第15页。

信息连接起来，才在真正意义上完成"意指"。① 质言之，实际使用是形成商标这一完整符号的关键。通过在先的实际使用占有商标才先占了商标这一符号，在未使用之前，通过注册在先占有商标的，其占有的对象更接近商标标志（能指），而非完整意义上的商标。在《商标法》上享有法益的未注册商标是通过在先使用获得识别性的商标，因此，先占理论用于解释未注册商标的法益保护较之用于解释注册商标的权利保护更具有合理性。当然，在《商标法》中适用先占理论应有一定的限度，先占的事实并不能当然转化为产生权益的先占，其转化的可能性要受到多种因素，如资源状况、先占者与他方力量对比、信息费用、权利维护成本等的制约，在资源稀缺、先占者与他方力量均衡、存在较高的信息费用与权利维护成本时，先占并不能当然获得财产权益，或者说即使获得了财产权益，也具有较少的排他性。②

## 二、正义理论

### （一）正义理论概述

有关正义的内涵，查士丁尼（Iustinianus）在《民法大全》中的表述是，"正义乃是使每个人获得其应得的东西的永恒不变的意志"。③ 瑞士神学家埃米尔·布伦纳（Emil Brenner）将正义的精神成分与制度成分结合在一起，提出"无论是他还是它只要给每个人以其应得的东西，那么该人或该物就是正义的；一种制度、一部法

---

① 参见彭学龙：《寻求注册与使用在商标确权中的合理平衡》，载《法学研究》2010年第3期。
② 参见纪建文：《法律中先占原则的适用及限度》，载《法学论坛》2016年第4期。
③ 参见［美］E. 博登海默：《法理学：法律哲学与法律方法》，邓正来译，中国政法大学出版社2017年版，第280页。

律、一种关系，只要能使每个人获得其应得的东西，那么它就是正义的"①。正义在本质上关涉的是社会上利益与负担的分配，其判断标准为是否使人获得其应得的利益。有关正义的作用，美国政治哲学家、伦理学家约翰·罗尔斯（John Bordley Rawls）在其著作《正义论》中指出，正义是社会制度的首要价值，法律与制度即使满足效率与条理，只要违背正义的原则，就需要改造或废除，在此意义上，正义提供了一种在社会的基本制度中分配权利和义务的办法。②

本书讨论的正义理论并不是形而上的正义理论，而是已经与秩序、自由、效率、人权等一起成为法律基本价值的法的正义。价值是一个哲学上的概念，其表征的是一种"关系"，即人类实践活动中主体与客体的需求与被需求的关系。③满足主体在实践活动中的动机与目的的客体可以被认为是具有价值的客体。法的价值是人类与法律之间的需求与被需求的关系，法的价值体系是由一组相关价值所构成的系统，从价值属性来看，这是一组与法律上的权利、义务、责任以及法的制定、修改、实施等直接相关的价值；从价值体系的结构来看，这是由法的目的价值、法的形式价值和法的评价标准三种相互关联的价值形式组成的系统。④在众多的法的价值中，正义价值处于首要且根本的地位。正义作为法的价值意味着：第一，在法律发挥社会作用的过程中，正义是法律所追求的理想与目的；第二，法律制度自身应当具有正义这种值得追求的品质与属

---

① Emil Brenner, trans. by Mary Hottinger, *Justice and Social Order*, 1945, p. 17.
② 参见[美]约翰·罗尔斯：《正义论》，何怀宏、何包钢、廖申白译，中国社会科学出版社1998年版，第5页。
③ 参见张文显主编：《法理学》（第5版），高等教育出版社2018年版，第310页。
④ 参见张文显主编：《法理学》（第5版），高等教育出版社2018年版，第312页。

性；第三，在对法律作出评价时，正义是善法、良法的重要评价标准。

在知识产权领域，知识产权法所追求的价值目标包括公平、正义、自由、效率和创新等。其中，正义是知识产权法所追求的终极价值，是知识产权制度实施期望达到的最圆满状态。[①] 在知识产权制度中蕴含的正义价值表现在诸多方面：一是知识财富的分配正义。这关涉与知识产权相关的所有当事人之间权利与义务的对等，以及权利与义务的分配符合正义的基本原则。[②] 由于权利是主体以相对自由的作为或不作为的方式获得利益的手段，义务是主体以相对抑制的作为或不作为的方式保障权利主体获得利益的约束手段，[③] 因此上述权利与义务的分配实质上是对知识产权领域各种知识产权利益的分配。知识产权利益的分配正义不仅包含知识产权人利益与社会公众利益间的分配正义，亦包含知识产权当事人之间利益归属的分配正义。二是知识资源的秩序公正。在知识产权法中，各种利益主体都希望在利益分配过程中实现自身利益的最大化，而以正义的标准公平分配权利与义务，不仅会使不同利益主体对所获利益感到满足，更会使利益主体对分配结果发自内心的遵从，最终实现知识资源分配的稳定秩序。[④] 三是权利保护的社会正义。这种正义价值主要是从知识产权的限制中体现的，表现为知识产权是有边界

---

[①] 参见冯晓青：《新时代中国特色知识产权法理思考》，载《知识产权》2020年第4期。

[②] 参见吴汉东主编：《知识产权制度：基础理论研究》，知识产权出版社2009年版，第184-185页。

[③] 参见张文显主编：《法理学》（第5版），高等教育出版社2018年版，第130-131页。

[④] 参见吴汉东主编：《知识产权制度：基础理论研究》，知识产权出版社2009年版，第188页。

的，知识产权专有领域的范围不能侵占不受知识产权保护的、可以自由利用的公共领域。

（二）正义理论与未注册商标法益

依据正义理论，使人获得其应得的利益即正义。从上文探讨的法的正义价值的内涵可得，商标法律框架中，商标法律制度应以正义为法律追求的理想与目的；商标法律制度本身应具有正义这种品质与属性；评价商标法律制度是否为良法、善法的标准应包含正义。由于未注册商标法益指的是未注册商标蕴含的受法律保护的利益，在正义理论下探讨未注册商标法益需要注意以下两个方面：第一，未注册商标使用者是否因对商标的使用产生了商标法律所保护的利益；第二，商标法律制度是否使未注册商标使用者拥有其应得的利益，是否能保障其利益不被侵害。对于第一点，只有未注册商标使用者因使用行为产生了商标法律所保护的利益，才存在作为正义理论分配客体的"应得的利益"；对于第二点，只有商标法律制度使未注册商标使用者获得了这种应得的利益，并保障其利益不被侵害，商标法律制度对于未注册商标法益的设置与保护才符合正义的基本观念。

商标是与商品或服务结合，能够将自然人、法人或者其他组织的商品或服务与他人的商品或服务区别开的标志，商标的价值在于其实际发挥的识别商品或服务来源的属性，即来源识别性。在来源识别性的基础上，如若商标与经营者高品质的商品或服务相关联，商标就因承载了经营者良好的商业信誉具有了更高的价值。法律保护商标时所维护的就是商标所具有的来源识别性与商誉，保护商标的方式即禁止混淆性使用他人商标和侵占他人商誉的行为。未注册商标法益产生于未注册商标使用者对未注册商标的商业使用，但并非一使用未注册商标就会产生未注册商标法益，而是需要未注册商标使用者对未注册商标进行不一定长期，但必须有效的商标使用，并逐步在商标上积累起一定程度的识别商品或服务来源的影响力与商誉后，未注册商标法益才真正产生，因此，未注册商标法益是法律在保护商标时所欲维护的利益。

正义理论要求法律的设置能够使未注册商标使用者拥有其应得的利益并保障其利益不被侵害，在商标法领域，保障注册商标权人利益的方式主要有：第一，制止他人不劳而获的、搭载商标商誉的行为，即禁止他人在相同或近似的商品或服务上混淆性使用与注册商标相同或近似的商标；第二，制止他人利用商标注册制度剥夺他人商标利益的行为，即禁止他人在相同或近似的商品或服务上注册与注册商标相同或近似的商标。未注册商标法益的保护不外乎上述两种方式。鉴于未注册商标尚未注册，在公示上有一定欠缺，因而商标法在保护未注册商标法益时可以在保护前提、举证责任设置等方面作出限制，但商标法应有效保护未注册商标法益是毋庸置疑的，这是正义理论对商标法律制度的基本要求。

综上，在正义理论下，未注册商标法益的存在具有正当性，未注册商标法益理应获得商标法的有效保护。在具体保护时，商标法既应防止他人通过"搭便车"行为侵占未注册商标法益，又应防止他人通过抢注等利用商标注册制度的行为剥夺未注册商标法益，只有这样，商标法作为知识产权法的重要单行法之一，才能在利益分配上符合正义的基本要求。

## 第三节 未注册商标法益设置是注册取得商标权制度的补充

在我国,对未注册商标法益正当性的探讨还应证明未注册商标法益设置之于注册取得商标权制度的正向意义。虽然设置未注册商标法益有劳动财产权理论与符号价值理论作为法哲学依据,且有先占理论与正义理论的法理支撑,但未注册商标法益"使用取得"与我国"注册取得"商标权基本制度的差异不可忽视。现今,世界上鲜有纯粹采用使用取得商标权模式的国家,许多国家和地区如我国、欧盟、法国、韩国、日本等,均将注册取得商标权制度作为商标保护的重要基础。这种选择的原因在于,注册取得商标权制度具有权利推定的功能,依据商标注册不仅可以推定权利主体,还可以推定权利保护的时间与边界;具有权利公示的功能,能够满足商标权作为绝对权的公示公信的需求;具有信息检索的功能,能够降低公众对商标信息的搜寻成本,等等。[①] 除上述原因外,更深层次的原因还在于注册取得商标权制度有来自法哲学上的功利主义、经济学上的效率价值的理论基础。为此,我国众多学者在承认未注册商标法益正当性的同时,均提出对未注册商标的保护不能动摇注册取得商标权制度在《商标法》中的根本地位的观点。例如,有学者认为,"我国法律对未注册商标的保护是有限的,对未注册商标的保

---

[①] 参见曹世海:《商标权注册取得制度研究》,西南政法大学 2016 年博士学位论文,第 58 页。

护不以过分冲击注册取得商标权体制为基本原则"①。这是未注册商标在我国仅能作为"法益"而不能作为"权利"受保护的重要原因。综上所述，未注册商标法益存在的前提是不能颠覆我国现有的注册取得商标权制度，未注册商标法益如若在根本上违背或排斥注册取得商标权制度的理论基础，则不能被承认。为此，本节将分析未注册商标法益设置之于注册取得商标权制度的补充性（或言保护未注册商标法益对注册取得商标权制度的影响），并从法哲学与经济学视角进行理论证成。

### 一、法哲学视角：自然法理论与功利主义的相辅相成

#### （一）注册取得商标权制度的法哲学基础——功利主义

功利主义作为于19世纪发源于英国的哲学体系，被认为是早期资本主义用于解释财产权制度的重要理论。功利理论提供的理解财产权制度正当性的新视角，对近代以来各个国家的社会政治思想产生了深远的影响。

大卫·休谟（Divid Hume，1711—1776年）是早期功利主义的代表人物，休谟认为，物之所以能作为财产权的对象是因为物是一种可以满足人需要的自然物品。② 人的需要可被称为人性，人性包含两个部分——情感和知性，在人的众多情感中，自私与贪欲是最重的，指引人们进行盲目的活动，而知性帮助人们适应社会的生活。③ 在此基础上，休谟的财产理论是从人性角度出发的。休谟还提出，财产权产生的前提是自然状态是一种资源相对匮乏的状态，

---

① 王太平：《我国未注册商标保护制度的体系化解释》，载《法学》2018年第8期。
② 参见高全喜：《休谟的财产权理论》，载《北大法律评论》2003年第1期。
③ 参见高全喜：《休谟的财产权理论》，载《北大法律评论》2003年第1期。

这种状态介于资源绝对匮乏与资源十分充裕之间，但人的贪欲是无限的，因而人势必通过各种方式占有相对匮乏的资源。① 在自然状态下，个人对财物资源的占有是不稳定的，因此必须存在一个政治社会，以政治社会的规则来实现稳定的占有，这就是财产权存在的正当性。

如果说休谟提供了功利主义的思想火花，杰里米·边沁（Jeremy Bentham，1748—1832 年）就是功利主义的典型代表。边沁的功利理论起源于一个重要的公理，即苦与乐是主宰人类应做什么和不应做什么的标准，一个行为所能引起的苦与乐的程度决定了该行为的善恶。② 边沁将功利原则定义为能够提升当事人幸福感的原则，这里的当事人可以是特定的个人，可以是社会整体，社会利益作为社会成员个人利益之和，不能独立于个人利益或对抗个人利益。③ 在立法领域，边沁认为，法律的功能在于供给口粮、达到富裕、促进平等和维护安全，其中国家富裕的唯一办法是维护财产权利的尊严，法律不能直接为公民提供生计，其能够做的仅仅是创造一种条件，通过惩罚与奖励的手段，引导公民的行为，激励公民为追求富裕而努力。④ 在权利观上，边沁认为，法律是政府基于功利的一种政治安排，而权利是法律的创设物，且只能是法律的创设物。⑤

---

① 参见高全喜：《休谟的财产权理论》，载《北大法律评论》2003 年第 1 期。
② 参见［美］E. 博登海默：《法理学：法律哲学与法律方法》，邓正来译，中国政法大学出版社 2017 年版，第 116 - 117 页。
③ 参见［美］E. 博登海默：《法理学：法律哲学与法律方法》，邓正来译，中国政法大学出版社 2017 年版，第 117 页。
④ 参见［美］E. 博登海默：《法理学：法律哲学与法律方法》，邓正来译，中国政法大学出版社 2017 年版，第 117 页。
⑤ 参见谌洪果：《法律实证主义的功利主义自由观：从边沁到哈特》，载《法律科学（西北政法学院学报）》2006 年第 4 期。

从整体看，边沁的功利主义是一种对自然权利观的反驳。边沁认为，在国家范围内，要维护某项权利就意味着要牺牲其他权利，因此并不存在天赋的、普遍的、不可剥夺的权利。①

除休谟和边沁外，鲁道夫·冯·耶林（Rudolph von Jhering，1818—1892年）是功利主义的又一代表人物，从目的角度提出了有关功利主义的新思想。耶林认为，目的是法律的创造者，法律规则、学说和制度并不是按照自身的方式构建和发展的，而是为满足人的目的而型构的。② 在此基础上，立法活动是立法者有意识的、系统的，利用制定法的形式以求达到国家某个特定目的而进行的活动。在论述法律的目的时，耶林意识到了功利主义与个人自由主义之间的不可调和性，转而提出了一种"社会力学"理论，指出法律的目的并不限于保护个人的自由，而在于实现一种共同的文化目的，即令人的劳动尽可能地对他人有助力，也间接地对自己有助力。③ 很明显，在耶林看来，法律的目的更强调社会利益，在社会利益与个人利益的比较中，社会利益具有更高的地位。

知识产权具有多元属性，除是一种私人财产权、特别人权、无形资产外，还是一种公共政策，因而对于是否保护知识产权、如何保护知识产权、对知识产权的保护程度等，法律需要依据国家发展现状与未来需要作出政策性安排。④ 知识产权的政策属性使知识产

---

① 参见谌洪果：《法律实证主义的功利主义自由观：从边沁到哈特》，载《法律科学（西北政法学院学报）》2006年第4期。
② See Lehre von dem richtigen Rechte (1902) 211. 转引自 [美] 罗斯科·庞德、邓正来：《社会哲学法学派》，载《法制与社会发展》2004年第1期。
③ 参见朱庆育：《权利的非伦理化：客观权利理论及其在中国的命运》，载《比较法研究》2001年第3期。
④ 参见吴汉东：《知识产权的多元属性及研究范式》，载《中国社会科学》2011年第5期。

权法律制度的设计蕴含着丰富的功利主义原理。在我国商标法律框架下，注册取得商标权制度与功利主义充分契合。我国《商标法》的立法目的是加强商标管理，保护商标专用权，保障消费者和生产、经营者的利益等，实现上述目的的关键在于商标权边界清晰，商标权权利归属明确，商标具有公示与公信力。与之对应，注册取得商标权制度是功利主义下的最优选择：首先，依据商标注册要求，注册商标应按照商品分类表单类或多类注册，除驰名商标外，商标权的效力仅及于相同或者类似的商品或服务上，因而注册商标权的边界清晰；其次，注册原则以商标注册的事实为取得商标权的条件，以先申请原则确定商标权的归属，因而商标权的权利归属明确；最后，商标因注册向全社会公开，依据商标注册制度，商标权的产生、变更等事项，均以一种可从外部查知的方式表现出来，社会公众、消费者、经营者可以信赖这种公示并依此为一定行为，这是商标权作为绝对权所必需的公示与公信力。除此之外，采用注册取得商标权制度，可方便国家商标主管机关对商标注册、商标使用、商标转让等行为进行监督与管理，促进商标制度发挥其积极的经济与社会效益。综上，注册取得商标权制度与国家期望实现的《商标法》的立法目的相契合，符合功利主义蕴含的基本理论，即法律是国家基于功利的有意识的政治安排，其正当性体现在能够实现国家所追求的目标，且这个目标除保护个人自由外还关注社会利益。

（二）未注册商标法益设置对商标法律制度绝对功利主义的修正

功利主义虽提供了一种理解财产权制度正当性的新视角，但面临着一些批判。美国的政治学家、伦理学家约翰·罗尔斯（John Bordley Rawls，1921—2002年）就认为，功利主义与正义之间存在紧张关系，关于正义的一般观念是所有社会价值被平等地分配，而功利主义主张的是能够产生最大满足感的分配，是使整体利益最大化的分配，功利主义为追求最大幸福而侵犯了一部分人的权利，难以在所有个体中将利益公正分配。① 罗尔斯的批判在一定程度上反映了功利主义的缺陷，因此，在设计一国法律制度时，承认功利主义正当性与重要性的同时，不应过度关注功利主义或坚持绝对的功利主义而忽视个体的利益。

上述在讨论未注册商标法益正当性基础时，无论是劳动财产权理论、符号价值理论，还是先占理论、正义理论，从本质上看，均是从自然法理论中衍生出的学说理论，根植于自然法理论的价值基础。依据这些理论，未注册商标法益的存在及对未注册商标法益保护是基于对未注册商标使用人"使用"这一劳动的承认以及对"使用产生利益"的保护，具有来自自然法上的正当性。自然法理论在西方法律思想史上占据着重要地位，是一系列广为流传且经久不衰的理论。自然法的观念被认为是对与错的终极标准，是正直生活或"合于自然的生活"的模范。② 在自然法理论中，"自然的人"是"自然"的重要内容，③ 人作为理性的动物，生命、健康、自由、意志等人自身的因素以及由这些因素延伸存在的形式都构成人的"权

---

① 参见田广兰：《功利与权利——自由主义权利论对功利主义权利论的批判》，载《哲学动态》2007年第10期；姚大志：《罗尔斯与功利主义》，载《社会科学战线》2008年第7期。
② 参见［意］登特列夫：《自然法：法律哲学导论》，李日章、梁捷、王利译，新星出版社2008年版，第1页。
③ 参见李宗辉：《历史视野下的知识产权制度》，知识产权出版社2015年版，第73页。

利"。① 从此角度看，自然法所关注的是单个的、独立的人，自然法承认人作为个体的独立地位。除"自然的人"外，自然法理论中的"自然"还包括"自然的法"。② 古罗马著名政治家、演说家和法学家西塞罗在《国家篇》中指出"真正的法律，乃是与大自然相符合的正理，它是普遍适用的，不变而永存的"，其认为自然法是人类共有的权利或正义体系，先于人类的法律和国家存在，只有依据自然法制定出的法才是公平与正义的。③ 从自然法中派生出的调整主体间各种关系的规则体系，奉行理性主义，追求平等、自由、公平和安全等价值目标，为成文法注入了一种规范性要素。④ 综上，未注册商标法益的自然法基础之于注册取得商标权制度，既能够弥补过度重视功利主义造成的对个人自由与个人利益的忽视，还能缓解功利主义与正义之间的紧张关系，为商标法律制度提供一种高于权力的，来自道德的支持，最终防止过度强调功利主义使商标注册制度陷入绝对功利主义的泥潭。

## 二、法经济学视角：公平价值与效率价值的兼顾平衡

### （一）注册取得商标权制度的经济学基础——效率价值

经济学是公认的分析法律问题的有力工具。⑤ 法经济学又称法律的经济分析，是一门以经济理论为研究方法与工具，研究法律制

---

① 参见占茂华：《论西方近代自然法观念的特征》，载《学术论坛》2010年第7期。
② 参见李宗辉：《历史视野下的知识产权制度》，知识产权出版社2015年版，第74页。
③ 参见谭建华：《论西塞罗的自然法思想》，载《求索》2005年第2期。
④ 参见李宗辉：《历史视野下的知识产权制度》，知识产权出版社2015年版，第74页。
⑤ 参见[美]理查德·A.波斯纳：《法律的经济分析》，蒋兆康译，中国大百科全书出版社1997年版，第3页。

度的形成、结构、演化和影响的学科。① 于20世纪60年代在美国兴起的法经济学把效率原则作为解决法律问题的核心,认为产生于经济活动的法律具有改变资源配置结果的功能,因而应在立法、司法和执法中维护效率原则,关注效率价值,特别是经济效率。②

自20世纪70年代,法经济学就被引入了《商标法》的研究,并逐步成为《商标法》的跨学科研究方法中最具影响力与最成熟的方法。③ 在《商标法》领域,效率价值体现在商标法律制度的方方面面。经济生活中普遍存在信息不对称的现象,对于与市场交易相关的有用信息,往往一方知情而另一方不知情,抑或一方知晓的信息多而另一方知晓的信息少。在自利竞争的市场上,信息不对称很可能产生两种非效率的结果:一是掌握信息优势的一方利用信息优势欺骗另一方;二是掌握信息的双方信息沟通不畅而引发"囚徒困境",从而双双陷入丧失交易利益的境地。④ 在商品或服务的市场交易中,厂商掌握着关于商品或服务的大量信息,而消费者只掌握能够观察到的商品或服务的信息,厂商和消费者之间有关商品或服务的信息是不对称的。在信息沟通不畅的情况下,即使厂商不会借助自身信息优势欺瞒消费者,厂商与消费者之间也会形成一种缺乏效率的市场。在这种市场上,面对相似的商品,消费者只能通过碰运气挑选不可观察质量的商品,厂商将只生产最便宜且不可观察质量的商品。⑤ 商标的存在,打通了厂商与消费者之间的信息屏障。商

---

① 参见李珂、叶竹梅编著:《法经济学基础理论研究》,中国政法大学出版社2013年版,第3页。
② 参见李珂、叶竹梅编著:《法经济学基础理论研究》,中国政法大学出版社2013年版,第4—6页。
③ 参见王太平:《商标法研究的跨学科方法》,载《湘江青年法学》2015年第1期。
④ 参见王太平:《商标法研究的跨学科方法》,载《湘江青年法学》2015年第1期。
⑤ 参见王太平:《商标法研究的跨学科方法》,载《湘江青年法学》2015年第1期。

标作为识别商品或服务来源的标志，蕴含着有关商品或服务的综合信息，特别是一些不可观察特征的信息。使用相同商标的商品或服务具有相同的特征与品质。对于消费者来说，商标降低了其搜寻成本，对于厂商来说，可以利用这种信息传播渠道，回应消费者的偏好，以获得更大的销量与利润。质言之，商标因其信息传递的功能在厂商和消费者之间形成了一种具有效率的交易市场。

商标法律制度的立法目标之一就在于通过维护商标的信息传递功能维护因商标形成的具有效率的交易市场，在此意义上，注册取得商标权制度发挥着重要的功能。上文所描述的因商标传递商品或服务的信息而达至的效率市场是理想意义上的，现实中会存在信息数量不足、信息真假难辨等问题，单纯依靠私人道义与市场调节难以解决上述问题，此时国家的适当干预便成为必要，注册取得商标权制度就是依此建立的。[①] 在商标注册制度中，市场主体欲获得商标权就需要按照法律要求申请商标注册，这有助于在全国形成一个统一且权威有效的商标信息资源库。经营者在选择注册或使用的商标时，可以依据这个商标信息资源库避开已注册的商标，防止产生不必要的市场投入与损失，最终提高市场效率；消费者与经营者均可以通过查询商标信息资源库，以低成本获得与商标有关的信息。与此同时，注册取得商标权还有助于商标管理，便利当事人举证，强化市场交易的确定性与安全性等，这些均直接或间接地促进商标功能的发挥以及促进富有效率的商品或服务交易市场的形成。

此外，我国的注册取得商标权制度本身就是一个有效率的系统，例如，商标注册并不需要商标申请人对商标在先使用或使用意

---

[①] 参见余俊：《商标注册制度功能的体系化思考》，载《知识产权》2011年第8期。

图进行举证,即使是 2019 年我国《商标法》修改时增加了对"不以使用为目的"的恶意商标注册的规制,这点也未发生实质性改变,此种立法设计能够降低市场主体获得商标权的成本,实现注册效率的最大化。除此之外,我国建立商标法律制度以来,效率价值一直是商标法追求的重要价值目标,《商标法》的历次修改,从商标注册"一标一类"转变为"一标多类",到商标审查周期和异议期限的不断缩短等,均是为了提高商标注册系统的效率而努力。①

### (二)未注册商标法益设置促进公平与效率的价值平衡

无论是在经济学领域还是在法学领域,在谈及"效率"的时候,"公平"总会紧随其后,这是因为公平与效率在表面上呈现出一种相互矛盾的关系,即追求公平价值的过程中需要牺牲效率价值,或者说实现效率价值时会产生不公平的结果。但是,公平与效率作为统一于法目的价值中的重要的法价值,均是法律追求和珍视的,无论是促进效率却不能维护公平的法,还是体现公平却损害效率的法,均不能称为"良法"。② 追求公平与效率的价值平衡是法律制度设计永恒的课题。

注册取得商标权制度虽有助于实现《商标法》领域的效率价值,但可能产生公平价值受损的结果。在我国,无论是否使用,商标一经注册就可获得全国范围内有效的商标专用权,这意味着商标注册人在付出较少成本的情况下就可获得巨大的竞争优势。依据法

---

① 参见冯晓青、刘欢欢:《效率与公平视角下的商标注册制度研究——兼评我国商标法第四次修改》,载《知识产权》2019 年第 1 期。

② 参见张晓芝:《试论公平与效率相统一的法律基础》,载《经济管理》2003 年第 9 期。

经济学中的"理性人假设"和"成本—收益"理论，注册取得商标权所具有的低成本与高收益的属性，将激励人们积极进行商标注册，但是，这在客观上助长了恶意抢注他人未注册商标以攫取他人利益的行为，破坏了商标权益的公平分配。此外，商标抢注人在没有恶意的情况下，仅因商标注册行为就可以取得他人已有相当影响力的未注册商标的商标权，这与公平原则相悖。注册取得商标权制度可能引发的公平价值受损至少会产生下列不利后果：一是存在恶意抢注他人商标的情况时，商标注册不反映真实的市场信息，这会影响商标应有信息传递功能的有效发挥；二是当商标注册制度被不正当利用时，会产生使他人利益或公共利益受损的"负外部效应"，而造成此种结果的人却未因此承担成本。

设置并保护未注册商标法益有助于消解注册取得商标权制度可能引发的《商标法》领域公平价值受损的现象。原因在于：第一，上文已述，正义理论是未注册商标法益的法理基础，依据正义理论，未注册商标使用人获得其应得的利益即正义，与此同时，"正义是所有法律所追求的终极的价值……正义其实包含了公平和平等的观念"①，因此，保护未注册商标法益本身就意味着对公平价值的支持与维护。第二，法律具有稀缺性，对权益保护的法律供给小于法律需求时，就会刺激市场主体实施利用法律漏洞，损害他人利益以获取资源的投机行为，② 基于此，保护未注册商标法益的法律供给小于法律需求是产生商标恶意抢注这种不公平现象的根本原因，如若能够有效保护未注册商标法益，填补法律漏洞，商标恶意抢注

---

① 冯晓青：《新时代中国特色知识产权法理思考》，载《知识产权》2020年第4期。
② 参见郑孟云：《商标恶意囤积的法经济学分析》，载《经济研究导刊》2020年第10期。

的现象将得到遏制，商标法律制度的公平价值将得到维护。

综上，设置未注册商标法益对我国注册取得商标权制度实现公平价值具有促进作用，有助于实现商标法律制度对公平与效率的价值平衡。同时，需要注意的是，承认保护未注册商标法益公平价值，并不意味着要颠覆现有注册取得商标权制度，更不应大幅损害现有制度的效率价值，而应把握未注册商标法益保护的适当性，分情况约束商标注册制度剥夺或限制未注册商标法益的行为，使《商标法》在实现效率价值的同时兼顾公平价值。

## 本 章 小 结

我国《商标法》中已规定了未注册商标法益的相关内容，但学者们对于《商标法》是否应为未注册商标提供保护这个问题，尚未形成相对一致的认识。虽然多数学者对此问题持肯定观点，但仍有学者认为，《商标法》应明确规定未经注册的商标不能获得《商标法》的保护，以增加市场主体进行商标注册的紧迫性与积极性，最大限度地提升商标注册制度的效率，使用未注册商标而产生的合法利益应依赖竞争法保护。[①] 存在这种观点的根源在于，未注册商标法益作为《商标法》上应受法律保护的利益的正当性未得到承认。因此，探讨我国未注册商标法益时，在明晰未注册商标法益的基本理论后，首先要解决的是未注册商标法益的正当性基础问题。

---

① 参见余俊：《商标注册制度功能的体系化思考》，载《知识产权》2011年第8期。

通过上文对未注册商标法益正当性基础的分析可得，依据劳动财产权学说，未注册商标使用者在自身商品或服务上使用了未注册商标，付出了具有商标法意义的"商标性使用"劳动，使用未注册商标而产生的法益理应归于使用者，并受到《商标法》的保护。依据符号价值理论，商标因与商品或服务结合而蕴含着商品或服务的使用价值信息与符号价值信息，而未注册商标经使用承载着商品或服务的使用价值与符号价值，因而，保护未注册商标法益符合商标的符号本质。上述两方面是未注册商标法益来自法哲学理论的正当性基础，除此之外，在《商标法》领域，商标专用权的取得与先占理论密切相关。在先使用未注册商标的所有人虽未通过注册完成先占，但已通过使用从事实上占有了商标法律意义上的无主物，同时，未注册商标使用者通过使用对商标的占有较之注册商标权利人通过注册对商标的占有，更接近对商标符号整体的占有，而非对商标标志（能指）的占有。同时，在正义理论下，无论商标保护的对象是商誉还是商标的来源识别性，未注册商标基于使用产生的法益均应受到《商标法》的保护，这是付出与回报相对应的正义分配的基本要求。更重要的是，在我国以注册取得商标权制度为《商标法》根本制度的前提下，设置与保护未注册商标法益，能够防止我国商标法律制度因过度强调注册而陷入绝对功利主义的不利状态，有助于在维护注册取得商标权制度效率价值的同时寻求公平与效率的价值平衡。质言之，设置与保护未注册商标法益是补充完善注册取得商标权制度的应有之义。

# 第三章　系统梳理：我国未注册商标法益之类型化分析

　　我国有关未注册商标法益的现有规定主要包括《商标法》第13条、第15条、第32条、第59条，《反不正当竞争法》第6条等，相关规定基本形成了我国《商标法》上未注册商标法益与《反不正当竞争法》上未注册商标法益两大主要板块。以本书第一章对我国未注册商标的分类为基础，在我国，未注册商标法益可分为驰名未注册商标法益、在先使用并具有一定影响的未注册商标法益以及普通未注册商标法益三种类型。不同类型的未注册商标法益虽具有相同的利益本质，但因商誉高低存在差异，且其识别商品或服务来源的影响力大小不同，其具有不同的法益内容与法律效力。这区别于通过商标注册获得全国统一效力的注册商标权，与未注册商标法益以真实形成的具体信用为保护基础相契合。《反不正当竞争法》从制止不正当竞争行为角度为我国未注册商标带来了反射利益——仿冒禁止法益。除我国《商标法》和《反不正当竞争法》外，我国民法、《著作权法》、《专利法》上存在一些涉及未注册商标的法律规定，直接或间接地保护着未注册商标。其中，民法保护的是未注册商标使用者通过使用商标产生的未注册商标法益,而《著作权法》和《专利法》对未注册商标的保护不同于本书研究的未注册商标法益,本书将在此章予以释明。分析我国各类型未注册商标的认定标准以及与之相关的法益内容是了解我国未注册商标法益现状的重要环节,是发现我国未注册商标法益设置存在的问题,进而提出相应完善建议的前提与基础。在梳理我国未注册商标法益的现实状况后,考察域外未注册商标法益时,可以以该现实状况为依据确定需要重点关注的部分,避免因盲目考察而缺乏针对性。

## 第一节 我国《商标法》上的未注册商标法益

### 一、我国驰名未注册商标之法益

驰名未注册商标是我国未注册商标的重要组成部分。驰名商标往往是商品或服务的经营者通过提升商品或服务的质量、多方广告宣传、科学管理与布局等长期努力的结果,因而凝结着经营者良好的商品信誉与企业信誉。与培育驰名商标所需要付出的劳动与投资相对应,驰名商标是企业宝贵的无形资产,具有巨大的经济价值,因此,保护驰名商标既是实现法律公平正义精神的必然要求,又符合《商标法》保护私权的立法意旨。商标的驰名与否是一种在市场竞争中形成的、客观存在的事实状态,与商标是否获得注册无关,[1]

---

[1] 参见杨叶璇:《试论保护未注册驰名商标的法律依据和法律意义》,载《知识产权》2005年第2期。

驰名未注册商标虽是一种法益，但与已注册的驰名商标一样应受到重视。我国《商标法》已经对驰名未注册商标法益作出了规定，具体内容散见于《商标法》《商标法实施条例》《驰名商标认定和保护规定》《最高人民法院关于审理涉及驰名商标保护的民事纠纷案件应用法律若干问题的解释》等文件中，主要涉及驰名未注册商标的认定、驰名未注册商标法益的保护条件与法律效力等内容。

（一）我国驰名未注册商标的认定

在我国，驰名商标以是否在中国注册为标准被分为已注册的驰名商标和驰名未注册商标，《商标法》分别为这两类商标规定了不同的保护内容，但是，在认定商标是否驰名的时候，已注册的驰名商标与驰名未注册商标共用一套认定标准。我国现行《商标法》第13条对驰名商标的规定是我国于2013年修改2001年《商标法》时，在2001年《商标法》第13条内容的基础上，增加了"为相关公众所熟知的商标……可以依照本法规定请求驰名商标保护"后形成的。其中，"为相关公众所熟知"被认为是《商标法》从法律层面对我国驰名商标作出的定义。基于这个定义，在我国认定驰名商标至少需要把握两点：一是认定驰名商标的参照主体是"相关公众"；二是驰名商标的知名度须达到"为相关公众所熟知"的程度。2014年，国家工商行政管理总局颁布的《驰名商标认定和保护规定》第2条第1款将驰名商标的定义进一步明确为"在中国为相关公众所熟知的商标"，增加了"在中国"的地域范围的限制。

在具体认定时，我国《商标法》第14条第1款规定，认定驰名商标应当考虑下列因素：相关公众对该商标的知晓程度；该商标使用的持续时间；该商标的任何宣传工作的持续时间、程度和地理范围；该商标作为驰名商标受保护的记录；等等。具体分析，第一，相关公众对该商标的知晓程度。这里的"相关公众"既包括商标所标示的商品或服务的生产者、消费者，亦包括相关的销售者和其他经营者。① 之所以以"对该商标的知晓程度"为驰名商标的认定因素，是因为我国保护驰名商标旨在防止有人使用或注册与他人驰名商标相同或近似的商标后，产生商标混淆或淡化的后果，而产生混淆或淡化的前提必须是相关公众至少事先要知晓商标中的一方，脱离了这个前提，混淆和淡化均无从产生。第二，该商标使用的持续时间。一般来讲，商标使用的时间越长，说明商标为消费者接触和认可的时间越长，越有可能积攒较高的影响力，但商标持续使用的时间与商标驰名与否并无绝对的联系，特别是在互联网飞速发展的今天，一个商标借助互联网可能在较短的时间内产生较大的影响力并为公众所熟知，因此商标使用持续的时间因素仅是驰名商标判断的参考因素，而非必然因素。第三，商标广告宣传的程度。在市场竞争中，广告宣传是提高商标知名度的重要手段，利用广告宣传不仅能够使相关公众知晓特定商标，还能在消费者心中形成对此商标的认知，最终刺激消费者选择商标背后的商品或服务。需要注意的是，这里的广告宣传不能仅是对企业或商品（服务）的宣传，而应是对与商品或服务结合起来的商标的广告宣传。第四，商标作为驰名商标受保护的记录。我国在驰名商标认定上采用司法认定和行政认定并存的"双轨制"，在当事人提出请求时，商标局和商标评审委员会、最高人民法院指定的人民法院均可以依据案件的需要对商标驰名的情况作出认定。由于市场中商标的知名度与影响力是动态

---

① 参见2014年国家工商行政管理总局颁布的《驰名商标认定和保护规定》第2条。

的，会随着商标的使用与维护情况的变化而变化，因此无论是司法认定还是行政认定，其认定结果都仅具个案效力，只对特定案件的当事人有效。经营者不能将驰名商标的认定结果用于广告宣传、展览等商业活动。但是，一个商标被侵权的纠纷较多以及作为驰名商标受保护的记录较多，从侧面能够说明该商标具有较高的知名度与市场价值，因而，商标以驰名商标受保护的记录作为判断商标驰名的参考因素具有正当性。同时，在侵犯商标权的行为或者不正当竞争行为发生前，原告的商标若是曾被认定为驰名商标，且被告对该商标驰名的事实不持异议的，人民法院应当予以认定。① 上述认定因素是判断商标是否驰名时通常需要考量的因素，但在具体认定时，并不需要机械地一一考量全部因素，原因在于：一方面，上述因素之间存在重合，如"公众的知晓程度"恰恰需要商标使用持续时间、广告宣传等因素加以证明；另一方面，上述因素是认定驰名商标的手段，其本身并不是证明的目标，只要能认定商标驰名的目的即可，对手段不必求全责备。②

在认定驰名商标的全程，应坚持被动认定、按需认定、事实认定和个案认定的基本原则。首先，在商标纠纷产生后，应基于当事人的请求对商标是否驰名作出认定，当事人未主张时，商标局、商标评审委员会和最高人民法院指定的法院不能主动认定；其次，在收到当事人的认定申请后，相关部门需考察在具体案件中认定驰名商标的必要性，如若商标按照一般商标对待即可处理纠纷，就不存

---

① 参见 2020 年 12 月 29 日修正的《最高人民法院关于审理涉及驰名商标保护的民事纠纷案件应用法律若干问题的解释》第 7 条。

② 参见孔祥俊：《商标与不正当竞争法：原理与案例》，法律出版社 2009 年版，第 440 页。

在认定商标是否驰名的必要,只有避免不加限制地认定驰名商标,才不会诱发刻意制造纠纷以获得驰名商标认定的行为,才能防止驰名商标认定制度被滥用与异化;① 再次,在认定驰名商标时,应考察商标是否为公众熟知的事实状态,在司法实践中认定驰名商标应在判决书的事实论证部分,而不应出现在判决部分;最后,驰名商标的认定结果只是对特定时间点商标驰名与否的事实状态的认定,仅对特定案件有效,无论是司法认定还是行政认定均不具有绝对的超出个案的意义。

(二) 我国驰名未注册商标法益获得救济的要件

我国在一定条件下保护驰名未注册商标法益。在我国现有商标法律框架内,驰名未注册商标法益的保护条件可以从《商标法》对侵犯驰名未注册商标行为的规定中总结得出。依据《商标法》第13条第2款的规定,驰名未注册商标法益获得救济需要满足以下条件:一是商标已经达到驰名程度但尚未在中国注册;二是争议商标与驰名未注册商标代表着相同或近似的商品或服务;三是争议商标构成对驰名未注册商标的复制、摹仿或翻译;四是争议商标的注册与使用容易导致混淆。"商标已经达到驰名程度"的判断在上文分析驰名商标的认定时已涉及,下文将着重分析余下的三个条件。

第一,相同或类似的商品或服务。《巴黎公约》第6条之二规定的驰名商标,本就针对的是未经注册的驰名商标,因而并未限定驰名商标的注册要件,只要是"商标注册国或使用国的主管机关认为一项商标在该国已成为驰名商标"就足矣,依据条约内容,驰名

---

① 参见冯晓青:《未注册驰名商标保护及其制度完善》,载《法学家》2012年第4期。

未注册商标可以请求被保护的范围是相同或类似的商品。① TRIPs 在承接《巴黎公约》的内容时,将驰名商标分为已注册商标和未注册商标,将已注册驰名商标可以请求保护的范围扩大到不相类似的商品或服务上。② 因此,我国《商标法》对驰名未注册商标法益保护相同或近似商品或服务的要求基本上与国际条约相一致。对驰名未注册商标法益保护相同或近似商品或服务的限制条件在根源上体现的是我国对驰名未注册商标与驰名注册商标保护态度的不同。我国为已注册驰名商标提供了跨类的反淡化保护,原因在于:首先,对于驰名商标而言,其知名度和影响力在一定程度上已经超越了商标所核准注册的商品或服务的类别,即使在不相近似的商品或服务上使用与驰名商标相同或近似的商标,也会引起消费者的混淆,使消费者误以为特定商品或服务来源于驰名商标权人或者商品或服务的提供者与驰名商标权人存在特定关系。其次,跨类使用他人的驰名商标,即使在不引起消费者混淆的情况下,也可能给驰名商标带来危害,一是弱化驰名商标,即当驰名商标与其他商品或服务联系起来后,损害驰名商标代表商品或服务唯一来源的能力;二是丑化驰名商标,即当驰名商标被用在可能对品牌产生负面影响的商品或服务上时,如将驰名的香水品牌用在厕所除臭剂上,导致商标声誉受损。③ 综上,仅依据传统《商标法》的混淆理论难以对驰名商标提供充分保护,在混淆理论外,淡化理论成为驰名商标保护的重要补充。淡化理论较之混淆理论更关注驰名商标本身所凝结的商誉。

---

① 参见1970年《巴黎公约》第6条之二。
② 参见2017年 TRIPs 第16条之三。
③ 参见王迁:《知识产权法教程》(第5版),中国人民大学出版社2016年版,第521-523页。

《商标法》为已注册驰名商标提供反淡化保护的理由对驰名未注册商标同样适用。当驰名未注册商标的知名度和影响力超越其代表的商品或服务的类别时,同样会产生防止商标淡化造成的商誉减损的需求,驰名未注册商标与已注册驰名商标在商誉的积累上并无区别,均蕴含着使用者的诚信经营和辛苦付出,因此驰名未注册商标的商誉亦应获得应有的尊重和保护。[①] 但我国目前以注册原则为商标制度的根基,驰名未注册商标因其未注册的事实在法律保护方面受到了一定限制,《商标法》目前给予驰名未注册商标的保护仍是以相同或近似的商品或服务为限制的同类反混淆保护。

第二,复制、摹仿或翻译。《商标法》第 13 条在规定驰名未注册商标的保护范围时,并没有使用《商标法》第 15 条、第 30 条、第 31 条等条文中普遍采用的商标"相同或者近似",而是使用了"复制、摹仿或者翻译"的表述,如若"复制"可以理解为"商标相同",那么"摹仿或者翻译"与"商标近似"的关系需要讨论。有学者认为,我国对驰名商标的保护范围更广、保护程度更高,因此,《商标法》第 13 条中"复制、摹仿或者翻译"的认定标准应低于一般商标的近似性认定标准。[②] 依据我国《商标审查审理指南》的规定,对驰名商标的"摹仿"指的是"抄袭他人驰名商标,沿袭他人驰名商标的显著部分或者显著特征",对驰名商标的"翻译"指"将他人驰名商标以不同的语言文字予以表达",且该语言文字已在相关公众中与特定驰名商标相联系;对"商标相同和近似"的

---

[①] 参见李晓燕:《商标注册主义视阈下的未注册商标保护研究》,载《新余学院学报》2017 年第 6 期。

[②] 参见冯术杰:《我国驰名商标认定和保护中的几个问题》,载《电子知识产权》2017 年第 8 期。

判断，需从商标的形、音、义和整体表现形式等方面，以相关公众的一般注意力为标准，对比标志的整体与主要部分。可见，对摹仿、翻译驰名商标的判断与对普通商标相似性的判断并无实质性的差别。特别是《商标审查审理指南》又提出判断商标标志近似时应同时考虑商标本身显著性、在先商标知名度等因素，这样一来，复制、摹仿驰名商标的认定与普通商标近似性的认定可以说遵从了相同的规则。

第三，容易导致混淆。商标被商品的生产者、经营者或服务的提供者使用在其商品或服务上，目的就在于识别商品或服务的来源，且《商标法》的核心任务就是要防止消费者对商品或服务的来源产生混淆，进而维护商标的来源识别性，因而，在我国，混淆可能性既是商标侵权判定的关键因素，又是处理商标授权冲突的重要标准。在驰名未注册商标法益保护中，"容易导致混淆"条件中的"混淆"既包括直接混淆（出处混淆），即消费者因商标对商品或服务的来源产生了误认，以为商标所标示的商品或服务来源于驰名未注册商标；又包括间接混淆（关系混淆），即消费者错误地认为商品或服务的提供者与驰名未注册商标所有人之间存在控制、许可、赞助等关联关系。除此之外，这里的"混淆"并不要求实际发生了混淆，其关注的仅是"混淆之虞"即只需存在混淆的可能性即可。在具体考量"容易导致混淆"时，需要综合前述的"驰名商标的知名度""商品或服务的相同或近似""争议商标与驰名商标的近似程度"等因素作出判断。

(三) 我国驰名未注册商标法益的法律效力

依据《商标法》第 13 条，侵害驰名未注册商标法益的后果是

"不予注册并禁止使用",结合《商标法》第33条有关商标注册异议的规定和《商标法》第45条有关商标宣告无效的规定,有关我国驰名未注册商标法益的法律效力,无争议的是:通过注册异议阻止他人抢注,他人抢注后请求宣告注册商标无效,制止他人同类混淆性使用。除此之外,驰名未注册商标法益是否具有请求损害赔偿的效力尚不明确,需要进一步讨论。

我国现行《商标法》并未明确规定侵害未注册驰名商标法益的损害赔偿责任,考察我国《商标法》相关司法解释不能直接得出驰名未注册商标法益受到侵害时可以获得损害赔偿的结论。2002年10月12日,我国发布的《最高人民法院关于审理商标民事纠纷案件适用法律若干问题的解释》(以下简称《商标民事解释》)中的第1条第2项,将跨类侵害他人已注册驰名商标法益的行为,纳入了2001年《商标法》第52条第5项规定的"给他人注册商标专用权造成其他损害的"行为,据此,他人跨类使用复制、摹仿、翻译他人已注册的驰名商标或其主要部分误导公众,致使驰名商标权利人的利益受损的,侵犯了驰名商标的商标专用权,驰名商标权利人可以请求侵害人承担相应的损害赔偿责任。但是对于驰名未注册商标,《商标民事解释》仅在第2条规定了,"依据商标法第十三条第一款的规定,复制、摹仿……应当承担停止侵害的民事法律责任",据此,当驰名未注册商标法益受到侵害时,并不能获得相对人的损害赔偿。

司法实践中,自我国2001年《商标法》正式规定了驰名未注册商标后,我国就认定了一部分驰名未注册商标,受《商标法》与司法解释的影响,在具体案件中,当驰名未注册商标被侵权时,被告往往仅承担停止侵权的民事责任。例如,在蒙牛诉董某军等商标侵权及不正当竞争纠纷案中，法院就仅判决禁止被告在相同的乳饮料上使用原告的"酸酸乳"商标及原告特有的包装装潢。不过，值得注意的是，2017年12月，上海知识产权法院和北京知识产权法院先后在"拉菲罗斯柴尔德酒庄与上海保醇实业发展有限公司侵害商标权纠纷"案（以下简称"拉菲"案)[①]以及"商务印书馆有限公司与华语教学出版社有限责任公司侵害商标权及不正当竞争纠纷"案（以下称为"新华字典"案)[②]中，认定争议商标构成驰名未注册商标的同时均判令被告承担经济赔偿责任。这两个案件被认为推动了驰名未注册商标司法认定的发展，成为驰名未注册商标获得经济损害赔偿具有参考意义的案例。[③]但是，细查这两个案件就会发现，驰名未注册商标依据《商标法》获得损害赔偿是十分困难的。

在"拉菲"案中，上海知识产权法院在判处被告应予以赔偿时依据的是《商标法》第36条第2款。此款规定，对于经审查异议不成立而准予注册的商标，"自该商标公告期满之日起至准予注册决定做出前，对他人在同一种或者类似商品上使用与该商标相同或者近似的标志的行为不具有追溯力"，同时又补充，使用人的恶意给商标注册人造成损失的应予赔偿。法院认为，《商标法》第36条第2款对商标是否能被准予注册不确定期间，因使用人的恶意给商标注册人造成的损失提供了救济途径，虽然《商标法》及司法解释未规定驰名未注册商标受到侵害时可以获得赔偿，但因该案被告主观恶意明显，结合《商标法》第36条第2款的立法本意应令被告

---

[①] 参见上海知识产权法院（2015）沪知民初字第518号民事判决书。
[②] 参见北京知识产权法院（2016）京73民初277号民事判决书。
[③] 参见张玲玲：《论未注册驰名商标的司法认定与保护——兼评〈商标法〉第十三条及〈反不正当竞争法〉第六条第一项的适用》，载《法律适用》2019年第11期。

对原告予以赔偿。该案中,法院对《商标法》第 36 条第 2 款的类推适用凸显了审判人员的智慧。在商标公告期满之日起至准予注册决定作出前的期间,商标依性质确属未注册商标,既然法律规定了此阶段使用人应赔偿使用人的恶意给商标注册人造成的损失,那么该案中即使被诉行为发生时,原告的"拉菲"商标属于未注册商标,被告也应赔偿其恶意侵占原告商誉给原告造成的损失。该案的判决对于该案件本身来讲,合理合法且兼顾了公平正义,但是,该案的判决依据并不能普遍适用于所有驰名未注册商标的商标侵权纠纷。本书认为,《商标法》第 36 条第 2 款对商标公告期满至准予注册决定作出前的未注册商标的保护,是对注册商标保护的延伸,而非旨在保护未注册商标,因为依据该款规定的内容,争议商标在适用该款时已经是注册商标了,例如该案中的"拉菲"商标在案件发生前的 2014 年 4 月 28 日已获注册,对他人恶意使用行为的追责是对注册商标的溯及保护。基于此,如若驰名未注册商标在争议发生到诉诸法院时一直是未注册商标,并不能依《商标法》第 36 条第 2 款请求恶意使用人承担损害赔偿的责任。

在"新华字典"案中,被诉行为发生时"新华字典"尚未获准商标注册。该案法院首先从商标的显著性、相关公众的知晓程度入手,确认了"新华字典"构成未注册驰名商标,而后指出,华语教学出版社有限责任公司使用"新华字典"商标属于在相同商品上复制他人未在中国注册的驰名商标的行为,易导致公众混淆,因而违反了《商标法》第 13 条第 2 款的规定,侵犯了商务印书馆对"新华字典"的商标权益。法院同时认为,商务印书馆出版的《新华字典》(第 11 版)的包装装潢构成知名商品的特有包装装潢,华语教学出版社有限责任公司擅自使用《新华字典》(第 11 版)的特有包装装潢的行为构成不正当竞争。① 在明确了上述侵权事实后，法院在分析华语教学出版社有限责任公司如何承担法律责任时，涉及损害赔偿的问题，法院直接参照了《商标法》第 63 条第 1 款"侵犯商标专用权的赔偿数额"的规定，综合考量了华语教学出版社有限责任公司侵权行为的性质与主观恶性，并按照《商标法》第 63 条第 1 款规定的方法确定出数额的 1.5 倍作为该案的赔偿数额。② 由于计算出的数额超出了商务印书馆有限公司所请求的赔偿数额，故法院全额支持了商务印书馆有限公司提出的 300 万元赔偿的诉讼请求。该案的判决突破了《商标法》仅对注册商标给予赔偿的规定，对加大驰名未注册商标的保护力度，震慑潜在的驰名未注册商标侵权人具有重要意义，但《商标法》第 63 条第 1 款毕竟是对侵犯商标专用权的规定，且《商标法》第 3 条规定"商标注册人享有商标专用权"，这说明我国《商标法》规定的损害赔偿责任是针对注册商标的，在法律尚无补充规定的情况下，直接突破现有法律判案是有待考量的。综上，在我国现有商标法律框架内，即使是驰名未注册商标法益也不具有请求他人损害赔偿的法律效力。

## 二、我国在先使用并具有一定影响的未注册商标之法益

在我国，驰名未注册商标的数量有限，在先使用并具有一定影响的未注册商标实质上是我国《商标法》关注与保护的未注册商标的主要类型。

---

① 参见张玲玲、田芬：《"新华字典"侵害商标权及不正当竞争纠纷案纪实》，载中国审判网 2018 年 5 月 8 日，http://www.chinatrial.net.cn/news/10271.html。

② 参见张玲玲、田芬：《"新华字典"侵害商标权及不正当竞争纠纷案纪实》，载中国审判网 2018 年 5 月 8 日，http://www.chinatrial.net.cn/news/10271.html。

## (一) 我国在先使用并具有一定影响的未注册商标的认定

在认定未注册商标是否属于《商标法》第32条后半段规定的在先使用并具有一定影响的商标时，涉及以下几项关键要素的判断。

### 1. "在先使用"的判断

这里的"使用"是一种对特定标志的"商标性使用"。商标性使用在商标法律框架内具有重要的地位，不仅与未注册商标的保护密切相关，还影响着商标授权确权、商标权的维持、商标侵权判定与救济等多项活动。我国《商标法》第48条以列举的方式规定了属于商标性使用的一些情形，如将商标用于商品、商品包装或容器，以及广告宣传、展览等商业活动，上述情形是商标性使用的客观行为，而决定对一个标志的使用是否构成商标性使用的关键在于《商标法》第48条最后的"用于识别商品来源"。"用于识别商品来源"从字面理解是"使用"这一行为的核心目的，主要表达的是标志使用者的主观意图，但对商标性使用的理解并不能止步于此，因为如若经营者使用某一标志意在识别自己商品的来源，但消费者看到该标志后仅将该标志作为商品的装饰或对商品属性的描述，并未联想到商品的提供者，此时经营者对标志的使用行为并不能算是商标性使用。未注册商标拥有受《商标法》保护的法益的核心原因在于未注册商标所有者对标志的使用行为使相关公众将未注册商标与特定的商品或服务的提供者相连接，即商标在客观上实质发挥着识别商品或服务来源的功能，因此，在未注册商标保护语境下，商标性使用包含主客观两个方面的要求：一方面要求使用者使用未注册商标时具有识别商品或服务来源的意图；另一方面要求相关使用行为实际产生了识别商品或服务来源的效果。上述主客观两个方面，缺少任何一方面都不构成商标性使用，这一点在"辉瑞"商标案中就已体现。该案中最高人民法院认为，虽然多家媒体，甚至于词典均将"伟哥"与辉瑞有限公司（以下简称辉瑞公司）、辉瑞制药有限公司（以下简称辉瑞制药公司）相关联，指出"伟哥"的生产者是辉瑞公司与辉瑞制药公司，但他人对"伟哥"商标的宣传行为并不能反映辉瑞公司、辉瑞制药公司将"伟哥"用作商标使用的意图，因而不能认定"伟哥"构成未注册商标。[1]

在明确了"使用"的要求后，"在先使用"还包含着"使用"的时间标准。判断未注册商标是否构成在先使用关涉两个时间点：一是商标注册人申请商标注册日；二是商标注册人实际使用日。对于"在先使用"的判断是仅先于商标注册人申请商标注册日就足矣，还是需要同时满足先于商标注册人申请商标注册日和先于商标注册人实际使用日存在争议。[2] 本书支持"双重在先"的标准，原因在于如若未注册商标使用者对特定商标的使用时间晚于商标注册人实际使用该商标的时间，对于以先占理论为正当性基础的未注册商标法益而言，其并不具有受保护的绝对优势，反而是商标注册人的利益因处于相对优先地位而应当获得保护。

2. "一定影响"的判断

"一定"与"影响"均是相对模糊的概念，且我国《商标法》及相关司法解释并未对其作出详细说明，因而，实践中认定未注册商标具有"一定影响"的难度很大。《商标审查审理指南》将"一定影响"解释为"为一定范围内相关公众所知晓"，以此为基础，认定"一定影响"需要关注以下几个方面。

---

[1] 参见最高人民法院（2009）民申字第268号民事裁定书。
[2] 参见谢晓俊：《未注册商标在先使用的司法适用》，载《中华商标》2024年第1期。

第一,"一定影响"的判断依据。由于未注册商标的"一定影响"是通过对特定标志的商标性使用形成的,因而在判断"一定影响"时,商标使用情况是主要依据。在个案中可以参考以下因素:(1)商标最早使用时间与持续使用的情况;(2)商标所标示的商品或服务的销售范围、销售量、市场份额、参见展览会等商业活动的情况;(3)商标所有人对商标的宣传情况;(4)商标的获奖等商誉资料,等等。①

第二,"一定影响"的时间标准。对未注册商标具有"一定影响"的判断,与前文对商标"在先使用"的判断类似,一定影响形成的时间具有重要意义。我国《商标审查审理指南》明确规定,对于商标是否具有一定影响的判断,原则上以系争商标申请日为准,即一般情况下,未注册商标形成一定影响的时间要早于系争商标的注册申请日。上述判断"一定影响"的时间标准被学界与司法实务界普遍认同。但是,2014年"微信"商标案出现后,"商标初审公告日"这个时间点开始受到关注。"微信"应用程序由腾讯科技(深圳)有限公司(以下简称腾讯公司)在2011年1月21日首次推出,较之创博亚太科技(山东)有限公司(以下简称创博亚太公司)提出"微信"商标注册申请的时间晚了两个多月,但自"微信"应用程序推出后,其注册用户数量迅速增加,至创博亚太公司"微信"商标初审公告日,"微信"作为即时通讯服务应用已经具有了较高的知名度与较大的影响力。② 从主观善意角度,在商标初审公告日之前,腾讯公司作为未注册商标使用人对"微信"商标注册的事实无从知晓。如若以商标注册申请日为时间节点,"微信"商

---

① 参见国家知识产权局:《商标审查审理指南》。
② 参见北京市高级人民法院(2015)高行(知)终字第1538号行政判决书。

标的影响力形成于创博亚太公司申请注册后，这意味着创博亚太公司可以获得腾讯公司已经建立起较大影响力的商标，这种结果并不公平。为此，有学者指出应将在先使用并具有一定影响的商标先用权的时间点设定为商标初审公告日。① 笔者认为这种观点具有一定合理性，但仍有待商榷。先申请原则是我国《商标法》中的重要原则，在此原则的指导下，两个或两个以上商标注册申请人在相同或类似的商品或服务上申请注册相同或近似的商标时，审定并公告申请在先的商标，只有多个商标注册申请人在同一天申请的情况下，才考虑使用的时间先后，因此，商标注册申请日这个时间点具有重要的意义且不能轻易突破。"微信"商标案的特殊性在于，由于商标注册申请日与商标初审公告日之间存在时间间隔，所以虽然腾讯公司是在创博亚太公司提出商标注册申请后才开始使用"微信"商标的，但其使用仍旧属于不知情的善意使用，该案的根源其实是商标申请公开的延迟问题，如若商标局在受理商标注册申请后能够随即公开，经营者就可以通过检索获知正在申请注册的商标进而调整对特定标志的使用，最终避免或减少类似的商标实际使用人与商标注册申请人之间的冲突。②

在明确了未注册商标具有一定影响的时间点后，还需注意的是，实践中存在一类在系争商标申请日前虽因使用具有一定影响，但并未持续使用的未注册商标。对于这类未注册商标的判定，还应结合该商标的影响力是否持续至系争商标申请注册日。最高人民法院在"同德福"商标案中就明确指出，商标的一定影响应是基于持

---

① 参见罗莉：《信息时代的商标共存规则》，载《现代法学》2019年第4期。
② 参见黄武双、阮开欣：《商标申请人与在后使用人利益的冲突与权衡》，载《知识产权》2015年第4期。

续的使用行为产生的法律效果,判断的时间节点是争议商标的申请日,"同德福"商标虽曾具有较高的知名度,但因长期停止使用已不具备《商标法》第 32 条所要求的知名度与影响力,因而不能被认定为在先使用并具有一定影响的商标。①

第三,"一定影响"的程度标准。对于达到何种影响力程度才满足未注册商标"一定影响"的要求,目前存在多种观点。有学者从未注册商标的本质出发,认为我国保护未注册商标,本质上是对达到商标形成标准的未注册商标进行保护,因此,"一定影响"的标准即商标形成标准——具有获得显著性或第二含义,其中第二含义指具有商业意义的实质数量的消费者已经将某标志作为某种商品或服务的代表。② 有学者从未注册商标影响力的地域标准出发,认为地域范围的界定是判断"一定影响"的有效着力点,影响力的范围除需限制在我国境内外,其具体界限应以区县级区划以上、省市级区划以下为参考标准。③ 有学者从未注册商标影响力涉及的主体出发,认为商标的一定影响不仅应及于特定地域内的相关公众,而且应及于被异议人。④ 除此之外,还有学者从商标注册申请人的主观状态出发,认为商标注册人的恶意可以反推出在先使用的商标具有一定影响,除特殊情况外,商标注册人恶意抢注他人在先使用商标的行为本身就证明了该在先使用的商标具有"一定影响"。⑤ 上述

---

① 参见最高人民法院(2013)知行字第 80 号行政裁定书。
② 参见王太平:《我国未注册商标保护制度的体系化解释》,载《法学》2018 年第 8 期。
③ 参见程德理:《在先使用商标的"有一定影响"认定研究》,载《知识产权》2018 年第 11 期。
④ 参见冯晓青、罗晓霞:《在先使用有一定影响的未注册商标的保护研究》,载《学海》2012 年第 5 期。
⑤ 参见曹新明:《商标先用权研究——兼论我国〈商标法〉第三修正案》,载《法治研究》2014 年第 9 期。

学者的观点均有一定正当性与合理性，可在认定未注册商标是否具有"一定影响"时加以参考。

（二）我国在先使用并具有一定影响的未注册商标的法益内容

《商标法》第 32 条、第 33 条、第 45 条、第 59 条等共同规定了我国在先使用并具有一定影响的未注册商标的法益内容，从程序与实体的角度划分，在先使用并具有一定影响的未注册商标具有包含异议权与无效宣告请求权的程序性权利以及商标先用权这种实体性权利。与驰名未注册商标法益相比，在先使用并具有一定影响的未注册商标并不享有禁止他人在相同或类似的商品或服务上使用与该未注册商标相同或近似商标的排他权利。

1. 异议权与无效宣告请求权

异议权指的是当他人以不正当手段抢先注册在先使用并具有一定影响的未注册商标时，在先使用人享有的自该商标初审公告日起 3 个月内向商标局提出异议以阻止该商标注册的权利。无效宣告请求权指对于他人以不正当手段已经抢注成功的商标，在先使用人享有的在商标注册之日起 5 年内，请求宣告该商标无效的权利。异议权与无效宣告请求权是在先使用并具有一定影响的未注册商标的法益中的积极权利，对于在商标审查确权阶段制止他人对未注册商标法益的侵占具有重要意义。在我国注册取得商标权机制下，这两项权利的行使受到一定的限制，除需要满足 3 个月、5 年的时间要求外，还需要满足一些实质性条件。

依据我国《商标法》第 32 条后半段的规定，并非所有抢注在先使用并具有一定影响未注册商标的行为都被法律所禁止，只有抢注人采取"不正当手段"时，抢注行为才违法。[①] 因此，目前在我国商标法律框架内，论及在先使用并具有一定影响未注册商标的法益保护时，首先需要判断的是抢注人是否采取了不正当手段。"手段"本意指为达到某种目的而采取的方法和措施，具有一定的客观性，但对于抢注行为来说，很难从行为本身判断正当性，因此，实践中往往通过抢注人的主观恶意来判断抢注人是否采取了"不正当手段"。我国《商标审查审理指南》列举的一些需要综合考量的"不正当手段"的判定因素，如系争商标申请人与在先使用人曾存在贸易关系、共处相同地域或具有相同的销售渠道和地域、曾发生过其他纠纷等，均与抢注人的恶意判断密切相关。"不正当手段"所包含的抢注人的主观心理状态一般有三种：应知、明知和具有"搭便车"或侵占他人商誉等意图。这三种主观心理状态所包含的抢注人的恶意呈递增趋势发展。明知指抢注人明确知晓未注册商标的存在。应知是对抢注人主观状态的一种推定，指通过相关事实推定抢注人知晓未注册商标的存在，且应知既然是一种推定，就允许抢注人以相反的证据予以反驳与推翻。抢注人主观上的明知与应知均需要借助客观的事实进行认定，但在实际认定时，二者关注的事实有一定差别。实践中，通常通过系争商标抢注人与在先使用人曾存在接触、业务往来关系、纠纷等方面的证据来证明"明知"。例如，在"AURORA"商标案中，法院认为，震旦行股份有限公司在申请争议商标之前与上海市震旦进修学院（以下简称震旦学院）商谈合作办学，按照常理，该公司必然在商谈之前或在商谈过程中知晓震旦学院已在教育、培训等服务项目上使用了"AURORA"商

---

[①] 参见李扬：《我国商标抢注法律界限之重新划定》，载《法商研究》2012年第3期。

标。与证明抢注人"明知"所参考的事实不同，在证明抢注人"应知"时，通常借助在先使用未注册商标的影响力与知名度、系争商标抢注人与在先使用人的地域关系及行业关系等事实进行推定。① 例如，在腾讯公司与国家商标评审委员会行政纠纷案中，一审法院认为，依据奇瑞公司提交的证据，能够证明奇瑞公司使用的"QQ"商标在汽车商品上具有一定知名度，同时，汽车已属于生活中常见商品，腾讯公司理应知晓奇瑞公司在汽车商品上的"QQ"商标具有一定知名度的事实。② 在明知与应知外，考量抢注人具有"搭便车"或侵占他人商誉等意图时，需要考察抢注人是否将注册商标的排他性作为不正当竞争的手段，如向在先使用人提出高额商标转让费、许可使用费或损害赔偿金，是否存在抢注人故意阻碍他人行使在先权利或继续使用商标的事实等。③

与《商标法》第13条第2款对驰名未注册商标的规定相比，《商标法》第32条对在先使用并具有一定影响的未注册商标的规定，并未限制商品与服务的类别，这似乎意味着在先使用并具有一定影响的未注册商标在满足其他条件下，可以阻止他人在所有类别的商品或服务上的抢先注册，这样一来，在先使用并具有一定影响的未注册商标阻止抢注的效力范围甚至超过了驰名未注册商标。对此，原国家工商行政管理总局发布的《商标审查审理指南》在细化抢注他人已经使用并有一定影响商标的审理标准时，将《商标法》第32条后半段的适用要件限定在"商标相同或者近似"以及"所

---

① 参见北京市第一中级人民法院（2010）一中知行初字第1371号行政判决书。
② 参见北京市高级人民法院（2014）高行终字第1696号、（2013）一中知行初字第1518号行政判决书。
③ 参见王莲峰：《规制商标恶意注册的法律适用问题研究》，载《中州学刊》2020年第1期。

指定的商品/服务……相同或者类似"中,① 进一步限制了在先使用并具有一定影响的未注册商标法益的效力范围。《商标审查审理指南》虽然属于法律效力低于《商标法》的部门规章,但仍具有重要的指导意义与拘束力。司法实践中,法院在审理在先使用并具有一定影响的未注册商标案件时,普遍将抢注人申请注册的商品或服务的类型与在先使用并具有一定影响的未注册商标所指定的商品或服务的类型相同或类似,作为适用《商标法》第32条保护未注册商标法益的前提条件之一。例如,在腾讯公司与国家商标评审委员会行政纠纷案中,二审法院指出,"对于已经使用并有一定影响的商标,不宜在不相类似商品上给予保护"。② 在切迟-杜威有限公司(以下简称切迟杜威公司)与国家知识产权局"FEMFRESH"商标权无效宣告行政纠纷案中,法院认为,切迟杜威公司在女性私处清洗液、湿巾商品上使用"FEMFRESH"商标,与诉争商标核定使用的阴道冲洗器等商品均不属于类似商品,因此,诉争商标的注册并不属于以不正当手段抢先注册他人已经使用并有一定影响的商标的情形。③

2. 商标先用权

商标先用权是在商标注册人申请商标注册前,已经先于商标注册人在相同或类似的商品或服务上使用该商标的使用人享有的,在原使用范围内继续使用该商标的权利。有关商标先用权的内容,规定在我国《商标法》第59条第3款中。依据该款的规定,在先使

---

① 参见国家知识产权局:《商标审查审理指南》。
② 参见北京市高级人民法院(2014)高行终字第1696号、(2013)一中知行初字第1518号行政判决书。
③ 参见北京知识产权法院(2019)京73行初5089号行政判决书。

用的商标已具有一定影响是在先使用人享有商标先用权的前提。此处商标具有的"一定影响"与《商标法》第 32 条后半段中"一定影响"的关系存在争议。一般来讲，从体系化角度看，同一法律中同样的表述应作相同理解，但有学者通过分析《商标法》第 32 条后半段与《商标法》第 59 条第 3 款的具体内容、立法目的、条款性质、权能内容等，认为《商标法》第 59 条第 3 款商标先用权中有"一定影响"的程度应低于《商标法》第 32 条后半段阻却商标注册"一定影响"程度的要求，且在相关因素的认定上应适用较低的标准。① 不过，上述争议并不影响符合《商标法》第 32 条规定的在先使用并具有一定影响的未注册商标享有《商标法》第 59 条第 3 款规定的商标先用权。

有关商标先用权的性质，首先，《商标法》第 59 条分别规定了商标的叙述性合理使用、功能性合理使用以及商标先用权，依据《商标法》的立法设计与逻辑结构，可以看出，立法将商标先用权视为与商标合理使用同类的商标正当使用行为之一，即商标先用权在属性上是一种基于在先使用事实的正当的使用行为。其次，商标先用权使满足一定条件的在先使用商标可以在原有的范围内继续使用而不构成侵犯商标专用权，其具有对抗商标注册人侵权指控的消极效力，其并不能与注册商标专用权相平行，因此，其又是一种侵权抗辩权。②

无论将商标先用权认定为一种正当使用行为，还是一种侵权抗

---

① 参见程德理：《在先使用商标的"有一定影响"认定研究》，载《知识产权》2018 年第 11 期。

② 参见曹新明：《商标先用权研究——兼论我国〈商标法〉第三修正案》，载《法治研究》2014 年第 9 期。

辩，其本质都是对注册商标权的限制，关系到相关公众借助商标正确识别商品或服务来源的利益、注册商标权人的利益以及在先使用人通过使用商标形成的未注册商标法益，为了更好地平衡以上三方利益，商标先用权需要受到一定限制，这些限制主要涉及以下四个方面的内容：

第一，在先使用人的使用行为应是善意的，即在先使用人使用该未注册商标时，不应存在不正当竞争、争夺市场、侵占他人商誉等目的。我国在《商标法》中设置商标先用权是为了弥补绝对注册原则忽视在先使用行为产生的合法权益而导致的显失公平，是《商标法》对商标使用行为和商标注册行为产生的正当利益进行利益衡量的结果，如若在先使用人具有恶意，其利益就丧失了被维护的正当性与必要性，此时未注册商标并不能产生对抗注册商标权利人侵权主张的效力。[①]

第二，仅在原有范围内继续使用。我国《商标法》仅笼统规定了在先使用人在原使用范围内继续使用，而对于"原使用范围"的具体内涵并未进一步明示。笔者认为，"原使用范围"包括原商标使用的商品或服务的类别，即在先使用人不能将商标扩大使用在类似或不同的商品或服务上。

第三，商标先用权转移的限制。商标先用权是法律对在先使用人既存法益的保护以及对围绕在先使用并具有一定影响的未注册商标的既有社会秩序的维护，且在先使用人对未注册商标的使用需要限制在"原使用范围"内，因此，一般情况下，在先使用人不能转让商标或许可他人使用，即商标受让人或被许可人在被诉商标侵权

---

[①] 参见佟姝：《商标先用权抗辩制度若干问题研究——以最高人民法院公布的部分典型案例为研究范本》，载《法律适用》2016年第9期。

时不能援引商标先用权抗辩来为自己免责。但是，由于商标实践丰富多样，上述对商标先用权转移的限制并不是绝对的，特殊情况下商标先用权的转移是被允许的。例如：（1）企业合并或分立下的商标先用权的转移。依据《民法典》第67条的规定，法人合并或分立的，除另有约定外，其权利和义务均由变更后的法人享有与承担，因此，企业合并或分立引发的财产所有权、经营权、知识产权等权益的转移具有正当性，商标先用权的转移亦不例外。（2）继承引发的商标先用权的转移。在我国，注册商标专用权作为个人财产权的一部分可以基于继承发生权利转移。在先使用并具有一定影响的未注册商标虽然不享有商标专用权，但作为法益亦受法律的保护，在先使用人死亡后，未注册商标法益依旧存在，因继承引发的商标先用权的转移应当被承认。当然，这种商标先用权的转移应与该商标先用权相关的营业的转移一同进行，而不应将营业与商标先用权分开由不同的主体继承。（3）附带转移营业的商标先用权的转移。附带转移营业的商标先用权的转移系指商标先用权人将营业与商标先用权一同转移给了继受人，转移的对象是附带所有事实关系的组织化的财产。允许附带转移营业的商标先用权的转移是因为，转移后仅商标先用权的主体发生了变化，对商标先用权的限制以及对注册商标的影响均未改变。这一点，在专利先用权的规定中有所体现，如最高人民法院发布的《关于审理侵犯专利权纠纷案件应用法律若干问题的解释》第15条指出，"先用权人在专利申请日后将其已经实施或作好实施必要准备的技术或设计转让或者许可他人实施……人民法院不予支持，但该技术或设计与原有企业一并转让或者承继的除外"。

第四，附加适当区别标识。商标先用权的存在使商标在先使人与注册商标权利人均可以合法地在相同或近似的商品或服务上使用相同或近似的商标，这种使用不免会引发同一法域的商标共存现象。在商标共存的状态下，即使在先使用人善意地、在原有适用范围内使用商标，也可能引发相关公众的混淆与误认。为此，我国《商标法》规定，在后注册人可以要求在先使用人附加适当的区别标识，[①] 借此来避免和减少相关公众的混淆。笔者认为，区别标识的适当性应以足以使相关公众区分该商标所识别的先用权人与注册商标权利人这两个来源为标准。

### 三、我国普通未注册商标之法益

#### （一）我国普通未注册商标的认定

依据前文对我国未注册商标的分类，在我国，普通未注册商标指的是，通过对标志的商标性使用使标志已能够识别商品或服务的来源，但尚未具有《商标法》规定的"一定影响"的未注册商标。在认定特定标志是否构成普通未注册商标时，使用要件是具有决定性的事实要件。

"商标性使用"是对标志使用性质的要求，只有使用人使用特定标志时主观上意在识别商品或服务的来源且该标志客观上实际发挥着识别商品或服务来源的功能，特定标志才有可能成为未注册商标并受到法律保护。在使用程度的判断上，普通未注册商标较之在先使用并具有一定影响的未注册商标，缺少了"一定影响"的知名度标准的限制，但并不意味着普通未注册商标没有使用程度的限制。原因在于：首先，普通未注册商标是"商标"，与作为商标能

---

① 参见《商标法》第59条。

指的"商标标志"相区别,并非将"商标标志"作为商标进行使用的当下,"商标标志"就成为"商标";其次,本书将未注册商标界定为通过使用与商品或服务结合,能够识别商品或服务来源的标志,这里的标志与商品或服务结合与否并非由未注册商标使用人本人决定的,而是基于未注册商标的使用状况,由相关公众判断的。因此,普通未注册商标的认定需要着重关注标志使用程度的标准要件。

在我国商标法律框架内,有关普通未注册商标的使用程度标准有最高和最低两种。最高标准指未注册商标使用人对未注册商标的使用使未注册商标具有了《商标法》所规定的"一定影响",达到最高标准时,未注册商标将作为《商标法》中在先使用并具有一定影响的商标受法律保护,因此,普通未注册商标的使用程度应低于这个最高标准。至于最低标准,《商标法》中并无明确规定,需要借助与之相关的概念与理论进一步释明,以下将着重探讨构成普通未注册商标需要满足的使用的最低标准。

在分析普通未注册商标使用应达的最低标准时,《商标法》中的商标显著性标准具有重要的参考价值。商标的显著性指"商标标示产品出处并使之区别于其他同类产品的属性"[1],在《商标法》中,其不仅关系到商标的可注册性以及商标受保护的范围,而且在"作为区分可受保护的商标和不可受保护的其他事物的基础的权利中具有明显的原理重要性"[2]。在传统理论中,商标显著性被划分为

---

[1] 彭学龙:《商标显著性新探》,载《法律科学(西北政法学院学报)》2006 年第 2 期。

[2] Mark P. McKenna, *Teaching Trademark Theory Through the Lens of Distinctiveness*, St. Louis L. J, Vol. 52: 3, p. 843 – 854 (2008). 转引自王太平:《商标法:原理与案例》,北京大学出版社 2015 年版,第 64 页。

固有显著性和获得显著性。固有显著性指标志本身所具备的商标法所要求的显著性。商标的固有显著性与商标的可注册性及受保护范围相关：一方面，依据我国《商标法》第9条和第11条的规定，商标具有固有显著性是商标获得注册的前提，缺乏固有显著性的商标只有通过使用获得显著特征后，才可以作为商标注册；另一方面，即使缺乏固有显著性的商标如描述性商标获得商标注册后，《商标法》也只保护其因使用产生的"第二含义"，其原有含义仍然留在公共领域，不受商标权人的控制。商标的固有显著性虽在《商标法》中具有重要地位，但在分析构成普通未注册商标所应达到的商标使用的最低标准时却不具有决定性意义。因为一个未注册商标即使属于臆造商标，具有最高程度的固有显著性，在其作为商标使用之初，也不可能立即被消费者认同为商标。[①] 与商标固有显著性相对应，商标的获得显著性被普遍认为是缺乏固有显著性的商标通过使用产生的显著性。事实上，商标不可能天然地与特定商品或服务的出处联系起来，任何商标欲实际发挥标示和区分产品来源的功能，都必须经历一个意义生成即获得显著性的过程，在这一过程中，商标的固有显著性高低仅是标志获得显著性难易的影响因素而非决定因素，即获得显著性才是商标真正意义的显著性。[②] 因此，商标获得显著性的核心并不在于商标是缺乏固有显著性的商标，而在于这种显著性是通过使用产生的显著性。对照上文提及的"显著性"的内涵，商标的获得显著性即通过使用产生的商标标示产品出

---

[①] 参见彭学龙：《商标显著性新探》，载《法律科学（西北政法学院学报）》2006年第2期。

[②] 参见彭学龙：《商标显著性新探》，载《法律科学（西北政法学院学报）》2006年第2期。

处并使之区别于其他同类产品的属性。

商标获得显著性与普通未注册商标通过使用需要达到的最低标准不谋而合。因为如若对未注册商标的使用未达获得显著性的程度，说明相关公众并未将标志与标志标示的商品或服务的提供者对应起来从而使该提供者区分于其他经营者；反之，如若对未注册商标的使用达到了获得显著性的程度，说明标志已经完成了与商品或服务的来源、标志所附着的商品或服务的结合过程，形成了包含能指、所指和对象的完整的商标的三元结构。① 因此，普通未注册商标使用需达到的最低标准是商标通过使用获得了显著性。

综上，在认定未注册商标构成普通未注册商标时需要考察未注册商标的使用程度，那些通过对标志的商标性使用获得了显著性，但尚未达到《商标法》规定的"一定影响"的未注册商标是普通未注册商标。

### （二）我国普通未注册商标的法益内容

2019年《商标法》在驰名未注册商标、在先使用并具有一定影响的未注册商标外，并未对普通未注册商标作出明确规定，因此，探究普通未注册商标的法益内容需要深入理解与解释《商标法》有关未注册商标有限的几个条文。

《商标法》第32条前半段规定"申请商标注册不得损害他人现有的在先权利"，部分学者认为普通未注册商标法益可以作为该条规定中的"在先权利"受到《商标法》的保护，例如，李扬教授认为，对《商标法》第32条"在先权利"的解释应当坚持知识产权

---

① 参见彭学龙：《商标法基本范畴的符号学分析》，载《法学研究》2007年第1期。

法定主义和整体性知识产权法观念，对于知名的未注册商标（在先使用并具有一定影响的商标）应依《商标法》第 32 条后半段阻止他人申请注册，而除知名未注册商标外的普通未注册商标可以作为在先权利的对象受到保护。① 此种解释，确实为普通未注册商标的法益救济提供了一种思路，但这种思路是否可行还有待商榷。在分析这种思路的可行性时，要关注的是《商标法》第 32 条中"在先权利"与"未注册商标法益"的关系，尤其是该"在先权利"与《商标法》第 32 条后半段中"他人已经使用并有一定影响的商标"的关系。

首先，单从法律属性看，他人已经使用并有一定影响的未注册商标的本质是一种受法律保护的利益即法益，并不是商标权利，因此，他人已经使用并有一定影响的未注册商标不能归于"在先权利"的范畴。② 但是，2017 年 3 月 1 日起施行的《最高人民法院关于审理商标授权确权行政案件若干问题的规定》第 18 条指出，《商标法》第 32 条规定的在先权利，包括当事人在诉争商标申请日之前享有的民事权利或者其他应予保护的合法权益，即将"法益"纳入了"在先权利"的范围内，且这一点在商标局与商标评审委员会新修订的《商标审查审理指南》对《商标法》第 32 条的解释中亦有体现。因此，未注册商标的法益属性似乎并不能作为未注册商标归于《商标法》第 32 条中"在先权利"的阻碍。当然，最高人民法院以及商标局与商标评审委员会对"在先权利"作出的解释并非无争议的，如李琛教授就认为，《商标法》对"在先权利"的规定

---

① 参见李扬：《商标法中在先权利的知识产权法解释》，载《法律科学（西北政法学院学报）》2006 年第 5 期。

② 参见王太平：《商标法：原理与案例》，北京大学出版社 2015 年版，第 142 页。

在事实上属于商标禁止注册事由的概括性条款，在选择解释方案时，应关注各个条款的关系，不能做孤立的解读，《商标法》有必要保留权利与法益的区分，不宜用"在先权利"条款保护法益。①其次，从《商标法》第 32 条前半段与后半段的表述看，孔祥俊教授认为，《商标法》第 32 条将"他人已经使用并有一定影响的商标"单独列出来规定，目的在于进一步界定未注册商标受法律保护的要件与范围，如"已经使用并有一定影响""不正当手段"等，"他人已经使用并有一定影响的商标"仍是"在先权利"的一种。②孙山教授认为，《商标法》第 32 条用"也不得"连接起前后段，说明前后段为并列关系而非属种关系，即"他人已经使用并有一定影响的商标"不属于"他人现有的在先权利"，对该条的解释不能超出原有的文意范围，违背文义解释的基本限制条件。③笔者比较认同孙山教授的观点，《商标法》第 32 条使用"也不得"这种表述说明"在先权利"并不包含"他人已经使用并有一定影响的商标"。同时笔者还认为，"在先权利"的对象不仅不能包含《商标法》第 32 条后半段规定的在先使用并具有一定影响的未注册商标，亦不能包含包括普通未注册商标在内的所有未注册商标，原因可从以下两方面释明：

一方面，我国《商标法》保护的权益实质上分为两种：商标权益和非商标权益。商标权益是基于《商标法》产生的，作为商标而

---

① 参见李琛：《论商标禁止注册事由概括性条款的解释冲突》，载《知识产权》2015 年第 8 期。

② 参见孔祥俊：《商标与不正当竞争法：原理与案例》，法律出版社 2009 年版，第 107 页。

③ 参见孙山：《未注册商标法律保护的逻辑基础与规范设计》，载《甘肃政法学院学报》2015 年第 2 期。

受到《商标法》保护的权益,如注册商标权、未注册商标法益。非商标权益多是存在于其他单行法律中,但因涉及商标申请注册而在一定程度上受到《商标法》保护的权益。《商标审查审理指南》指出,《商标法》第 32 条规定的在先权利是除商标权以外的,字号权、著作权、外观设计专利权、姓名权、肖像权以及应予保护的其他合法在先权益。① 从《商标审查审理指南》列举的在先权利可以看出,无论是著作权、外观设计权还是姓名权,均属于即使没有《商标法》的规定,也已然存在且应受到其他法律保护的权利,因此,"在先权利"属于非商标权益。《商标法》对非商标权益作出规定,与其说是在保护非商标权益,其实更接近于是对商标注册过程中违背诚实信用原则、侵害他人权利的不正当行为的制止。因此,未注册商标法益从本质上与"在先权利"就存在不同,二者受《商标法》保护的基础存在差别。另一方面,《商标法》第 32 条仅笼统规定了"申请商标注册不得损害他人现有的在先权利",有关"在先权利"的判断需要依赖此种在先权利的单行法的具体规定。以著作权为例,在适用《商标法》第 32 条进行保护时,首先参照的是《著作权法》,而对于普通未注册商标来说,在缺少对普通未注册商标的具体规定的情况下,普通未注册商标的保护条件与保护范围均存在很大的不确定性,仅利用《商标法》第 32 条很难对普通未注册商标作出适当保护。综上,《商标法》第 32 条中的"在先权利"不能包含包括普通未注册商标法益在内的所有未注册商标法益,不能通过扩大解释"在先权利"来实现对普通未注册商标法益的法律保护。

---

① 参见国家知识产权局:《商标审查审理指南》。

我国《商标法》中其他与未注册商标相关的条款如第 13 条、第 32 条后半段、第 59 条第 3 款等，均因对商标知名度与影响力的要求而将普通未注册商标排除在保护范围之外。由于《商标法》第 15 条有关代理人、代表人等关系人抢注的规定并未对未注册商标的知名度与影响力作出限制性要求，因此，《商标法》中真正涉及普通未注册商标法益保护的只有第 15 条。依据《商标法》第 15 条，普通未注册商标的法益内容是：首先，当申请人是普通未注册商标使用人的代理人或者代表人时，普通未注册商标使用人提出异议的，将不予注册并禁止使用；其次，当申请人与普通未注册商标使用人因存在代理、代表以外的合同、业务往来等关系而明知该未注册商标时，普通未注册商标使用人提出异议的，将不予注册。

## 第二节　我国《反不正当竞争法》上的未注册商标法益

一方面，知识产权作为特定主体对知识财产享有的专有权，具有合法的垄断性，因而对市场竞争具有一定的限制作用；但另一方面，知识产权又作为激励智力成果产生和参与市场竞争的重要工具，在一定程度上促进了市场竞争。[①] 上述知识产权与竞争的特殊关系使知识产权法与反不正当竞争法关系密切。此外，知识产权法与反不正当竞争法在保护合法权利，促进社会进步上有着共同的立

---

[①] 参见宁立志：《经济法之于知识产权的作为与底线》，载《经济法论丛》2018 年第 1 期。

法目标,① 两法通过不同的途径,相互配合以达至上述目的,因此,在分析某一知识产权主体的知识产权权益时,应注意不能忽视该知识产权主体在反不正当竞争法上的法益,对未注册商标法益的研究亦不例外。

### 一、我国反不正当竞争法与知识产权法的关系

我国反不正当竞争法与知识产权法的关系,曾是我国法学理论研究的一个热点问题,形成了与之相关的多种结论。其中,具有代表性的是以下四个学说:一是"组成说",该学说认为从国际公约的规定和各国的立法看,关于制止不正当竞争的规定均纳入了知识产权的范围,因而反不正当竞争法是知识产权法律体系的一个组成部分。② 二是"独立说",该学说认为虽反不正当竞争法与知识产权法有交叉和重叠,但其各自的独立性不应被忽略,二者是分属不同法域的独立的法律部门。③ 三是"补充说","补充说"是"组成说"的进一步发展,"补充说"认为反不正当竞争法对与知识产权相关但知识产权法不能管辖的客体进行保护,并对两法客体交叉的部分进行兜底保护,两法之间是补充关系,即反不正当竞争法对知识产权具有补充保护的功能。④ 四是"平行说",该学说认为虽然商

---

① 参见吴汉东:《论反不正当竞争中的知识产权问题》,载《现代法学》2013 年第 1 期。
② 参见李明德:《关于〈反不正当竞争法〉修订的几个问题》,载《知识产权》2017 年第 6 期。
③ 参见孙颖:《论反不正当竞争法对知识产权的保护》,载《政法论坛》2004 年第 6 期;郑友德、万志前:《论商标法和反不正当竞争法对商标权益的平行保护》,载《法商研究》2009 年第 6 期。
④ 参见吴汉东:《论反不正当竞争中的知识产权问题》,载《现代法学》2013 年第 1 期;郑成思:《反不正当竞争——知识产权的附加保护》,载《中国社会科学院研究生院学报》2003 年第 6 期;孔祥俊:《论反不正当竞争法的竞争法取向》,载《法学评论》2017 年第 5 期。

标法脱胎于反不正当竞争法,但两者在规范重点、规制手段以及价值侧重上均存有较大区别,两者交叉重叠,在许多领域平行保护。[1]

本书认为,上述学说的正当性与合理性均毋庸置疑,但"补充说"最能反映反不正当竞争法与知识产权法之间的关系。原因在于:首先,反不正当竞争法打破了知识产权法严格法定主义的保护模式,将受保护的利益从严格的法定权利扩展至道德权利,广泛地保护具有竞争优势的知识产品;其次,反不正当竞争法利用自身作为行为法的独特机理,通过对危害知识产权利益的行为进行被动限制,划定他人行为的底线;最后,反不正当竞争法迎合知识产权保护的需求,在知识产权法保护的专有权利外,通过制止不正当竞争行为维护个案的利益平衡。[2] 具言之,在现有知识产权法律框架内,知识产权权利人在典型知识产权权利外,可依据反不正当竞争法对典型性不足的知识产权客体享有兜底权益,可通过制止不正当竞争行为维护自身知识产权利益。反不正当竞争法实质上在保护着知识产权法保护不到的、应受法律保护的知识产权法益,是对知识产权法的重要补充。反不正当竞争法与知识产权法的关系延伸至商标领域,反不正当竞争法中的商业标志保护制度是商标法律保护制度的重要补充。[3]

## 二、《反不正当竞争法》的重要内容——反仿冒

在与保护人类智力活动成果相关的法律制度,无论是各个国家

---

[1] 参见黄汇:《反不正当竞争法对未注册商标的有效保护及其制度重塑》,载《中国法学》2022 年第 5 期。

[2] 参见谢晓尧:《论反不正当竞争法对知识产权的保护》,载《中山大学学报(社会科学版)》2006 年第 3 期。

[3] 参见李士林:《商业标识的反不正当竞争法规整——兼评〈反不正当竞争法〉第 6 条》,载《法律科学(西北政法大学学报)》2019 年第 6 期。

的国内立法还是国际公约中,反不正当竞争的内容都晚于专利和版权的内容出现,这是历史中不同智力成果产生保护需求的顺序不同造成的。①《反不正当竞争法》开端于商标保护,例如,英国就是在制止商标欺诈的基础上提炼出了规制商业标志仿冒的法律,该法律最终发展成为《反不正当竞争法》。②在此基础上,虽然后期的《反不正当竞争法》所规制的不良竞争行为不再局限于商业标志的仿冒行为,而是向着更广泛不正当竞争行为的方向发展,但商标标志的仿冒一直都是各个国家《反不正当竞争法》规制的重要内容。

反仿冒起源于英国的普通法判例,并逐渐发展为保护商业标志的重要制度,至今为许多国家沿用。在英国建立起全面的商标授权保护制度之前,法官们主要通过制止商标仿冒行为保护商标。具有开创性的案例是于1618年发生在英国的"Southern v. How"案,此案中的两位法官认为,冒用他人标记的行为是损害他人利益的非法行为。③早期普通法反仿冒制度的特点包括以下几个方面:第一,在本质上是一种"间接侵害诉讼",即是由商标所有人而不是由产品的购买者(直接受欺诈者)向使用仿冒标志的竞争者提起诉讼,区别于典型的由受欺诈者提起的欺诈之诉;第二,适用范围广泛,包括但不限于现代意义的商标;第三,强调被告具有主观故意或恶意的要件;第四,受制于普通法有限的救济方式,对仿冒案件的救济方式主要是损害赔偿。④随后,英国早期衡平法开始为标志侵权行为提供救济,与普通法的损害赔偿救济不同,衡平法通过颁发禁

---

① 参见李明德:《关于反不正当竞争法的几点思考》,载《知识产权》2015年第10期。
② 参见李明德:《关于反不正当竞争法的几点思考》,载《知识产权》2015年第10期。
③ 参见余俊:《商标法律进化论》,华中科技大学出版社2011年版,第77页。
④ 参见朱冬:《财产话语与商标法的演进——普通法系商标财产化的历史考察》,知识产权出版社2017年版,第36－40页。

令制止侵害行为和要求被告支付侵权所得利润的方式提供救济。[①] 不过，无论是依据普通法还是衡平法，早期商标保护中的反仿冒均以欺诈之诉为基础，强调维护公平的竞争秩序，并未承认商标的专有权性质。

随着反仿冒制度的进一步发展，构成仿冒行为的要求有所变化，例如，不再要求被告在主观上具有故意或恶意，而是将关注点放在行为在客观上是否产生了使相关公众误认的后果。[②] 总结来看，主要有以下三个要件：（1）客体要件：声誉，由于反仿冒的适用对象并不仅限于商业活动中的标志，因此，这里的声誉是包含商誉在内的范围更广的概念。但对在商品交易中使用的未注册商标而言，对声誉的要求即对商誉的要求。依据标志显著性的不同，未注册商标的商誉要件分为两类，如若标志是描述性标志，不具有固有显著性，对商誉的要求至少是通过使用产生了第二含义；如若标志具有固有显著性，对商誉的要求需要达到相关公众已将商标与其所标示的商品或服务的来源相联系，以至于相关公众看到贴附了相同或近似的标志的他人的商品或服务就可能产生来源上的混淆。[③]（2）混淆要件。混淆要件实质上包含着对被告行为的要求，即消费者因被告虚假标示的行为产生了某种混淆。被告虚假标示行为的种类有很多，如虚假标示商品或服务的来源、虚假标示相关经营者的法律关系等，但行为的具体形式并不重要，关键在于被告的行为导致了混

---

[①] 参见朱冬：《财产话语与商标法的演进——普通法系商标财产化的历史考察》，知识产权出版社2017年版，第41-42页。
[②] 参见刘丽娟：《确立反假冒为商标保护的第二支柱——〈反不正当竞争法〉第6条之目的解析》，载《知识产权》2018年第2期。
[③] 参见刘丽娟：《确立反假冒为商标保护的第二支柱——〈反不正当竞争法〉第6条之目的解析》，载《知识产权》2018年第2期。

淆的后果。混淆的范围很广,包括来源混淆、关系混淆等,总体来看,混淆的认定范围呈现扩张的趋势。(3)结果要件:损害,这里的损害可以是原告因被告的虚假标示实际受到损害,可以是原告因被告的虚假标示具有受到损害的可能性。①

我国《反不正当竞争法》在制定之初就将反仿冒作为重要内容规定在内。1993年我国《反不正当竞争法》第5条明确规定"禁止仿冒",同时列举了当时市场中常见的假冒他人注册商标,擅自混淆性使用知名商品特有的名称、包装、装潢等四类仿冒行为。随着市场竞争的多样化发展,商誉在商业竞争中的价值愈发凸显,商誉的载体更加丰富,这使得仿冒的类型与方式不断翻新,为此,我国《反不正当竞争法》在2017年和2019年修改时,均进一步完善了反仿冒的相关规定,以求更好地维护市场公平竞争。目前,我国《反不正当竞争法》中反仿冒的专门条款主要是第6条,该条全面规制着商品名称、包装、装潢;未注册商标;企业名称;社会组织名称;姓名等各类标识的仿冒行为。

### 三、我国未注册商标之仿冒禁止法益

(一)《反不正当竞争法》第6条第1项作为未注册商标仿冒禁止法益法律规定的依据

对于我国《反不正当竞争法》第6条,虽然该条没有直接出现"未注册商标"的字眼,但其中第1款中有关对他人有一定影响的商品名称、包装、装潢等标识的规定,可以作为未注册商标反仿冒

---

① 参见李士林:《商业标识的反不正当竞争法规整——〈兼评反不正当竞争法〉第6条》,载《法律科学(西北政法大学学报)》2019年第6期。

的依据。这一点，在学术研究中已达成了相对一致的认识。例如，有学者认为，"尽管《反不正当竞争法》第 6 条规定的相关标识的范围非常广泛，但如前所述其本质上仍然是未注册商标"①；有学者认为，《反不正当竞争法》对知名商品特有的名称、包装和装潢的保护实质是对未注册商标的一种保护；② 还有学者认为，1993 年《反不正当竞争法》第 5 条第 2 项（2017 年《反不正当竞争法》修改后变为第 6 条第 1 项）对知名商品标识的保护性规定实际上就是把未注册商标纳入该款规定的保护范围，这符合《反不正当竞争法》的立法主旨和兜底性法律的特征。③

司法实践中，适用《反不正当竞争法》第 6 条第 1 项的案件主要有以下两种：第一，特定标识既是某一经营者的注册商标又属于其商品或服务的名称、包装或装潢时，针对他人擅自将该标识作为自己商品（服务）名称、包装、装潢或商品（服务）名称、包装、装潢的组成部分使用，可能或实际引起混淆的情况，法院适用《反不正当竞争法》第 6 条第 1 项进行裁判。如"地素"商标权纠纷案、④"实习鸟"不正当竞争纠纷案、⑤"趣头条"不正当竞争纠纷案、⑥"微信诉 OK 微信管家"不正当竞争纠纷案。⑦ 在这类案件中，

---

① 王太平：《我国普通未注册商标与注册商标冲突之处理》，载《知识产权》2020 年第 6 期。

② 这里的"知名商品特有的名称、包装和装潢"是 2017 年《反不正当竞争法》修法前的表述。参见黄晖：《反不正当竞争法对未注册商标的保护》，载《中华商标》2007 年第 4 期。

③ 参见焦新伟：《〈商标法〉与〈反不正当竞争法〉商标权保护比较》，载《中华商标》2009 年第 1 期。

④ 参见上海市徐汇区人民法院（2018）沪 0104 民初 27317 号民事判决书。

⑤ 参见北京知识产权法院（2019）京 73 民终 3304 号民事判决书。

⑥ 参见北京市海淀区人民法院（2019）京 0108 民初 12230 号民事判决书。

⑦ 参见广东省广州市天河区人民法院（2019）粤 0106 民初 38290 号民事判决书。

如若原告既提出被告行为构成商标侵权，又提出被告行为构成《反不正当竞争法》第 6 条第 1 项规定的不正当竞争行为，则法院一般仅对侵害商标权进行认定，不再支持被告构成不正当竞争的诉讼请求。如在"蛙来哒"商标纠纷中，法院就指出：鉴于味之翼湘公司主张的被诉侵害商标权行为和不正当竞争行为相同，在本院已经认定该行为侵害涉案商标权的情况下，不再适用《反不正当竞争法》对该行为进行评述。① 第二，特定标识不是经营者的注册商标，但标识通过识别商品或服务的来源已具有一定影响，针对他人擅自使用并可能或已经产生混淆的情况，法院适用《反不正当竞争法》第 6 条第 1 项进行裁判。如"大方传统菜"不正当竞争纠纷案、②"17.5°"不正当竞争纠纷案。③

上述第二类案件就涉及了特定经营者的未注册商标。在多个案件中的法院都认可利用《反不正当竞争法》第 6 条第 1 项（2017 年修法前是《反不正当竞争法》第 5 条第 2 项）来规制不正当侵犯未注册商标法益行为。例如：在博林达与艾腾达不正当竞争纠纷案中，广东省深圳市中级人民法院在裁判说理时就明确指出，知名商品特有的包装、装潢本质上属于未注册商标，其作为一种财产性权益，受《反不正当竞争法》的保护。④ 在依云矿泉水有限公司与北京艺梦禹不正当竞争纠纷案中，北京市石景山区人民法院指出：《反不正当竞争法》第 5 条第 2 项将特有包装、装潢作为独立的保护客体……当包装、装潢具有识别商品来源的作用时，就成为具有

---

① 参见北京市海淀区人民法院（2018）京 0108 民初 25642 号民事判决书。
② 参见浙江省杭州市中级人民法院（2019）浙 01 民初 20 号民事判决书；浙江省高级人民法院（2020）浙民终 299 号民事判决书。
③ 参见浙江省杭州市中级人民法院（2019）浙 01 民终 6883 号民事判决书。
④ 参见广东省深圳市中级人民法院（2018）粤 03 民初 581 号民事判决书。

未注册商标性质的商业标志。① 在伊诺登与（株）DIO 不正当竞争纠纷案中，北京市朝阳区人民法院指出"反不正当竞争法对有一定影响商品特有名称的保护本质上是对未注册商标的保护"②。在快易修、郭某发商业贿赂不正当竞争纠纷中，一审法院福州市中级人民法院从反向指出，快易修公司主张"快易修"是其长期使用的未注册商标，但不能证明"快易修"已经通过使用成为了知名商品特有名称，因此依据《反不正当竞争法》第 5 条第 2 项驳回其诉讼请求。③ 除此之外，同样的观点还在成都天厨味精等与重庆天厨天雁食品不正当竞争纠纷案，④ 海宁中国皮革城与卓尔发展（武汉）、汉口北集团等侵害商标权纠纷案⑤等案件中有所体现。

综上，无论是学术研究还是司法实践，均将《反不正当竞争法》第 6 条第 1 项（2017 年修法前为《反不正当竞争法》第 5 条第 2 项）作为我国《反不正当竞争法》中调整未注册商标法益的主要法律条款。

## （二）享有仿冒禁止法益的未注册商标的类型

本书第一章在分析我国未注册商标现有类型的时候曾指出，《反不正当竞争法》第 6 条第 1 项所保护的是我国哪一类未注册商

---

① 参见北京市石景山区人民法院（2017）京 0107 民初 13266 号民事判决书。
② 北京市朝阳区人民法院（2017）京 0105 民初 57615 号民事判决书。
③ 参见福建省福州市中级人民法院（2017）闽 01 民初 327 号民事判决书。
④ 重庆市第一中级人民法院认为，"反不正当竞争法对于知名商品特有包装装潢的保护本质上是对未注册商标的保护，相对于商标法对注册商标的保护而言具有补充性"。参见重庆市第一中级人民法院（2017）渝 01 民终 3926 号民事判决书。
⑤ 湖北省武汉市中级人民法院指出，"反法第五条第（二）项对知名服务名称的保护，其本质是对未注册商标的保护，与注册商标相比，未注册商标的保护效力、获得保护的条件存在很大不同"。参见湖北省武汉市中级人民法院（2016）鄂 01 民初 2178 号民事判决书。

标尚不明确，因此，该项规定是仅保护驰名未注册商标，还是保护在先使用并具有一定影响的未注册商标，抑或保护普通未注册商标仍需要进一步讨论。

2019年《反不正当竞争法》第6条第1项"有一定影响"的表述源于1993年《反不正当竞争法》第5条第2项的"知名商品特有"，较之原来的以"知名商品+特有"修饰"名称、包装、装潢"，表述改变后该项规定的保护对象更加明确。但需要注意的是，2017年修法后《反不正当竞争法》对所要保护的商标标识的知名度要求并未改变。在现有规定"有一定影响"内涵不明的情况下，探究《反不正当竞争法》所保护的未注册商标的类型还应回归2017年修法前"知名商品特有"所涉及的法律解释。依据《最高人民法院关于审理不正当竞争民事案件应用法律若干问题的解释》（已失效），"知名商品"是在中国境内具有一定市场知名度，为相关公众所知悉的商品，"特有"是指名称、包装或装潢原始具有显著特征或经过使用获得显著特征。"知名商品+特有"的要求表明我国《反不正当竞争法》所保护的商业标识是具有一定知名度，能够发挥识别商品或服务来源的标识，对于未注册商标来说，即《反不正当竞争法》对未注册商标的保护范围是有限的，一个标识通过使用具备显著性后，还要具有一定知名度才能够作为我国《反不正当竞争法》的保护对象。同时，修法过程中，全国人大宪法和法律委员会在对《反不正当竞争法（修订草案三次审议稿）》（以下简称修订草案三次审议稿）进行说明的时候指出，针对二次审议稿中"他人商品特有的名称、包装、装潢"的表述，有全国人大常委会委员提出"仿冒他人商业标识构成混淆商品来源的不正当竞争行为，一般以被仿冒的标识在相关领域中有一定影响、为相关公众所知悉为前提，建议对此予以明确"，为此，修订草案三次审议稿增加了对商业标识"一定影响"的限定。① 综上，《反不正当竞争法》所保护的未注册商标应是具有"一定影响"的未注册商标。这里的"一定影响"与现行《商标法》第 32 条中的"一定影响"类似。原因在于，我国 2010 年发布的《最高人民法院关于审理商标授权确权行政案件若干问题的意见》（以下简称《授权确权意见》）第 18 条中所规定的"已经使用并有一定影响的商标"的内涵与认定标准，实质上就是参照《反不正当竞争法》知名商品的标准进行界定的。② 据此可得，我国《反不正当竞争法》对未注册商标"一定影响"的要求，已将普通未注册商标排除在受保护的范围外。③

有关《反不正当竞争法》第 6 条第 1 项与驰名未注册商标的关系，从知名度的角度看，驰名未注册商标均属于具有一定影响的未注册商标，因此，当未注册商标通过使用达到"为相关公众所熟知"的程度，即成为驰名未注册商标时，未注册商标使用者应既可以寻求《商标法》第 13 条的保护，亦可以寻求《反不正当竞争法》第 6 条第 1 项的保护，法律不应限制未注册商标使用者的选择权。如若将驰名未注册商标的保护禁锢在《商标法》中，《反不正当竞争法》仅保护具有一定影响的未注册商标，无疑"将判断一种商业

---

① 参见《全国人民代表大会法律委员会关于〈中华人民共和国反不正当竞争法（修订草案）〉审议结果的报告》，载搜狐网 2017 年 11 月 6 日，https://www.sohu.com/a/202566525_100001587。

② 参见孔祥俊：《论新修订〈反不正当竞争法〉的时代精神》，载《东方法学》2018年第 1 期。

③ 许多学者均持此观点。参见郑友德、万志前：《论商标法和反不正当竞争法对商标权益的平行保护》，载《法商研究》2009 年第 6 期；孙山：《未注册商标法律保护的逻辑基础与规范设计》，载《甘肃政法学院学报》2015 年第 2 期。

标识知名度或者影响力大小的责任在诉讼之前就强加给当事人",①这不仅在操作上是不合理与不现实的,更于保护当事人的利益无益。此外,混淆性使用他人驰名未注册商标,会损害未注册商标所有人的利益以及消费者利益,进而破坏市场竞争秩序,因此,这本质上是一种不正当竞争行为,允许驰名未注册商标所有人适用《反不正当竞争法》予以制止具有正当性。还需注意的是,我国驰名未注册商标在《反不正当竞争法》上享有的仿冒禁止法益较之其他未注册商标来说范围更广。依据我国《商标法》第58条的规定,将他人驰名未注册商标作为企业名称中的字号使用,误导公众,构成不正当竞争行为的,可以依照《反不正当竞争法》处理。《反不正当竞争法》第6条第1项所规制的使用行为主要是将他人的未注册商标在自身商品或服务上作为商品或服务的名称、包装和装潢使用,而依据《商标法》第58条,驰名未注册商标可以制止他人将驰名未注册商标的所有人的商标作为企业名称中字号使用的不正当竞争行为。

如上所述,在我国,能够依据《反不正当竞争法》享有仿冒禁止法益的未注册商标是在先使用并具有一定影响的未注册商标与驰名未注册商标,普通未注册商标因未达《反不正当竞争法》对未注册商标"一定影响"的要求而被排除在外。

### (三) 侵犯未注册商标仿冒禁止法益的行为要件

侵犯未注册商标仿冒禁止法益的行为首先是一种不正当竞争行为。依据我国《反不正当竞争法》第2条第2款以及《巴黎公约》

---

① 张玲玲:《论未注册驰名商标的司法认定与保护——兼评〈商标法〉第十三条及〈反不正当竞争法〉第六条第一项的适用》,载《法律适用》2019年第11期。

第10条之二对不正当竞争行为的规定，不正当竞争行为的特征可以概括为：一是市场经营者在市场经营活动中的一种竞争行为；二是违反法律、诚实信用原则的行为；三是造成扰乱市场竞争秩序，损害其他经营者与消费者合法权益后果的行为。此外，从法律性质看，不正当竞争行为是一种侵权行为，即"以不正当竞争为目的侵害他人合法权益的侵权行为"，"以不正当竞争为目的"表明行为扰乱竞争秩序的特性，"侵害他人合法权益"表明该行为是对他人权益的非法剥夺。[①] 把握不正当竞争行为的特征与性质，有助于进一步理解与准确认定我国《反不正当竞争法》中规定的具体不正当竞争行为。

对于未注册商标，依据我国《反不正当竞争法》第6条第1项，受到法律制止的是擅自使用与他人未注册商标相同或近似的标识，造成混淆、引人误认是他人的商品或者与他人存在特定联系的行为，即侵犯未注册商标仿冒禁止法益的行为。在具体认定这种行为时，行为人与未注册商标法益人间的竞争关系、商品或服务的类型以及存在混淆是需要关注的重要因素。

1. 行为人与未注册商标法益人存在竞争关系

一般认为，竞争必然存在于具有竞争关系的经营者之间，不正当竞争亦不例外，因此，在司法实践中，存在竞争关系常常作为认定不正当竞争行为的前提。例如，在北京理工大学与简睛（北京）科技有限公司（以下简称简睛公司）不正当竞争纠纷案中，二审法院在认定简睛公司的行为构成不正当竞争行为时，首先确认的是简睛公司与北京理工大学存在竞争关系，认为简睛公司的经营范围与

---

① 参见吴汉东主编：《知识产权制度：基础理论研究》，知识产权出版社2009年版，第356–358页。

北京理工大学创办的多家冠以"北京理工"字样的公司的经营范围重合，因而两者具有竞争关系。[①] 竞争关系通常存在于经营相同或类似商品或服务的经营者之间，这一点，从上述北京理工大学与简睛公司不正当竞争纠纷案中，二审法院认定简睛公司与北京理工大学存在竞争关系的理由即可看出。不过，有学者认为对竞争关系应作广义理解，孔祥俊教授指出，不宜将竞争关系狭义地理解为同业竞争者，即使是非同业竞争者，只要实质上以不正当手段进行竞争、获取竞争优势，就可以认定为不正当竞争行为，这是反不正当竞争法的保护对象的范围由竞争者向消费者与公共利益拓宽，保护性质由私权保护向市场管制发展的结果。[②] 笔者认同该观点，同时认为，在广义解释竞争关系时，认定经营不相同或不类似商品或服务的经营者之间构成不正当竞争的，应对二者可能存在的竞争性进行释明。

2. 相同或类似的商品或服务

对于与未注册商标相关的不正当竞争行为是否需要满足"使用在相同或类似的商品或服务上"这一要件，我国《反不正当竞争法》并未释明。但从我国保护未注册商标的整体态度以及《反不正当竞争法》与《商标法》相互协调的角度看，《反不正当竞争法》第6条第1项所指的不正当竞争行为，一般来说应限于在相同或近似的商品或服务上的使用行为。具体理由在于：一方面，相较于注册商标，目前我国对未注册商标的保护属于有限保护，普通注册商标的效力尚且只能及于相同或近似的商品或服务，对未注册商标的

---

[①] 参见北京知识产权法院（2020）京73民终2520号民事判决书。

[②] 参见孔祥俊：《反不正当竞争法的司法创新和发展——为〈反不正当竞争法〉施行20周年而作》，载《知识产权》2013年第12期。

保护程度自不能高于对注册商标的保护程度；另一方面，以知名度为标准，驰名未注册商标是我国未注册商标中知名度最高、受法律保护力度最大的未注册商标，对于驰名未注册商标我国《商标法》只规定了在相同或近似的商品或服务上对其进行保护，《反不正当竞争法》第6条第1项所能涵盖的未注册商标知名度的范围等于或低于驰名未注册商标，因此，与《商标法》未注册商标保护制度相协调，《反不正当竞争法》第6条第1项不能作跨类解释。这种观点在司法实践中已有体现，例如，在"北京旭培生物科技有限公司等与内蒙古伊利实业集团股份有限公司不正当竞争纠纷"案中，一审法院明确指出，"被告在相同或类似商品上使用了与原告商品装潢相同或近似的装潢"是适用《反不正当竞争法》第6条第1项需要满足的要件之一。① 虽如此，仍有相反观点存在，如冯晓青教授认为，《商标法》中对驰名未注册商标不适用跨类保护，而《反不正当竞争法》中对知名商品的特有名称、包装、装潢的保护不受商品相同或者类似的制约，这是由于《商标法》与《反不正当竞争法》的保护方式与基本定位存在差别。② 吴汉东教授认为，知识产权法与《反不正当竞争法》在调整功能上是互动与协调的关系，对于与知识产权有关的财产权益（如知名商品的名称、包装、装潢等），单行法（如商标法）未规定的，由《反不正当竞争法》兜底保护，因此在非类似商品上使用他人注册商标（包括注册商标和非注册知名商标）的行为可以依据《反不正当竞争法》进行处理。③

---

① 参见北京知识产权法院（2020）京73民终1504号民事裁定书。
② 参见冯晓青：《未注册驰名商标保护及其制度完善》，载《法学家》2012年第4期。
③ 参见吴汉东：《论反不正当竞争中的知识产权问题》，载《现代法学》2013年第1期。

本书认为,《反不正当竞争法》保护立足于竞争行为的正当性,区别于《商标法》保护界限明确的专有权,① 因此,《反不正当竞争法》第 6 条第 1 项限于相同或类似的商品或服务并不是绝对的,但不可否认,在认定被诉行为是否构成该项所规定的反不正当竞争行为时,相对人的使用是不是在相同或类似的商品或服务上具有重要意义。正如世界知识产权组织(WIPO)指出的那样"在明显无关或者全然不同的商品上使用相同或者近似标志,通常都会超出保护范围。因为,所涉商品或服务的较大差别,将会使消费者认为商品或服务的来源不同"②。因此,实践中,在判断某一竞争行为构成《反不正当竞争法》第 6 条第 1 项规定的不正当竞争行为时,仍应以"使用在相同或类似的商品或服务上"为要件,但对于相同或类似商品或服务的要求不应过于严苛,确实引起相关公众混淆的情况即使属于使用在不相类似的商品或服务的类型,也应纳入该项规定进行规制,以维护公平的竞争秩序。

3. 存在混淆

依据《反不正当竞争法》第 6 条第 1 项和第 4 项的规定可得,该条规制的重点其实就是各类擅自使用他人商业标识,可能产生混淆的行为,且混淆的内涵是"引人误认为是他人商品或者与他人存在特定联系"。商业标识的基本属性在于来源识别性,这是商业标识发挥功能的基础,而混淆即破坏了商业标识的来源识别性。在《商标法》中,判断商标侵权时,混淆理论处于核心和基础地位。

---

① 参见孔祥俊:《论新修订〈反不正当竞争法〉的时代精神》,载《东方法学》2018 年第 1 期。

② WIPO, Intellectual Property Reading Material, p. 130. 转引自孔祥俊:《商标与不正当竞争法:原理与案例》,法律出版社 2009 年版,第 737 - 738 页。

| 第三章　系统梳理：我国未注册商标法益之类型化分析 |

　　未经许可在同一或类似的商品或服务上使用与注册商标相同或近似商标的，容易导致混淆是构成商标侵权的必要条件。①《反不正当竞争法》制止的是通过使消费者产生混淆，利用他人商誉以达到自身不正当竞争目的的行为，因此，在对商业标识进行不正当竞争保护时，产生混淆是构成不正当竞争行为的关键要素。最高人民法院在其指导案例"意大利费列罗公司诉蒙特莎（张家港）食品有限公司、天津经济技术开发区正元行销有限公司不正当竞争纠纷案"中就曾指出，对他人具有识别商品来源意义的特有包装、装潢，不能作足以引起市场混淆、误认的全面模仿，否则就会构成不正当的市场竞争。②

　　我国现行《反不正当竞争法》在规定混淆行为时，使用了"足以引人误认"的表述，即将具有较大可能性的误认包含在内，因此，有关未注册商标法益的"混淆"既包括实际发生的市场混淆，亦包括可能发生的市场混淆，这是《反不正当竞争法》的立法通例。③ 同时，从混淆的类型看，我国《反不正当竞争法》规制的混淆包括来源混淆与关系混淆两种类型，④ 按照混淆发生的时间，这两类混淆通常是在消费者作出购买决定时对商品和服务的来源产生的混淆即售中混淆。实践中还存在一种特殊类型的混淆——初始兴

---

①　参见《商标法》第57条。之所以该条在规定"未经商标注册人的许可，在同一种商品上使用与其注册商标相同的商标的"情况时未明确规定"容易导致混淆"，是因为在商品或服务与商标双重相同时，混淆自然会发生，无须着重强调。

②　参见最高人民法院（2006）民三提字第3号民事判决书；天津市高级人民法院（2005）津高民三终字第36号、（2003）二中民三初字第63号民事判决书。

③　参见孔祥俊：《论反不正当竞争法的竞争法取向》，载《法学评论》2017年第5期。

④　参见《反不正当竞争法》第6条，该条表述时明确指出混淆包括"引人误认为是他人商品或者与他人存在特定联系"；黄璞琳：《新〈反不正当竞争法〉与〈商标法〉在仿冒混淆方面的衔接问题浅析》，载《中华商标》2018年第2期。

趣混淆（又称"售前混淆"），初始兴趣混淆发生在消费者实际购买前，而在消费者真正接触商品或服务并进行购买时并未混淆或言混淆消失。① 这种混淆尤其经常出现在一些网络新型商业标志侵权和不正当竞争中，例如，存在一些企业借助互联网将他人的商标作为本企业商业推广的关键词，诱导消费者在进行关键词搜索时点击相关链接，借机抢夺商标所有人的潜在客户与商业机会。② 初始兴趣混淆是否属于我国《反不正当竞争法》应当规制的混淆行为存在争议。本书认为，能否将初始兴趣混淆纳入我国《反不正当竞争法》的调整范围，关键在于初始兴趣混淆是否符合不正当竞争行为的本质。有关不正当竞争行为的本质，不同学者依据各自的理解提出了不同的看法，例如，有学者认为，不正当竞争行为即不正当地吸引消费者的行为，其包含行为性质不正当（违反诚信原则和公认的商业道德）和行为效果是吸引消费者两个方面的内容；③ 还有学者认为，不正当竞争行为即不符合或破坏竞争机制的行为。④ 从学者们对不正当竞争行为本质的论述可得，不正当竞争行为作为一种行为效果，从吸引消费者角度，发生在消费者购买前和购买后并不影响不正当竞争行为的判断。基于此，初始兴趣混淆与传统混淆并无差别，因为竞争者利用消费者最初的购买兴趣进行交易，初始兴趣混淆的本质仍旧是不正当地利用了商业标识权益人的商誉，增加了消

---

① 参见邓宏光：《商标混淆理论之新发展：初始兴趣混淆》，载《知识产权》2007年第3期。

② 参见周樨平：《商业标识保护中"搭便车"理论的运用——从关键词不正当竞争案件切入》，载《法学》2017年第5期。

③ 参见李友根：《论消费者在不正当竞争判断中的作用——基于商标侵权与不正当竞争案的整理与研究》，载《南京大学学报（哲学·人文科学·社会科学版）》2013年第1期。

④ 参见孔祥俊：《反不正当竞争法的创新性适用》，中国法制出版社2014年版，第8页。

费者的搜索成本且破坏了市场上的公平竞争秩序。①《巴黎公约》在第 10 条之二中将不正当竞争行为规定为"凡在工商业事务中违反诚实的习惯做法的竞争行为",这表明了《巴黎公约》对不正当竞争行为所秉持的开放态度,因此,将使消费者产生初始兴趣混淆的行为纳入不正当竞争行为具有来源于国际条约的正当性基础。司法实践中,在"上海玄霆娱乐信息科技有限公司、北京畅游时代数码技术有限公司侵害商标权纠纷"中(以下将两公司简称为玄霆公司与畅游公司),一审法院认为,畅游公司将"凡人修仙传"作为关键词使用在其推广链接中,虽然在最终的网页中不存在"凡人修仙传"的内容,但这种行为会造成相关公众的初始混淆。② 随后,二审法院又指出,畅游公司在推广链接关键词、推广链接标题中使用"凡人修仙传"的行为,属于刻意攀附小说《凡人修仙传》这一知名商品商誉,利用玄霆公司竞争优势的不正当竞争行为(俗称"搭便车"),因而违反了 1993 年《反不正当竞争法》第 5 条第 2 项的规定构成不正当竞争。③ 从该案中可以看出,我国法院已经开始承认初始兴趣混淆,并将其作为认定商标标识不正当竞争行为的因素之一。

4. 反向仿冒

上述对行为人与未注册商标法益人之间的竞争关系、行为人使用标识涉及的商品或服务的类别以及存在混淆的探讨,均以传统仿冒行为为前提。实践中还存在这样一类特殊的仿冒行为——反向仿

---

① 参见邓宏光:《商标混淆理论之新发展:初始兴趣混淆》,载《知识产权》2007 年第 3 期。
② 参见上海市浦东新区人民法院(2015)浦民三(知)初字第 141 号民事判决书。
③ 参见上海知识产权法院(2015)沪知民终字第 522 号民事判决书。

冒，反向仿冒与《反不正当竞争法》上未注册商标的仿冒禁止法益密切相关。

反向仿冒在我国受到关注源于 1994 年发生的"枫叶"诉"鳄鱼"案。在此案中，被告北京同益公司在购买了原告北京市京工服装工业集团服装一厂生产的"枫叶"牌西裤后，将商标更换成"卡帝乐鳄鱼"商标并以高价售出，最终被诉至法院，北京第一中级人民法院依据 1993 年《反不正当竞争法》第 2 条判定被告侵权。[①] 此案过后，我国逐步引入了反向仿冒的概念，并在《商标法》第 57 条第 5 项明确规定了此种行为作为侵犯注册商标专用权的行为之一。虽然上述与反向仿冒有关的案例和立法规定是针对注册商标的，但注册商标与未注册商标仅在注册与否上存在差别，未注册商标有可能遭受反向假冒行为的侵害，为此，有必要讨论我国未注册商标法益是否包含禁止他人反向仿冒的效力。我国《商标法》主要在商标授权确权阶段为未注册商标提供有限保护，而商标反向仿冒行为发生在商品的生产与流通环节，因此，在《商标法》中寻找未注册商标反向仿冒禁止法益的依据并不现实。《反不正当竞争法》对未注册商标的保护正是在生产经营环节，故可以从《反不正当竞争法》中探究未注册商标法益人制止他人反向仿冒行为的可能性。

反向仿冒存在两种类型，我国《商标法》第 57 条第 5 项只规定了其中之一，即购买他人商品后，未经许可更换商标并将更换商标的商品投入市场的反向仿冒，这种反向仿冒行为被称为"显形反向仿冒"。[②] 除显形反向仿冒外，实践中还存在"隐形反向仿冒"，

---

[①] 参见北京市第一中级人民法院（1994）中经知初字第 566 号民事判决书。

[②] 参见李胜利：《三种涉及商标的不正当竞争行为的法律规制》，载《社会科学家》2011 年第 12 期。

即购买他人商品后，未经许可撤除他人商标后直接出售，不再附上其他商标的仿冒行为。从反向仿冒的行为表现看，无论是"显形反向仿冒"还是"隐形反向仿冒"，在实施仿冒的行为人出售商品时，商标权益人的商标均未出现在商品上，消费者购买商品非基于原商标所蕴含的商誉，因此，在反向假冒中，行为人以不正当手段借助的实质上是商品本身的优势，如商品的高质量，这与传统借助混淆行为侵占他人商誉的商标仿冒行为有着显著的不同。虽如此，但仔细分析会发现，从反不正当竞争的角度将反向仿冒作为一种不正当竞争行为予以制止仍具有一定合理性。首先，在反向仿冒行为中，行为人无正当理由去除他人商标，损害他人商标使用利益以达到自己的目的的行为，明显违反了商业活动中诚实信用的基本准则，与《反不正当竞争法》维护公平竞争的立法意旨相悖；其次，一个商标的完整结构是商标标识、指代的商品或服务以及商品或服务的来源这三个要素的结合，反向仿冒看似未利用他人商标，但将商标标识与商品相分离的过程实质上已经切断了商标标识与商品来源的联系，损害了他人商标的完整性，影响了他人商标识别来源功能的发挥；最后，《反不正当竞争法》与《商标法》不同，《商标法》以设权的方式对商标权提供较强的直接保护，而《反不正当竞争法》以制止不正当竞争行为的方式间接维护当事人的合法权益，[①] 因此，《反不正当竞争法》对商业标识的保护具有较大的弹性，无论商标是否注册，以不正当手段侵害商标权益人利益的行为都应纳入反不正当竞争行为予以制止。

在理论上明确了未注册商标法益人可以利用《反不正当竞争

---

① 参见王太平：《我国知名商品特有名称法律保护制度之完善——基于我国反不正当竞争法第5条第2项的分析》，载《法商研究》2015年第6期。

法》制止针对其未注册商标的反向仿冒行为后,仍需进一步探讨未注册商标法益人所能凭借的法律依据。我国《反不正当竞争法》在界定不正当竞争行为时,以"违反本法规定"为限定条件,这就意味着一个行为即使在理论上具有不正当竞争行为的特征,但如果不能在《反不正当竞争法》中找到违法依据,亦不受法律规制。2019年《反不正当竞争法》中涉及未注册商标的主要是第6条第1项,前文已述,"存在混淆"是适用该项规定的前提。我国反不正当竞争法律框架中的"混淆"涵盖范围很广,既包括售前的初始兴趣混淆,亦包括售中的来源混淆与关系混淆,但在商标反向仿冒中,由于未注册商标法益人的商标已被撤取或更换,即使消费者无从识别商品的来源(隐形反向仿冒)或错误识别了商品的来源(显形反向仿冒),将此类情况归入现有的混淆类型也过于牵强。为此,有必要在《反不正当竞争法》第6条第1项外寻找其他的法律依据。在"枫叶"诉"鳄鱼"案中,法院以《反不正当竞争法》第2条为依据之一作出判决的做法可供借鉴。[①]《反不正当竞争法》第2条是具有兜底性质的一般条款,当一种竞争行为难以归于《反不正当竞争法》第二章所列举的具体不正当竞争行为时,《反不正当竞争法》第2条往往被纳入考虑。就《反不正当竞争法》第2条的文本内容看,其中第2款是统领类型化的不正当竞争行为,判断不正当竞争行为的一般依据。未注册商标反向仿冒行为中,行为人通过擅自撤销或更换他人商标以获取竞争优势,割裂了他人商标与商品的联系,盗用了他人的商品信誉,妨碍了他人商誉的建立,同时误导了

---

① 参见北京市第一中级人民法院(1994)中经知初字第566号民事判决书。

消费者，侵犯了消费者的知情权等，① 这符合《反不正当竞争法》第 2 条第 2 款规定的扰乱市场竞争秩序和损害其他经营者或消费者合法权益的要件，因此，《反不正当竞争法》第 2 条可以作为制止未注册商标反向仿冒不正当竞争行为的法律依据。同时，需要注意的是，虽然《反不正当竞争法》第 2 条的适用能够克服对不正当竞争行为进行确定的列举式立法可能带来的不周延性与滞后性等局限，增强了《反不正当竞争法》调整社会经济生活的灵活性，② 但《反不正当竞争法》第 2 条存在缺乏明确标准和被滥用的风险，因而，在具体案件中应充分考量与竞争行为相关的各方因素，谨慎适用一般条款，防止对市场自由竞争的过度干预。

（四）未注册商标仿冒禁止法益的法律救济

在我国，《反不正当竞争法》为未注册商标提供侵权救济。依据《反不正当竞争法》第 6 条第 1 项和第 17 条，侵犯未注册商标仿冒禁止法益，在构成不正当竞争行为的情况下，不正当竞争行为人需要承担停止侵害与损害赔偿的民事责任。

停止侵害是商标权益救济的重要手段。商标的基本功能是识别商品或服务的来源，如若商标被他人混淆性使用，不仅会损害商标权益人的商业利益，更可能彻底破坏经营者与消费者之间依赖商标建立起的通信系统，因此，令不正当竞争行为人承担停止侵害的民事责任以制止其对未注册商标的混淆性使用，是维护未注册商标仿

---

① 参见张炳生：《论商标功能的实现途径与反向假冒的危害》，载《政法论坛》2005 年第 6 期。
② 参见张平：《〈反不正当竞争法〉的一般条款及其适用——搜索引擎爬虫协议引发的思考》，载《法律适用》2013 年第 3 期。

冒禁止法益的关键。我国《商标法》仅在规定驰名未注册商标法益和被代理人、被代表人未注册商标法益时，规定了"禁止使用"的法律后果。相比之下，《反不正当竞争法》提供停止侵害法律救济的未注册商标的范围更大，这能够有效保护相关未注册商标法益。

损害赔偿是侵权人以相应的财产弥补被侵权人损失的救济方式。《反不正当竞争法》第17条规定了不正当竞争行为人的损害赔偿责任，依据该条，未注册商标法益受到不正当竞争行为的损害时，未注册商标所有人可以通过向法院起诉获得损害赔偿救济。具体的赔偿数额是其因被侵权而受到的实际损失，当实际损失难以计算时，赔偿数额还可以按照侵权人因侵权而获得的利益予以确定。除此之外，2017年我国修改《反不正当竞争法》时，为应对实践中不正当竞争行为种类繁多、形式各异导致的被侵权人实际损失和侵权人侵权获利难以确定的情况，增加了法院酌定赔偿的规定，且2019年我国《反不正当竞争法》再次修改时，将法院酌定赔偿的上限从300万元提升到了500万元，以更好地弥补被侵权人的损失。以上讨论的均属于一般损害赔偿，这种损害赔偿以弥补受害者的损失为主要目的，除一般损害赔偿外，我国《反不正当竞争法》还规定了惩罚性赔偿。惩罚性赔偿的功能在于通过加重赔偿数额，制裁严重的过错行为，震慑潜在的侵权者。目前，《反不正当竞争法》中的惩罚性赔偿只针对恶意侵犯商业秘密且情节严重的情况，而侵犯未注册商标仿冒禁止法益的行为尚不适用惩罚性赔偿。

除停止侵害与损害赔偿的民事救济外，《反不正当竞争法》第18条还规定了针对不正当竞争行为的行政救济。经营者侵犯未注册商标仿冒禁止法益的，可依具体情节，由监督检查部门责令停止违法行为，没收违法商品、罚款、吊销营业执照等。

## 第三节　我国其他法律上的未注册商标法益

### 一、我国民法上的未注册商标法益

知识产权虽然在所保护的客体方面与传统民法上其他的民事权利存在较大区别，但是一种民事权利这一点毋庸置疑，在此基础上，与知识产权相关的法益属于民事利益的范畴。至于未注册商标，我国很多学者认可依据民法规范对其进行保护。如刘国栋教授认为，未注册商标，尤其是已建立起一定商誉的未注册商标，凝结着经营者的智慧和资金投入，属于合法的民事权益，将其作为民事权益保护是国际通行做法；[1] 冯晓青教授和罗晓霞副教授认为，未注册商标通过使用取得的利益可以通过《民法通则》获得保护，《民法通则》对未注册商标的保护是我国注册制度的有益补充。[2] 从上述学者的观点可以看出，民法上与未注册商标相关的民事权益指的是未注册商标使用者通过对未注册商标进行使用获得的受民法保护的利益，即本书所研究的未注册商标法益。

在我国的《民法典》中，涉及未注册商标法益的法律规定有很多。首先，《民法典》第 3 条规定，民事主体的人身权利、财产权利以及其他合法权益受法律保护，任何组织或者个人不得侵犯。在此基础上，《民法典》不仅在总则编的"民事权利"一章中规定了

---

[1] 参见刘国栋：《对未注册商标的法律保护》，载《中华商标》2006 年第 10 期。
[2] 参见冯晓青、罗晓霞：《在先使用有一定影响的未注册商标的保护研究》，载《学海》2012 年第 5 期。

人格权、物权、知识产权、债权等民事权利，还在第 126 条确认了民事主体享有法律规定的其他民事权利和利益。虽上述条款不是针对未注册商标法益的直接规定，但由于未注册商标法益是民事权益的一种，依据上述条款，任何组织或个人不得侵犯他人合法的未注册商标法益。其次，《民法典》第 7 条规定，民事主体从事民事活动，应当遵循诚信原则，秉持诚实，恪守承诺。实践中存在的，以不正当手段抢注他人未注册商标、仿冒他人未注册商标等侵害他人未注册商标法益的行为，明显不符合诚实信用原则的基本要求，因此，我国民法上的诚实信用原则可成为未注册商标法益保护的指导原则。最后，《民法典》侵权责任编第 1164 条规定，本编调整因侵害民事权益产生的民事关系。《民法典》第 1164 条较之《侵权责任法》第 2 条第 2 款，改变了规定侵权责任保护范围的方式，不再列举具体的保护范围，而是以概括的方式，将《民法典》总则编第五章规定的所有的"民事权益"都纳入了侵权责任的保护范围。[①] 据此，当侵犯未注册商标法益的行为构成侵权行为时，未注册商标所有人原则上可依据《民法典》中与侵权责任有关的规定寻求法律救济。

民法上的未注册商标法益体现了民法对未注册商标的法律保护，但是这种保护与《商标法》和《反不正当竞争法》对未注册商标的保护显著不同。一方面，上述《民法典》第 3 条、第 7 条、第 1164 条均是涉及民事权益的一般条款，对于未注册商标，提供更接近于法律原则上的保护和理论基础上的支持，难以作为未注册商标所有人民事请求权的依据；另一方面，即使通过上述民法规范寻求

---

[①] 参见杨立新：《民法典对侵权责任保护范围的准确界定——对〈民法典〉第 1164 条含义理解的进一步厘清》，载《兰州大学学报（社会科学版）》2021 年第 1 期。

对未注册商标的保护，也只能在《商标法》和《反不正当竞争法》无法保护又确有保护必要时才可主张，否则频繁将一般法作为裁判依据将严重损害司法的确定性。质言之，民法上的未注册商标法益是抽象意义上的未注册商标法益，未注册商标所有人如欲维护其商标使用产生的利益，应以涉及未注册商标的具体法律规定为依据。

## 二、我国《著作权法》对未注册商标的保护

之所以此处未使用"《著作权法》上未注册商标法益"的表述，是因为本书研究的未注册商标法益是指未注册商标所有人就未注册商标享有的，基于商标使用行为产生的受法律保护的利益，本质上是商标所蕴含的商誉或商标经使用实际具有的来源识别性，虽然我国《著作权法》保护未注册商标，但其保护的对象并非基于商标使用行为产生的法益。

著作权是民事主体依法对作品享有的一系列专有权利。我国《著作权法》第3条将作品规定为文学、艺术和科学领域内具有独创性并能以一定形式表现的智力成果，包括文字作品、摄影作品等。当作品或作品的某一部分成为未注册商标的构成要素时，未注册商标所有人就未注册商标在满足一定条件时不仅享有《商标法》和《反不正当竞争法》上的法益，还享有《著作权法》上的著作权。①《著作权法》对未注册商标的保护与《商标法》和《反不正当竞争法》对未注册商标的保护存在以下不同：

第一，从保护对象看，《商标法》和《反不正当竞争法》保护的是完整意义上的未注册商标，即包含商标标志、商标标志所附着

---

① 为方便讨论，假设作品著作权人与未注册商标所有人为同一人。

的商品或服务以及商品或服务的来源的商标整体，而《著作权法》保护的主要是商标标志本身，《著作权法》并不关注商标标志所附着的商品或服务和商标所指示的商品或服务的来源。

第二，在判断未注册商标是否能够受到保护时，《商标法》和《反不正当竞争法》主要考量商标的显著性与商标经使用产生的知名度与影响力，而《著作权法》则考量商标标志或商标标志的构成要素是否满足作品的要件，即是否属于文学、艺术和科学领域，是否具有一定独创性，是否属于能够被他人感知的外在表达，等等。

第三，在判断他人的行为是否侵害了未注册商标所有人的利益时，《商标法》和《反不正当竞争法》需要考察：争议商标与未注册商标所有人的商标相同或近似、商品或服务相同或类似、混淆可能性等因素，而《著作权法》则以"接触＋实质性相似"为判断标准，即涉嫌侵权的商标与未注册商标所涉作品构成实质性相似，且被控侵权人在此前具备接触该作品的机会或实际接触了该作品，除非有法定抗辩理由，否则就认为成立著作权侵权。不过，商标若是他人独立设计完成的，即使与未注册商标所涉作品相同或实质性相似，也不属于侵犯了未注册商标所有人的著作权。

依据著作权法保护未注册商标具有一定优势。若想在商标法律框架内保护未注册商标，未注册商标往往需要经过一定时间的使用，获得一定程度的影响力与知名度，而著作权自作品完成之时自动产生，未注册商标即使并未被使用，作为作品已享有著作权。此外，在商标法律框架内，未注册商标依其指定的商品或服务的类别被保护，而著作权保护不分商品或服务的类别，未注册商标所有人凭借著作权可阻止他人在不相类似的商品或服务上抢注或使用其未注册商标。

综上,《著作权法》在保护未注册商标时,保护的主要是构成作品的商标标志,这与我国《商标法》和《反不正当竞争法》上的未注册商标法益显著不同,但不可否认,著作权法通过保护未注册商标的商标标志,间接为未注册商标法益提供了有力保护,有效维护了未注册商标所有人的利益。

### 三、我国《专利法》对未注册商标的保护

我国《专利法》在未注册商标保护上与《著作权法》一样,保护的是未注册商标的商标标志,而非商标经使用获得的商誉或来源识别性,因此,此处未采用"《专利法》上未注册商标法益"的表述。我国《专利法》保护的客体是发明、实用新型与外观设计,其中,外观设计与商标关系密切。外观设计是指对产品的形状、图案或者其结合以及色彩与形状、图案的结合所作出的富有美感并适于工业应用的新设计。一项外观设计可能被作为未注册商标使用在商品上,如若此外观设计已获授权,未注册商标所有人就未注册商标享有外观设计专利权。[①]

未注册商标所有人以外观设计专利保护自身未注册商标需要满足以下条件:第一,被作为商标使用的外观设计已获授权,即外观设计满足《专利法》第 23 条规定的新颖性、区别性、不与他人在先合法权利相冲突的实质性要件;第二,未注册商标所涉外观设计专利的授权公告日早于他人申请注册日或使用日,即未注册商标所有人的外观设计专利权是一种在先权利;第三,外观设计专利权尚在保护期内,外观设计未因保护期届满而进入公共领域。在满足上

---

[①] 为方便讨论,假设未注册商标所有人与外观设计专利权人为同一人。

述条件时，对于他人抢注未注册商标所有人未注册商标的行为，未注册商标所有人可以依据《商标法》第 32 条前半段有关在先权利的规定，制止他人在所有类别商品或服务上的抢注行为；对于他人擅自使用未注册商标所有人未注册商标的行为，未注册商标所有人可以根据具体情形，以侵犯外观设计专利的制造权、销售权、许诺销售权或进口权，制止他人对自身未注册商标的使用。

未注册商标所有人通过行使外观设计专利权制止他人抢注或擅自使用其未注册商标时，并不以已将该作为商标的外观设计使用在商品或服务上用于识别商品或服务的来源为前提，更无须要求商标通过使用已经产生了一定影响。这反映出依据《专利法》保护未注册商标时，受保护的仍是未注册商标的商标标志，而非本书研究的未注册商标法益。

## 本章小结

通过系统梳理我国未注册商标法益现状可得，在《商标法》上：首先，与驰名未注册商标严格的认定标准相对应，我国驰名未注册商标具有最为全面的未注册商标法益，该法益不仅可以在商标授权确权阶段阻止他人在相同或类似的商品或服务上注册可能与驰名未注册商标产生混淆的标志，还可以在商标侵权阶段制止他人针对驰名未注册商标实施的混淆性使用行为。其次，对于在先使用并具有一定影响的未注册商标，在商标授权确权阶段，只有他人采取"不正当手段"抢注时，未注册商标所有人才享有制止他人抢注的异议权与无效宣告请求权。除此之外，在先使用并具有一定影响的未注册商标在在后商标获得注册后，还享有在一定范围内继续使用未注册商标的先用抗辩权，不过这种先用抗辩权要受到权利转移、使用范围、附加适当区别标志等限制。最后，普通未注册商标虽然已具有"商标性使用"的事实要件，但由于尚未达到具有"一定影响"的程度，因此在我国现有商标法律框架中所拥有的法益十分有限，仅在涉及代理人、代表人等关系人抢注这种不对未注册商标的知名度和影响力作出限制性要求的情况下，才能获得一定程度的保护。我国《反不正当竞争法》实质上在保护知识产权法保护不到的、应受法律保护的知识产权法益，是对知识产权法的重要补充。延伸至未注册商标保护领域，《反不正当竞争法》上的仿冒禁止法益是我国未注册商标法益的重要组成部分。在《反不正当竞争法》上，享有仿冒禁止法益的是有一定影响的未注册商标，仿冒禁止法益所能制止的是与未注册商标所有人存在竞争关系的主体实施的，在相同或类似的商品或服务上使用与有一定影响的未注册商标相同或近似的标志，可能引起混淆的行为。以上是我国未注册商标法益的主要内容，在保护我国未注册商标、遏制恶意抢注行为等方面发挥着重要的作用，在我国注册取得商标权的基本模式下，降低了秉持绝对注册原则可能产生的一系列不利影响。

除上述《商标法》和《反不正当竞争法》外，我国民法上涉及民事权益的一般条款可作为未注册商标法益受保护的依据，但其因过于原则而难以成为未注册商标所有人的请求权基础。《著作权法》和《专利法》虽在一定条件下能够起到保护未注册商标的作用，间接维护未注册商标所有人的未注册商标法益，但对未注册商标的保护机理与《商标法》和《反不正当竞争法》完全不同，其保护的对象并非本书研究的未注册商标经使用产生的法益，因此，本书仅在本章对我国民法上未注册商标法益以及《著作权法》和《专利法》对未注册商标的保护进行简单介绍，在下文的研究中，仍主要分析《商标法》和《反不正当竞争法》上的未注册商标法益。

# 第四章　深入检视：我国法律对未注册商标法益规定之瑕疵解析

我国商标法律制度上的未注册商标法益，经历了一个从缺失到建立、发展并逐步完善的过程。通过上述分析可得，未注册商标在我国已经涉及《商标法》《反不正当竞争法》等法律上的多个条文，具有以《商标法》上未注册商标法益和《反不正当竞争法》上未注册商标法益为主的法益内容，这是我国商标法律制度的进步所在。但是，细查现有制度会发现，我国在未注册商标法益设置上仍存在一些问题，这些问题如若得不到有效解决，将影响现有与未注册商标法益相关的法律制度的制度功能的有效发挥和制度目的的充分实现。鉴于此，有必要从我国未注册商标法益的具体规定出发，深入检视我国法律中有关未注册商标法益规定的现存问题。在这一过程中，除需要讨论我国未注册商标法益一般性的制度缺陷外，还需要深入分析我国未注册商标法益设置的关键问题。只有明确了上述内容，才能为完善我国未注册商标法益制度提出有针对性的建议，通过制度设计最大限度地发挥设置与保护未注册商标法益所能带来的积极效用。

## 第一节　我国未注册商标法益相关的制度缺陷

### 一、对未注册商标法益保护整体稍显不足

笔者并非基于我国在保护未注册商标法益与保护注册商标权存在的程度上的差别，认为我国对未注册商标法益保护整体不足，而是以未注册商标法益应受保护的程度为基础，认为现有规定不足以满足保护未注册商标法益的需求。

长期以来，我国一直存在商标制度即为注册商标制度的认识，即使在《商标法》中有涉及未注册商标的规定，也是为了处理与注册商标的关系或履行国际公约而设立，这反映出我国对未注册商标的保护一直心存疑虑，担心保护未注册商标会导致注册商标的效力和价值被削弱。[①] 这种观念反映出商标立法使我国商标法律制度对未注册商标法益保护整体不足。一方面，我国对普通未注册商标法益保护稍显不足。目前，普通未注册商标在我国仅能依靠《商标法》第15条有关代理人、代表人等关系人抢注的规定寻求保护，这意味着大部分的普通未注册商标是难以获得有效保护的。普通未注册商标虽然尚未达到具有"一定影响"的程度，但已通过使用具有了应受法律保护的利益，在面对恶意抢注时，现有法律规定不应任由他人抢占未注册商标所有人的未注册商标法益。我国对普通未

---

[①] 参见刘丽娟：《确立反假冒为商标保护的第二支柱——〈反不正当竞争法〉第6条之目的解析》，载《知识产权》2018年第2期。

注册商标保护不足的问题已经在学界受到关注，如孙山教授认为，我国对于普通未注册商标，特别是对普通未注册商标在商业活动中的使用关注不足，现有《商标法》有关普通未注册商标保护的规定非常少，仅在有限情形下才对普通未注册商标提供保护，不足以应对日益猖獗的侵权行为，明显不符合现实需求。[①] 张玉敏教授认为，在规定普通未注册商标时，强调特殊关系的存在，实质上是将无特定关系而知道他人商标的抢注行为排除在外，在一程度上模糊了立法目的，导致对应当赋予在先使用的普通未注册商标异议权和撤销权的情况概括不全。[②] 另一方面，在商标侵权阶段，我国驰名未注册商标反淡化保护缺失。在我国，无论是《商标法》还是《反不正当竞争法》均未规定驰名未注册商标反淡化保护的内容。对驰名商标进行反淡化保护是为了防止他人在与驰名商标不相类似的商品或服务上使用与驰名商标相同或近似的标识，误导公众，致使驰名商标被弱化或丑化。驰名商标反淡化的需求与商标是否注册无关，我国在驰名未注册商标反淡化保护上的缺失，将不能有效保护我国驰名未注册商标法益。

## 二、未注册商标法益制度本身存在模糊、不协调和引发争议的部分

我国目前涉及未注册商标的法律条款是在历次修法中逐步加入的，在构建未注册商标法益基本制度时并未基于统一的设计和系统

---

① 参见孙山：《未注册商标法律保护的逻辑基础与规范设计》，载《甘肃政法学院学报》2015 年第 2 期。

② 参见张玉敏：《论使用在商标制度构建中的作用——写在商标法第三次修改之际》，载《知识产权》2011 年第 9 期。

的规划，因而相关制度存在模糊、不协调和引发争议的部分。

首先，我国现有未注册商标法益制度存在模糊不清的部分。从前文对我国《商标法》上的未注册商标法益以及《反不正当竞争法》上的未注册商标法益的分析过程就可看出，我国有关未注册商标具有"一定影响"的认定、《商标法》第32条前半段的"在先权利"与未注册商标间的关系等问题尚不清晰。这在司法实践中引发了一些具体认定上的争议，例如在"富士"商标纠纷案中，在认定"富士"商标是否经过使用具有了当时2001年《商标法》第31条所规定的"一定影响"时，商标评审委员会认定"富士"商标在争议商标申请日前未达一定影响，① 在佛山富士公司不服裁定向北京知识产权法院提起诉讼后，北京知识产权法院推翻了商标评审委员会的观点，认为"富士"商标构成他人已经使用并有一定影响的未注册商标，② 但在随后的上诉案中，北京知识产权法院又作出了与一审结论相反的认定，认为在案证据不足以证明"富士"商标具有较高的知名度，③ 即在一个案件中认定未注册商标是否具有一定影响时得出的结论反复变化。此外，《商标法》对未注册商标的规定过于简单。例如：《商标法》第13条关于驰名未注册商标虽规定了混淆可能性要件，但并未明确商品或服务的类别要件；《商标法》第32条关于在先使用并具有一定影响的未注册商标，仅规定了不得以不正当手段抢注，并未规定商品或服务的类别要件和混淆可能性要件；《商标法》第59条关于商标先用权并未规定在先使用人的善

---

① 参见商评字［2016］第37667号《关于第5096222号"富士FUSHI"商标无效宣告请求裁定书》。
② 参见北京知识产权法院（2016）京73行初3037号行政判决书。
③ 参见北京市高级人民法院（2018）京行终5348号行政判决书。

意要件。如若不对上述要件予以完善，不免会引发一些具体适用的争议，且不能对经营者的行为作出明确的指引。

其次，我国现有未注册商标法益制度存在规则间不协调的部分。例如，我国《商标法》的第 32 条后半段与第 59 条第 3 款均通过适当保护"商标使用"的客观效果克服商标注册体制所可能附带的商标不当抢注、商标囤积等消极影响，无论是对抗商标抢注还是成立商标先用权，均具有立法目的的一致性，但立法在设置对抗商标抢注的构成要件时额外附加了"不正当手段"的要件。① 又如，在规制抢注未注册商标的各种情形时，《商标法》第 13 条关联的法律后果是"不予注册并禁止使用"；《商标法》第 15 条关联的法律后果既有"不予注册并禁止使用"又有"不予注册"；《商标法》第 32 条关联的法律后果仅为"不予注册"，现有规定在同类构成要件的基础上却关联了不同的法律后果。

最后，我国现有未注册商标法益制度存在引发争议的部分。以在先使用并具有一定影响的未注册商标为例，我国《商标法》第 32 条同时规定了"不正当手段"（恶意）与"一定影响"的要件，模糊了在先使用并具有一定影响的未注册商标在制止抢注时的真正基础，这使在司法实践中出现了以申请人的恶意替代"一定影响"要件的情况。例如在"老风口"商标案中，"老风口"商标的知名度并不高，但因商标申请人明知异议人在先使用商标，商标局仍旧依据当时《商标法》第 32 条不予核准异议商标的注册。② 除此之外，

---

① 参见刘铁光：《〈商标法〉中"商标使用"制度体系的解释、检讨与改造》，载《法学》2017 年第 5 期。

② 参见汪泽：《对"在先使用并有一定影响的商标"的保护——适用〈商标法〉第三十一条典型商标异议案点评》，载《中华商标》2007 年第 11 期。

目前我国学界对《商标法》的第32条后半段与第59条第3款的关系存在认识上的争议，这些争议往往外化为对《商标法》的第32条后半段与第59条第3款中"一定影响"判断标准的不同认识。有观点认为，《商标法》的第32条后半段与第59条第3款是退而求其次的关系，未注册商标所有人如若未在法定期限内提出宣告无效的请求，或者在先使用未注册商标的知名度未达《商标法》第32条后半段的要求，则可利用《商标法》第59条第3款行使先用权抗辩。① 因此，我国《商标法》第59条第3款中"有一定影响"的标准应当低于《商标法》第32条后半段中"有一定影响"的要求。② 同时，存在不同观点认为，《商标法》的第32条后半段与第59条第3款具有相同的性质与功能，后者是对前者的补充与发展，③ 两者是对具有"一定影响"的未注册商标从不同程序的保护的规定，不应因《商标法》第32条是对抗抢注而《商标法》第59条是在原有范围内继续使用，两者法律效力不同而对"一定影响"作不同理解。④

### 三、《商标法》与《反不正当竞争法》在未注册商标法益设置上界限不明

"知识产权专门制度在知识产品保护方面的包含不足、司法领

---

① 参见程德理：《在先使用商标的"有一定影响"认定研究》，载《知识产权》2018年第11期。

② 参见程德理：《在先使用商标的"有一定影响"认定研究》，载《知识产权》2018年第11期；郑敏渝：《德国未注册商标的保护制度及其对我国的启示》，载《电子知识产权》2020年第7期；张鹏：《〈商标法〉第59条第3款"在先商标的继续使用抗辩"评注》，载《知识产权》2019年第9期。

③ 参见王太平：《我国未注册商标保护制度的体系化解释》，载《法学》2018年第8期。

④ 参见孔祥俊、夏君丽、周云川：《〈关于审理商标授权确权行政案件若干问题的意见〉的理解与适用》，载《人民司法》2010年第11期。

| 第四章　深入检视：我国法律对未注册商标法益规定之瑕疵解析 |

域加强知识产权保护理念的出现为发挥《反不正当竞争法》的功能提供了现实基础"[①]，在未注册商标保护方面，我国目前形成了以《商标法》为主，以《反不正当竞争法》为补充的基本模式。目前来看，两法在保护未注册商标时存在界限不明的问题：一方面，《商标法》和《反不正当竞争法》在涉及未注册商标法益的法律规范上存在重叠，例如，对于他人擅自使用未注册驰名商标，容易导致混淆的行为，我国《商标法》第 13 条第 1 款和《反不正当竞争法》第 6 条第 1 项均有"禁止使用"的规定。另一方面，《商标法》和《反不正当竞争法》在涉及未注册商标的法律规范上存在相互冲突的地方，例如，《商标法》第 59 条第 3 款赋予在先未注册商标的权利是一种消极的抗辩权，这意味着在先未注册商标需要避让在后的注册商标，而《反不正当竞争法》第 6 条赋予在先未注册商标一种积极的禁止权，依据此条，在后的注册商标需要避让在先的未注册商标，这样一来，当在先未注册商标与在后注册商标存在冲突时，适用《商标法》第 59 条第 3 款和《反不正当竞争法》第 6 条会产生截然不同的结果。[②]

我国《反不正当竞争法》在补充保护未注册商标上确实发挥着重要的作用，但如若《反不正当竞争法》对《商标法》的补充程度不明、与《商标法》的界限不清，将不仅不能有效回应商业实践中未注册商标的保护需求，而且可能破坏《商标法》中以商标注册为基础建立起的制度平衡。[③]

---

[①] 杨红军：《反不正当竞争法过度介入知识产品保护的问题及对策》，载《武汉大学学报（哲学社会科学版）》2018 年第 4 期。

[②] 参见王太平：《我国普通未注册商标与注册商标冲突之处理》，载《知识产权》2020 年第 6 期。

[③] 参见黄汇：《论〈反不正当竞争法〉对未注册商标的保护——兼论〈反不正当竞争法〉与〈商标法〉的体系协调》，载《法商研究》2024 年第 5 期。

## 第二节 我国未注册商标法益设置的关键问题

在商标授权确权阶段，阻止他人不当抢注是保护未注册商标的根本手段，是我国未注册商标法益的主要内容。在设置未注册商标阻却在后商标注册的要件时，我国未注册商标法益的关键问题表现为未注册商标法益保护与恶意注册的法律规制的混同。且我国未注册商标法益问题的症结是未注册商标不具有独立的法律地位。

### 一、混乱表象："未注册商标法益保护"与"恶意注册的法律规制"混同

#### （一）"未注册商标法益保护"与"恶意注册的法律规制"的混同表现

我国《商标法》第 4 条第 1 款第 2 句规定，"不以使用为目的的恶意商标注册申请，应当予以驳回"，《商标法》第 45 条第 1 款第 2 句规定，"对恶意注册的，驰名商标所有人不受五年的时间限制"，由上述规定可知，"恶意注册"已经是我国《商标法》中明确规定的法律概念。有学者从主观、客观两个方面出发，将"恶意注册"界定为一种主观上"明知"或"不正当目的"，客观上违背诚实的商业道德和行业惯例的行为。[①] 还有学者从恶意注册与诚实信

---

[①] 参见孙明娟：《恶意注册的概念、类型化及其应用》，载《中华商标》2018 年第 3 期。

用原则的关系出发，认为恶意注册是违反诚实信用原则的不正当的商标申请注册行为。①

我国《商标法》规制的恶意注册行为包括两类：一是基于绝对理由的恶意注册行为；二是基于相对理由的恶意注册行为。② 基于绝对理由的恶意注册行为中，具有代表性的是我国于 2019 年修改《商标法》时增加的不以使用为目的的商标囤积行为，对于此类恶意注册行为，商标局需主动审查是否存在这种不予注册的情形，其他单位或个人均可以请求宣告该注册商标无效且不受 5 年期限的限制。基于相对理由的恶意注册行为包括：（1）《商标法》第 13 条第 2 款和第 3 款规定的，在相同或类似的商品或服务上抢注他人驰名未注册商标或驰名注册商标以及在不相同或非类似的商品或服务上抢注他人驰名注册商标的行为；（2）《商标法》第 15 条规定的关系人抢注他人未注册商标的行为；（3）《商标法》第 32 条前半段规定的损害他人在先权利的行为；（4）《商标法》第 32 条后半段规定的以不正当手段抢注他人已经使用并有一定影响的商标的行为，等等。对于基于相对理由的恶意注册行为，除了明显损害他人在先权益的，商标局难以主动审查是否存在恶意注册，仅在先权利人或者利害关系人可以请求宣告该恶意注册的商标无效。③

由上述对基于相对理由的恶意注册行为的列举可知，我国《商标法》有关未注册商标法益保护的全部内容，几乎被囊括在规制商

---

① 参见董慧娟、贺朗：《新"商标法"背景下恶意注册之类型化及规制——以商标审查程序为重点》，载《电子知识产权》2020 年第 6 期。
② 参见董慧娟、贺朗：《新"商标法"背景下恶意注册之类型化及规制——以商标审查程序为重点》，载《电子知识产权》2020 年第 6 期。
③ 参见《商标法》第 45 条。

标恶意注册的法律规定中。[①] 虽然恶意注册还存在其他分类标准，但可以肯定的是，多数学者在我国恶意注册的基本类型包含着《商标法》第 13 条、第 15 条、第 32 条有关未注册商标法益保护内容的观点上意见一致。[②] 2017 年，北京知识产权法院公布的恶意注册的典型案例中就包括抢注驰名商标类案件、抢注代理人或代表人商标类案件等。[③] 上述情况的产生与我国《商标法》有关未注册商标的具体规定和司法实践中涉及未注册商标保护的一些做法密切相关，下文将逐条分析：

第一，2019 年《商标法》第 13 条第 2 款是对驰名未注册商标的规定。单从法律规定的内容看，驰名未注册商标所有人阻却他人抢注或制止他人使用似乎并不需要相对人"恶意"的要件，但深入分析会发现事实并非如此。首先，从法条的用语看，该款规定使用了"复制、摹仿或者翻译"的表述而未用"商标相同或近似"，从表述中就暗含了相对人已知驰名未注册商标的存在，又进行了相应的注册行为；[④] 其次，最高人民法院指出，人民法院在判断商标申请人是否恶意注册他人驰名商标时，如若引证商标知名度高，诉争申请人没有正当理由，法院可推定为恶意注册。[⑤] 质言之，我国

---

[①] 虽然我国《商标法》第 59 条规定了在先使用并具有一定影响的未注册商标的先用权，但其仅是消极的使用权，与《商标法》第 13 条、第 15 条、第 32 条规定的对未注册商标法益的保护手段（能够积极主张的：阻却他人抢注或禁止使用）不同，因此，此处并未将其列入。

[②] 参见王国柱：《论商标故意侵权的体系化规制》，载《东方法学》2020 年第 5 期；刘自钦：《论我国商标注册诚信原则运用机制的改进》，载《知识产权》2016 年第 11 期，等等。

[③] 参见《北京知识产权法院规制商标恶意注册并公布典型案例》，载《中华商标》2017 年第 5 期。

[④] 参见钟鸣、陈锦川：《制止恶意抢注的商标法规范体系及其适用》，载《法律适用》2012 年第 10 期。

[⑤] 参见 2020 年《最高人民法院关于审理商标授权确权行政案件若干问题的规定》第 25 条。

《商标法》在规制抢注驰名未注册商标的行为时,仍立足于相对人的恶意之上,只是采取推定恶意,降低了恶意的证明门槛。这一点在司法实践中有所体现,在赛神炉机械厂与复旦大学"复旦阳光"商标案中,北京知识产权法院指出,在引证商标已被相关公众广为知晓的情况下,应推定赛神炉机械厂明知该商标的存在,此时,赛神炉机械厂仍将"复旦"作为商标的显著识别部分,不能排除赛神炉机械厂在主观上具有"搭便车"的故意。① 可以看出,北京知识产权法院正是通过恶意推定,认定了赛神炉机械厂的主观恶意。

第二,2019 年《商标法》第 15 条是与代理人、代表人等关系人相关的未注册商标的规定。《商标法》第 15 条第 1 款在规定代理人或代表人抢注时,既未规定代理人或代表人的主观恶意要件,又未规定对未注册商标使用与知名度的客观要求。这样规定是因为在代理关系和代表关系下,代理人和代表人的恶意是显然的,② 同时,在主要通过未注册商标所有人与相对人之间的关系来认定"恶意"的情况下,未注册商标的使用情况与知名度就不再是关键要素。我国于 2013 年修改《商标法》时增加了第 15 条第 2 款,将代理关系和代表关系扩大到"合同、业务往来关系或者其他关系",并进一步明确了相对人"明知"的主观条件和未注册商标"在先使用"的客观条件,至此,"特殊关系+明知"就构成了代理人、代表人以外的特殊关系人抢注未注册商标的"恶意"的认定标准。

---

① 参见北京知识产权法院(2016)京 73 行初 334 号行政判决书。
② 参见王太平:《我国未注册商标保护制度的体系化解释》,载《法学》2018 年第 8 期。

第三，2019年《商标法》第32条后半段是对他人在先使用并具有一定影响的未注册商标的规定。对于此条后半段的规定，原国家工商行政管理总局商标局、原国家工商行政管理总局商标评审委员会编著的《商标法理解与适用》中指出，"以不正当手段抢先注册"关涉的是损害特定权利人权益的不当注册行为，即通常所说的申请人在申请注册时具有恶意。此外，北京市高级人民法院知识产权审判庭编著的《商标授权确权的司法审查》中指出，申请商标注册不得以不正当手段抢先注册他人已经使用并有一定影响的商标，其中"不正当手段"和"抢先"体现了诉争商标申请人的恶意。由此可得，《商标法》第32条后半段对有一定影响的未注册商标的规定，规制的是具有"恶意"的抢注行为。

综上，在我国，当未注册商标所有人面对他人的抢注行为时，相对人的"恶意"是未注册商标法益受保护的前提，即"未注册商标法益保护"与"恶意注册的法律规制"混同在一起。存在这种现象的原因是多方面的，其中，我国《商标法》的立法沿革是重要原因之一。2019年《商标法》中有关未注册商标法益保护的内容，从驰名未注册商标的规定、被代理人和被代表人未注册商标的规定到在先使用并具有一定影响未注册商标的规定，均是2001年我国《商标法》修改时，将1993年《商标法实施细则》第25条纳入2001年《商标法》才正式上升为法律规定的。在1993年《商标法实施细则》中，上述侵犯未注册商标法益的行为被规定在"以欺骗手段或者其他不正当手段取得注册的行为"项下，意在制止恶意的商标注册行为，因此，在具体认定时，相对人的主观恶意是重要前提。随后，在历次《商标法》修改中，上述规定虽在逐步完善，但都未脱离最初法律规定的惩罚恶意的立法意旨。

(二)"未注册商标法益保护"与"恶意注册的法律规制"混同的不利影响

1. 未注册商标法益规则体系整体目的不明

在我国"未注册商标法益保护"与"恶意注册的法律规制"混同的现状下,整个未注册商标法益规则体系的法律目的陷入一种模糊不清的状态。在这个规则体系中,现有规定既关注相对人的主观恶意,又关注未注册商标的客观影响力(如要求未注册商标具有一定影响),使人难以区分该体系的目的是在于"惩罚相对人恶意"还是在于"保护未注册商标法益"。在"惩罚相对人恶意"的目的下,受关注的是相对人申请注册的行为是否违背诚实信用原则,是否破坏了商标权取得的正当秩序;在"保护未注册商标法益"的目的下,受关注的是未注册商标法益存在与否,以及如何在现有注册制度下对未注册商标法益进行有效保护,二者存在本质的差别。

在《商标法》领域,"惩罚相对人恶意"与"保护未注册商标法益"均有独立的正当性基础。一方面,惩罚相对人恶意的法理基础是诚实信用原则,在诚实信用原则的指导下,"恶意申请行为与民法领域的其他恶意行为并无本质差异,法律调整的规则应一体遵守——直接否定其合法性"[①];另一方面,对未注册商标法益的保护是基于对商标使用人付出的商标性使用劳动及未注册商标上承载的符号价值的保护,符合先占理论与正义理论的法理基础,与相对人主观上是否具有恶意无关。

如若不加区分地将"惩罚相对人恶意"的目的与"保护未注册

---

① 何震、杜健:《在先使用未注册商标的司法保护》,载《人民司法》2013年第17期。

商标法益"的目的混合在一个规则体系中,则会产生两个方面的不利影响:第一,在"惩罚相对人恶意"的目的下,相对人满足具有恶意的条件时,还需要进一步考量未注册商标的影响力条件,进而抬高了构成恶意注册的法律门槛,缩小了恶意注册的规制范围;第二,在"保护未注册商标法益"的目的下,即使未注册商标使用者能够证明自身未注册商标法益的存在,也还需进一步证明相对人的恶意,才能使未注册商标获得保护,这为未注册商标所有人行使异议权与撤销权制造了障碍。质言之,在目的混同的情况下,"惩罚相对人恶意"与"保护未注册商标法益"的目的均丧失了自身独立的价值地位,两项目的均难以实现。

2. 恶意侵占未注册商标法益的认定与法律后果不匹配

恶意侵占未注册商标法益指的是通过恶意抢注他人未注册商标并侵占他人未注册商标法益的情形。恶意侵占未注册商标法益的认定与法律后果不匹配表现为,认定恶意侵占未注册商标法益时,在"恶意"的判断上采用较高的判断标准,而在设置恶意抢注的法律后果时,对抢注人"制裁"力度过轻。

(1) 对恶意侵占未注册商标法益的认定

有关"恶意"的判断,有学者认为,"恶意抢注,是指行为人明知或应知是受他人在先民事权益保护的对象,仍将之作为商标提出注册申请的行为"[1],即"恶意"指行为人明知或应知的主观状态。还有学者认为,《商标法》中的"恶意",在"故意"即"知道他人合法权益的存在而仍进行侵害"的基础上,还存在其他的额

---

[1] 钟鸣、陈锦川:《制止恶意抢注的商标法规范体系及其适用》,载《法律适用》2012年第10期。

外恶性。① 虽然我国《商标法》未就"恶意"的内涵与判断标准作出明确的规定或指引，但从目前的法律实践可以推知，仅"明知或应知"未注册商标存在并不足以构成恶意抢注中的"恶意"。

我国 2017 年 3 月 1 日起施行的《最高人民法院关于审理商标授权确权行政案件若干问题的规定》中规定，"如果在先使用商标已经有一定影响，而商标申请人明知或者应知该商标，即可推定其构成'以不正当手段抢先注册'，但商标申请人举证证明其没有利用在先使用商标商誉的恶意的除外"，从中可以看出，对于他人的恶意注册行为，相对人除了"明知或应知"未注册商标外，还应具有利用他人商誉的主观恶意。司法实践中，北京鸭王烤鸭店有限公司与上海淮海鸭王烤鸭店有限公司"鸭王"商标纠纷案就体现了这一点。最高人民法院在分析该案的核心问题时虽认为，"通常情况下，如果在先使用商标已经具有一定影响，而在后商标申请人明知或应知该商标而将其申请注册，即可推定其具有占用他人商标声誉的意图"，但在陈述上海淮海鸭王烤鸭店有限公司申请注册被异议"鸭王"商标并不构成"不正当手段抢先注册"的具体理由时，最高人民法院并未从上海淮海鸭王烤鸭店有限公司主观上是否"明知或应知"北京鸭王烤鸭店有限公司入手，而是强调上海淮海鸭王烤鸭店有限公司申请注册被异议商标并在上海开展相关经营活动，主观上并无借用北京鸭王烤鸭店有限公司商誉的意图，最终认为上海淮海鸭王烤鸭店有限公司不构成"不正当手段抢先注册"。同时，最高人民法院在驳回北京鸭王烤鸭店有限公司的再审申请时指出，原一、二审判决未考虑被异议商标的申请注册是否有侵占在先使用商

---

① 参见孔祥俊：《论非使用性恶意商标注册的法律规制——事实与价值的二元构造分析》，载《比较法研究》2020 年第 2 期。

标声誉的恶意,适用法律不当。① 从以上分析可以看出,在司法实践中,在判断申请人的"恶意"时,除"明知或应知"要素外,还考察申请人是否有"侵占在先使用商标声誉的恶意"。

(2) 恶意侵占未注册商标法益的法律后果

依据我国《商标法》的规定,恶意侵占未注册商标法益的法律后果如下:①恶意抢注驰名未注册商标对应"不予注册并禁止使用";②代理人或代表人的恶意抢注对应"不予注册并禁止使用";③合同、业务往来关系或其他关系人的恶意抢注对应"不予注册";④恶意抢注他人已经使用并有一定影响的未注册商标对应"不予注册"。可以看到,除占据少数情况的恶意抢注驰名未注册商标和代理人或代表人的恶意抢注外,我国《商标法》为恶意抢注未注册商标规定的法律后果局限于"不予注册"。《商标法》第 68 条虽然还规定了商标代理机构存在恶意注册行为时,应承担相应的民事责任、行政处罚等,但并未规定其他恶意注册人所应该承担的法律责任。对于商标代理机构以外的恶意注册人,即使被未注册商标所有人维权成功,也仅无法取得注册商标,并不需要赔偿因恶意抢注给未注册商标所有人带来的损失。

从整体看,我国对于恶意侵犯未注册商标法益行为的"制裁"力度过轻。存在上述问题的原因在于,我国现有法律规定在设置恶意抢注未注册商标的法律后果时,将未注册商标的法益属性以及《商标法》对未注册商标的弱保护作为重要的考量因素。如有学者指出,在修正恶意抢注法律后果时,应考虑《商标法》优先保护注册商标的应有姿态,对于仅通过使用产生但未经获权意义理性批判

---

① 参见最高人民法院(2012)知行字第 9 号行政裁定书。

的未注册商标,只能通过提供"不予注册"请求权的方式进行有限保护,且未注册商标权益本质上不是财产权,《商标法》在设定权利义务时应"厌恶"未注册商标。① 这种观点实质上忽视了在讨论恶意抢注的法律后果之前,《商标法》已经基于未注册商标的法益属性设置了抢注人"恶意"的限制条件。这样一来,《商标法》对未注册商标法益的保护,既在设置保护条件时将抢注人的主观状态拔高为"恶意",又在设置法律后果时因未注册商标的法益属性而降低保护程度,一升一降从整体上过度降低了对未注册商标法益的保护力度。

综上,我国"未注册商标法益保护"与"恶意注册的法律规制"混同后,在"恶意"的判断上,现有法律规定与司法实践采用了严格的标准,即"明知或应知+具有侵占在先使用商标声誉的恶意",然而在为恶意侵占未注册商标法益的行为匹配法律后果时,却又因过多考量未注册商标的法益属性以及注册取得商标权制度的根本地位,仅设置了"不予注册"或"禁止使用"的法律后果,缺乏对恶意抢注人损害赔偿责任的规定。这样一来,我国在规制恶意侵占未注册商标法益的行为时,施加给恶意抢注人的违法成本过低,但抢注人抢注成功后可以获得可观的不正当利益,因此现有设计非但不能通过威慑恶意抢注人达到遏制商标恶意注册的效果,反而在一定程度上刺激了恶意抢注行为的发生。此外,在面对恶意抢注时,未注册商标所有人可能面临为主张权利支付的诉讼费、抢注

---

① 参见戴文骐:《认真对待商标权:恶意抢注商标行为规制体系的修正》,载《知识产权》2019 年第 7 期。

人使用商标导致的收入减损、市场机会丧失等经济损失,① 现有法律设计并不能为商标所有人的经济损失提供充分的救济。

**二、症结所在:未注册商标不具有独立的法律地位**

"未注册商标法益保护"与"恶意注册的法律规制"混同是我国未注册商标法益的混乱表象,而我国未注册商标不具有独立的法律地位才是真正的症结所在。

**(一)未注册商标不具有独立法律地位的表现**

首先,未注册商标法益不具有独立的法律地位。从表面看,《商标法》第13条对驰名未注册商标的规定、《商标法》第32条对在先使用并具有一定影响的未注册商标的规定和《商标法》第15条对关系人未注册商标的规定,以未注册商标的商誉为标准,按照"驰名"—"一定影响"—"无商誉要求"的梯度规定了未注册商标法益保护的相关内容,但是细查就会发现,未注册商标商誉的有无或高低并没有独立的存在价值。上述商誉的划分梯度"只是为了揭示不同情境下'知晓'的认定渠道,实际为主观恶意客观化的不同方式"②,即借助未注册商标驰名的事实认定知晓、借助无特殊关系未注册商标的影响范围认定知晓、借助特殊关系认定知晓。质言之,未注册商标商誉的划分旨在服务对相对人主观知悉的判断。

其次,不承认未注册商标法益受保护的独立性。整个《商标

---

① 参见王明科、丁碧波:《侵权法视域下商标被抢注人的权益保护》,载《齐齐哈尔大学学报(哲学社会科学版)》2019年第6期。

② 戴文骐:《认真对待商标权:恶意抢注商标行为规制体系的修正》,载《知识产权》2019年第7期。

法》在保护未注册商标时，除了在规定未注册商标先用权这一消极抗辩权时未依托除未注册商标法益以外的因素，其他保护未注册商标的规定，依托"驰名"因素、"代理、代表等特殊关系"因素、"不正当手段"因素，未承认未注册商标法益可受保护的独立性。

最后，《反不正当竞争法》未提及未注册商标的概念。虽然无论是学术研究还是司法实践均将《反不正当竞争法》对"有一定影响的商品名称、包装、装潢"的保护视为对未注册商标的保护，但是已经建立了一定商誉的未注册商标未必都是有一定影响的商品的名称、包装和装潢，二者不是全等关系。[①] 不直接提出未注册商标这一概念，传递出的是社会上对未注册商标是否应受法律保护仍然存在模糊认识，[②] 不能体现未注册商标独立的法律地位。

## （二）我国商标法律制度的应有定位与未注册商标的独立性的关系

未注册商标在我国不具有独立的法律地位，这体现的是我国商标法律制度尚未真正接纳未注册商标，尚在是否保护未注册商标法益之间摇摆不定，而这与我国《商标法》以商标注册制度为基石不无关系。我国《商标法》的所有制度几乎围绕商标注册展开或为商标注册服务。在此背景下，保护未注册商标法益往往会引发担忧，即是否会使经营者不再积极地进行商标注册。本书认为，《商标法》可以通过加强对注册商标的保护力度激励市场主体积极进行商标注册，但不能通过降低对未注册商标法益的保护力度或不保护未注册

---

[①] 参见孙山：《未注册商标法律保护的逻辑基础与规范设计》，载《甘肃政法学院学报》2015年第2期。
[②] 参见刘国栋：《对未注册商标的法律保护》，载《中华商标》2006年第10期。

商标法益以逼迫市场主体进行商标注册,这种做法是充当权利人的监护人的表现。"片面强调注册的程序价值的根源是部门立法所导致的对《商标法》之'商标管理之法'的定性。"[①] 一个国家的商标注册程序如何设计,起决定性作用的是立法政策与立法者的法治理念,如若立法者从内心就不愿承认商标权是私权,不尊重权利人的意思自治,那么追求效率与公平统一的改革目标就不可能实现。[②] 因此,商标立法应充分认可商标的财产属性,变"权利人的监护人"为"权利的服务者",变"商标管理之法"为"商标服务之法"。可喜的是,我国《商标法》的管理色彩越来越淡,例如,《商标法》通过修订逐步弱化对消费者保护的规定,如 2013 年《商标法》修改删除了 2001 年《商标法》第 45 条和第 48 条对使用注册商标与未注册商标的商品质量管理的规定,这意味着我国《商标法》正在回归商标权的私权本位,对商标所有人利益的保护正在成为商标法立法宗旨的重心。[③] 在此态势下,承认未注册商标的独立地位势在必行,且承认未注册商标的独立地位是我国商标法律制度作为"权利的服务者"和"商标服务之法"的应有之义。

(三) 承认未注册商标独立法律地位的本质

承认未注册商标的独立法律地位,实质上就是重视"商标使用"在我国商标法律框架中的重要意义。商标本质上是一种心理现

---

[①] 孙山:《未注册商标法律保护的逻辑基础与规范设计》,载《甘肃政法学院学报》2015 年第 2 期。

[②] 参见张玉敏:《商标注册与确权程序改革研究》,知识产权出版社 2016 年版,第 2 页。

[③] 参见王太平:《商标共存的法理逻辑与制度构造》,载《法律科学(西北政法大学学报)》2018 年第 3 期。

第四章 深入检视：我国法律对未注册商标法益规定之瑕疵解析

象，其功能和效率来源于人类依赖符号作出购买选择的倾向，在这其中，商标的显著性关注标志的表示性，而要想让标志真正成为商标，必须将标志作为符号的"商业磁性"传递给消费者，因此，令消费者感知商标、感受商标、品尝商标，是商标概念的精髓。① 而消费者感知商标、感受商标、品尝商标的途径依赖商标所有者的"商标使用"行为。此外，《商标法》之所以保护一个商标，是因为：从经营者角度，其可以利用商标标示自己商品或服务的来源；从消费者角度，其可以借助商标区别不同的生产者、经营者，这一过程中，注册程序的功能只是令商标产生对世效力，可以绝对地排他使用，② 商标使用才是商标的关键。

《商标法》对"商标使用"的重视应体现在两个方面：一是刺激注册商标的实际使用；二是尊重未注册商标独立的法律地位，保护因使用产生的未注册商标法益。目前，我国《商标法》的现有规定已从多个方面努力令注册与使用相连接，例如：将"不以使用为目的的恶意商标注册申请"作为驳回商标注册申请的理由；规定未实际使用商标的注册商标专用权人，在不能证明因侵权行为受到的其他损失的情况下，无法获得损害赔偿；规定无正当理由连续3年不使用注册商标，任何单位或个人可申请撤销该商标等。上述规定的思路在于通过对注册商标提出"使用"的要求，促使已注册的商标成为真正在市场上，在商业活动中发挥识别功能的商标。但我国《商标法》对于未注册商标法益的规定仍有欠缺。在利用各种方式

---

① See Uli Widmaier, *Use, Liability, and the Structure of Trademark Law*, Hofstra L. Rev, Vol. 33：2, p. 603 – 710（2004）.
② 参见孙山：《未注册商标法律保护的逻辑基础与规范设计》，载《甘肃政法学院学报》2015年第2期。

使注册商标投入实际使用的同时，也应关注已经实际投入使用并通过使用建立起商誉的未注册商标。合理调整与保护未注册商标法益，既是承认未注册商标独立地位的必然要求，又是重视商标使用在商标法律框架中重要意义的实质表现。

## 本 章 小 结

虽然我国的未注册商标法益已初具体系，但相关法律制度仍有待完善。首先，我国对未注册商标法益保护整体稍显不足，这种不足不仅表现为依据现有法律规定，普通未注册商标难以获得有效保护，还表现为现有法律规定缺少在商标侵权阶段对驰名未注册商标进行反淡化保护的内容。其次，由于我国在构建未注册商标法益基本制度时并未基于统一的设计和系统的规划，因而现有未注册商标法益制度本身存在模糊、不协调和引发争议的部分。最后，我国《商标法》和《反不正当竞争法》涉及未注册商标的法律规范存在重叠和相互冲突的地方，这导致《商标法》与《反不正当竞争法》在未注册商标法益设置上界限不明。

除上述未注册商标法益的制度缺陷外，我国未注册商标法益设置还存在一个亟待解决的关键问题——"未注册商标法益保护"与"恶意注册的法律规制"混同。我国在规定未注册商标阻却在后商标注册的要件时，将商标注册申请人的主观"恶意"作为必备要件之一，这使我国《商标法》有关未注册商标法益保护的全部内容，几乎被囊括在规制商标恶意注册的法律规定中，即"未注册商标法

## 第四章 深入检视：我国法律对未注册商标法益规定之瑕疵解析

益保护"与"恶意注册的法律规制"混同在一起。"未注册商标法益保护"与"恶意注册的法律规制"的混同使我国未注册商标法益规则体系的法律目的在"保护未注册商标法益"与"惩罚相对人恶意"之间摇摆不定。由于"保护未注册商标法益"与"惩罚相对人恶意"均有其独立的正当性基础且对法律事实的关注点不同，将二者混合在一个规则体系中，会使二者均丧失了自身独立的价值地位，二者均难以实现。此外，在我国"未注册商标法益保护"与"恶意注册的法律规制"混同的情况下，我国在认定恶意侵占未注册商标法益时，在"恶意"的判断上采用较高的判断标准，在设置恶意抢注的法律后果时，却因考量未注册商标的法益属性以及《商标法》对未注册商标的弱保护而对抢注人"制裁"力度过轻，这使恶意侵占未注册商标法益的认定与法律后果不匹配。如果说"未注册商标法益保护"与"恶意注册的法律规制"混同是我国未注册商标法益设置关键问题的外在表象，则未注册商标在我国不具有独立的法律地位才是我国未注册商标法益设置关键问题的症结所在。承认未注册商标的独立法律地位是我国商标法律制度作为"权利的服务者"和"商标服务之法"的应有之义，其本质是对"商标使用"在商标法律框架中重要意义的重视，因而，在完善我国未注册商标法益法律制度时，在制度设计中体现未注册商标独立的法律地位是关键。

# 第五章　域外考察：有关国家未注册商标法益之实践经验

大部分国家在未注册商标保护上形成了各自独特的保护方式，其未注册商标法益的具体内容与本国的商标权取得模式密切相关。通过分析历史上和现今世界各国的商标法律制度，可归纳出五种类型的商标权取得模式：（1）纯注册制，即商标权仅通过注册产生，《商标法》几乎不对未注册商标作出保护（代表国家：1957—1982年新《商标法》颁布前的我国）。（2）纯使用制，即商标权仅通过使用产生（代表国家：19世纪的法国）。（3）使用为主，注册为辅的使用制，即使用可获得商标权，且使用是商标核准注册的必要条件（代表国家：美国）。（4）使用与注册并行制，即使用与注册均可以产生商标权（代表国家：德国）。（5）注册产生权利，使用产生法益的注册制，即只有注册能够产生商标权，但法律保护未注册商标法益（代表国家：现今的我国和日本）。纯注册制并不保护未注册商标，纯使用制忽视"注册"在现代商标法律制度中的重要意义，因而二者均缺乏参考价值。为此，本书选取采用使用为主，注册为辅的使用制的美国、采用使用与注册并行制的德国以及采用注册产生权利，使用产生法益的注册制的日本三个国家，分析其未注册商标的法益内容与效力，以求为我国未注册商标法益设置提供相应的启示与借鉴。

我国与美国和德国在商标权取得模式上具有较大差别。在美国和德国，部分使用但未注册的商标能够获得排他的商标权，而在我国未注册商标仅具有法益属性，但是，这并不意味着美国和德国的未注册商标法律制度于我国不具有参考价值。在保护未注册商标的目的上，美国和德国与我国一样均意在维护基于商标使用产生的应受法律保护的利益，避免未注册商标权益被不当地侵占与利用。此外，虽然美国和德国的未注册商标与我国的未注册商标具有不同的法律性质、法益内容、法益效力等，但美国和德国与我国对未注册商标的保护具有相同的法哲学与法理基础。日本和我国在商标权取得模式上基本一致，但日本在未注册商标法益设置的具体内容上与我国仍存在一定差异，筛选出两国差异并加以分析，对我国完善未注册商标法益设置具有重要意义。

## 第一节　德国未注册商标法益考察

在德国，未注册商标通过使用满足了《德国商标法》第4条规定的影响力标准时可以获得商标权，进而得到相对充分的法律保护。未能通过使用获得商标权的未注册商标可作为法益，在面对恶意注册时寻求《德国商标法》的保护，在面对不正当竞争行为时寻求《德国反不正当竞争法》的保护。

## 一、德国的商标权取得模式

德国是采用使用和注册均可取得商标权模式的国家,在此种商标权取得模式下,未注册商标可以通过使用获得商标权,且通过使用获得的商标权与通过注册获得的商标权在法律性质上相同。

德国建立起使用和注册均可取得商标权的制度模式并非一蹴而就,而是经历了一个发展的过程。最初德国与多数国家一样,在《商标法》上秉持注册原则,只承认通过注册产生的商标权。这种立法设计导致实践中,注册商标即使从未使用过也具有排斥通过使用产生了较大价值商誉的未注册商标的效力,在一定程度上与德国商标保护的基本理念相背离。为此,在司法审判中,面对注册商标与在先使用并享有一定声誉的未注册商标之间的冲突,法院开始以《反不正当竞争法》为依据维护未注册商标利益,并逐渐在司法实践中承认带来商标声誉的使用行为能够产生类似于商标权的效力。[1]在此背景下,《德国商标法》于1934年正式纳入了使用原则。[2]

1993年,随着《马斯特里赫特条约》的生效,欧盟正式成立。德国作为欧盟的创始成员国,其后期商标法的制定与修改受到了《协调成员国商标立法1988年12月21日欧洲共同体理事会第一号指令》(以下简称《欧共体商标指令》)和《欧洲共同体商标条例》的影响。《欧共体商标指令》服务于欧共体建立一个实现成员国之间商品、服务、资本及人员流通的共同体商标体系的整体目标,是

---

[1] 参见曹世海:《商标权注册取得制度研究》,西南政法大学2016年博士学位论文,第23页。

[2] 参见王春燕:《商标保护法律框架的比较研究》,载《法商研究(中南政法学院学报)》2001年第4期。

《欧洲共同体商标条例》颁布前的折中方案。由于当时统一成员国的商标立法并不现实，因而《欧共体商标指令》主要包含协调一些对欧盟内部市场运转有直接影响的商标条款。① 1993年12月20日，欧盟议会通过了《欧洲共同体商标条例》，建立了相对独立于成员国国内《商标法》的统一的商标法律体系，创设了在整个欧洲共同体市场内有效的、由统一欧洲共同体法律管理的"欧共体商标"。② 按照《欧共体商标指令》的要求，各成员国均着手修改本国《商标法》，德国亦不例外。1994年，《德国商标法》修改，吸收了《欧共体商标指令》和《欧洲共同体商标条例》的部分内容，并将原属《反不正当竞争法》调整对象的"商品名称"和"产地来源标志"在《商标法》中集中规定，形成了以商标、商品名称和产地来源标志为对象的总的商业标志法。同时，此次修法在1994年《德国商标法》第4条确立了可以产生商标权的三种方式：一是在德国专利商标局的商标注册簿中将标志作为商标注册；二是在商业交易中使用标志，使标志在相关公众中被作为商标获得市场认可；三是标志达到了《巴黎公约》第6条之二所指的商标的驰名度。③ 至此，在德国，商标权可以通过注册、使用与驰名三种途径获得。驰名商标制度的立法目标是保护外国商标，④ 德国国内的商标使用者取得商标权的基本途径是注册与使用。

随后，《德国商标法》又经过了几次修订，其中最近的一次修订是在2018年。此次修订不仅增加了证明商标这一商标类型，将商

---

① 参见《欧共体商标指令》（89/104/CEE）。
② 参见1995年3月15日生效的《欧洲共同体商标条例》。
③ 参见《德国商标法》（《德国商标与其他标志保护法》）第4条。
④ 参见刘丽娟：《我国商标注册制度的问题和完善》，载《电子知识产权》2016年第4期。

标撤销程序更名为"失效或无效程序",增加绝对注册障碍事由,还对商标保护期的相关规定作出了调整。① 虽然《德国商标法》在历次修订中有过较大的变动,但这些变动都是在使用与注册原则的基础上对《商标法》的不断完善,《德国商标法》以使用与注册并行的商标权取得模式为基础逐步建立起了整个制度体系。

## 二、《德国商标法》上的未注册商标权益

德国的未注册商标权与我国的未注册商标法益在本质上均是法律主体就未注册商标享有的,基于商标使用行为产生的,受法律保护的利益,因而,德国的未注册商标权是一种因使用产生的商标权,与注册商标权存在显著的不同。研究德国的未注册商标权,有助于了解对商标使用产生利益保护的最为全面的状态。

### (一)未注册商标的获权条件

德国以授予商标专用权的方式保护未注册商标,但并非所有的未注册商标都可以获得商标权,依据《德国商标法》第4条第2款的规定,是否具有"Verkehrsgeltung"是未注册商标获得商标权的关键。"Verkehrsgeltung"作为对商标进行商业使用所达到的程度标准,有教授将其翻译为"流通效果",并认为流通效果是指在一定区域内,通过使用形成指示商品来源的功能。② 在判断未注册商标通过使用达到"Verkehrsgeltung"的影响力标准时,需要将其纳入

---

① See *Information on the amendment of the European Union Trade Mark Directive*, German Patent and Trade Mark Office (DPMA) (Oct. 20, 2020), https://www.dpma.de/english/index.html.
② 参见杜颖:《商标先使用权解读〈商标法〉第59条第3款的理解与适用》,载《中外法学》2014年第5期。

| 第五章　域外考察：有关国家未注册商标法益之实践经验 |

德国的商标法律制度中作体系化考量。在《德国商标法》中，主要有三类使用产生的商标影响力标准：一是《德国商标法》第4条第2款规定的获得商标权所需的"Verkehrsgeltung"标准；二是《德国商标法》第4条第3款规定的驰名标准；三是《德国商标法》第8条第3款规定的，对于特定商品和服务缺乏区别力（显著性）的标志通过使用得以获准注册的影响力标准，即第二含义标准。①

德国联邦最高法院认为，"第二含义"不以驰名为条件，只要知晓该商标的相关公众的比例并非微不足道即可。② 此外，根据《德国商标法》，即使使用商标需要达到相对较高的门槛才能获得商标权，这个门槛也仍然低于驰名商标，③ 因此，驰名标准是这三类商标影响力标准中的最高标准。关于未注册商标获得商标权所需的"Verkehrsgeltung"标准，大多数欧盟成员国把通过使用产生的相关公众的认可度作为未注册商标受保护的条件，德国亦不例外。德国要求在标志固有显著性的基础上，至少证明获得30%至50%（或者更多）的相关公众的认可，才能将标志作为未注册商标进行保护。④ 同时，德国强调显著性与未注册商标保护间的依存关系，认为对未注册商标的保护在某种程度上依赖于标志在相关消费者心中产生的显著性。⑤ 综上，在德国，对于缺乏固有显著性，即缺乏基本区别

---

① See Bernd Stegmaier, *German and European Trademark Law*, Contemporary Legal Issues, Vol. 12：1, p. 433 – 436（2001）.
② 参见汪泽：《中德商标法国际研讨会综述》，载《中华商标》2009年第12期。
③ See Verena von Bomhard & Artur Geier, *Unregistered Trademarks in EU Trademark Law*, The Trademark Reporter, Vol. 107：3, p. 679（2017）.
④ See Verena von Bomhard & Artur Geier, *Unregistered Trademarks in EU Trademark Law*, The Trademark Reporter, Vol. 107：3, p. 689（2017）.
⑤ See Verena von Bomhard & Artur Geier, *Unregistered Trademarks in EU Trademark Law*, The Trademark Reporter, Vol. 107：3, p. 689（2017）.

力的标志,"Verkehrsgeltung"标准至少是标志通过使用取得了第二含义;对具有固有显著性的标志,"Verkehrsgeltung"标准是标志通过使用获得了相当比例的相关公众的认可,即在相关公众心中产生了一定程度的显著性。[①]

### (二) 未注册商标权的权利内容

#### 1. 对抗在后商标注册

《德国商标法》第 12 条规定了在先通过使用取得的商标享有对抗在后商标注册的权利。未注册商标若要获得这种权利,则需要满足两个条件:一是时间条件,即未注册商标在他人申请商标注册前已经获得了《德国商标法》第 4 条第 2 款规定的商标权;二是影响力条件,即未注册商标所获得的商标权能够在全德国范围内禁止他人对注册商标的使用,符合上述条件的未注册商标可以对抗他人在后的商标注册。除《德国商标法》第 12 条外,《德国商标法》第 42 条第 4 款又进一步明确了未注册商标所有人可提出注册异议的期限是商标注册公布日起 3 个月内。这里还需注意的是,在 2020 年 5 月 1 日之前,如若在后商标已获注册,未注册商标所有人作为在先权利人只能通过向法院起诉来撤销在后商标或使在后商标无效,而不能通过向德国专利商标局请求撤销商标,[②] 但随着《德国商标法现代化法案》第二部分的生效实施,商标在先权利人可直接向德国专

---

[①] 我国学者多将"Verkehrsgeltung"标准总结为"第二含义"标准,认为商标通过使用获得第二含义是德国未注册商标取得商标权的条件。参见汪泽:《中德商标法国际研讨会综述》,载《中华商标》2009 年第 12 期;《德国商标法》,范长军译,知识产权出版社 2013 年版,第 3 页。

[②] 参见《德国商标法(德国商标与其他标志保护法)》,范长军译,知识产权出版社 2013 年版,第 35 页。

利商标局提请无效程序。① 此外，除申请人恶意申请的情况外，在先商标权人如若在连续的 5 年期限内知晓并容忍在后注册商标，将丧失请求在后注册商标无效的权利。② 德国未注册商标对抗在后商标注册的效力与商标通过使用产生的影响力的区域范围密切相关，只有在全国范围内产生影响力的未注册商标才享有异议权和请求撤销注册商标的权利，而影响力未达全国的未注册商标，在在后商标获得注册后，只能在有限区域内继续使用原有商标。③

2. 商标专用权

《德国商标法》第 14 条在设置商标专有权时规定，依据《德国商标法》第 4 条获得商标保护的商标所有人享有商标专用权。据此，在德国，未注册商标除拥有程序意义上的权利外，还拥有实体意义上的控制权。未注册商标所有人有权禁止他人未经许可在商业交易中，在相同的商品或服务上使用与其未注册商标相同的标志；在相同或近似的商品或服务上混淆性使用与其未注册商标相同或近似的标志。此外，如果未注册商标是德国国内的知名商标，具有全国范围内的影响力，且使用与未注册商标相同或近似的标志将不正当利用知名商标的声誉或损害知名商标的识别性，未注册商标所有人甚至可以禁止他人在不相类似的商品或服务上的使用行为。④ 同

---

① See "Efficient, fast and low-cost": law amendments strengthen rights of trade mark proprietors, German Patent and Trade Mark (DPMA) (Nov. 24, 2020), https://www.dpma.de/english/services/public_relations/press_releases/20200429.html.

② 参见《德国商标法》第 51 条第 1 款与第 2 款。

③ See The trend towards enhancing trademark owners' rights - a comparative study of U.S. and German Trademark Law, Journal of Intellectual Property Law, Vol. 7：2, p. 227 – 313 (2007).

④ 参见乔云：《德国新商标法简介》，载《知识产权》1996 年第 4 期；《德国商标法》第 14 条第 2 款第 3 项。

时，依据《德国商标法》第 14 条第 6 款，在德国获得商标权的未注册商标与注册商标一样，在面对他人故意或过失实施的侵犯商标专用权的行为时，权利人享有损害赔偿请求权。①

3. 作为财产的标的

《德国商标法》第 27 条规定，未注册商标权利人可以将其权利的全部或部分转让给他人；《德国商标法》第 29 条规定，未注册商标的商标权可以被设定为质权、其他物权的标的以及强制执行的标的；《德国商标法》第 30 条规定，未注册商标的商标权可以以独占或非独占的方式许可给他人。上述规定说明，在德国，未注册商标能够作为财产权的标的参与流通，这种安排是对未注册商标权利属性的充分认可。

由上文分析可知，德国对未注册商标提供全面的商标保护，未注册商标既享有在授权确权阶段对抗他人商标注册的权利，又享有商标使用阶段的专用权、许可权、转让权等。但需要注意的是，德国未注册商标与注册商标在商标权上并非完全等同，仍存在一定差别。从效力范围看，在先使用未注册商标产生的商标权具有区域性，以未注册商标专用权为例，虽然在一定区域建立起有影响力的未注册商标，可以禁止其他相同或近似的未注册商标在该区域的使用，可以禁止在后注册商标进入该区域，② 但未注册商标专用权的效力只及于该未注册商标的影响力所能达到的区域，而注册商标权的效力及于全国。③

---

① 参见《德国商标法》第 14 条第 6 款。
② 参见刘丽娟：《商标保护的合理性基础》，载《清华知识产权评论》2019 年第 1 期。
③ 参见郑敏渝：《德国未注册商标的保护制度及其对我国的启示》，载《电子知识产权》2020 年第 7 期。

## （三）对恶意注册的规制与未注册商标法益

依据《德国商标法》的规定，未注册商标如若通过使用未达《德国商标法》第 4 条第 2 款要求的影响力，将不能取得商标权，当然不能对抗在后的注册商标，但这并不意味着此类未注册商标不能获得任何保护。在在后注册申请人存在恶意的情况下，未注册商标所有人仍可主张撤销在后注册商标，此时的未注册商标具有法益属性。

《德国商标法》将"恶意注册"规定在第 8 条第 2 款的商标不予注册的绝对理由中。这意味着：在商标申请注册过程中，德国专利商标局需要主动审查是否存在"恶意注册"的情况；在商标注册之日起两年内，德国专利商标局可依职权宣告恶意注册商标无效；包括在先商标权人在内的任何人有权向德国专利商标局提起宣告恶意注册商标无效的请求。

德国商标司法实践中，法院在认定"恶意注册"时关注以下内容：首先，有关"恶意"的内涵，德国联邦最高法院通过具体案件将"恶意"的内涵明确为，商标注册人具有对第三方不正当或违反公序良俗的阻碍目的，[①] 因此，单纯地知晓他人在先使用商标的存在（或知晓在先使用人具有值得保护的占有状态）并不足以构成"恶意"。除知晓外，还需要申请注册人具有妨碍竞争或有悖公序良俗的主观意图，这表现为申请注册人不具有真诚使用商标的意图，而利用商标注册阻碍在先使用人对商标的使用、向在先使用人高额出售商标等。其次，构成"恶意注册"并不要求在先使用商标具有

---

[①] 参见王莲峰：《规制商标恶意注册的法律适用问题研究》，载《中州学刊》2020 年第 1 期。

相当的影响力与知名度,只需要在先使用人对商标具有值得保护的占有状态即可。① 如在"S100"和"P21S"商标案中,德国联邦法院就指出,虽然在商标申请人申请注册时,在先使用人并未获得商标权,但商标申请人在知道在先使用人对其未注册商标具有受保护的占有状态时,在不具有充足的实质理由的情况下,就在相同的商品上申请注册在先使用人的商标以达到妨碍在先使用人的占有状态的,已属于违反竞争的恶意商标注册。② 最后,德国将《反不正当竞争法》的立法目的融入对恶意商标注册禁止的制度之中,将意图利用商标注册制度限制竞争或破坏竞争的情形归于恶意注册予以规制。③

### 三、《德国反不正当竞争法》上的未注册商标法益

#### (一)《德国反不正当竞争法》保护未注册商标的补充性

历史上商业领域的不正当竞争行为主要发生在商标领域,因而,在德国的法律传统中,商标法是反不正当竞争法的组成部分。④ 1995 年之前,德国的经营者主要依据《德国反不正当竞争法》保护自身的商业标志,《德国民法典》《德国商法典》《德国商标法》等法律发挥着一定的补充作用。但 1995 年《德国商标法》将原属《德国反不正当竞争法》的标志保护的内容纳入保护范围,并将保

---

① 参见刘自钦:《论我国商标注册诚信原则运用机制的改进》,载《知识产权》2016 年第 11 期。
② 参见刘晓海主编:《德国知识产权理论与经典判例研究》,知识产权出版社 2013 年版,第 42 页。
③ 参见刘自钦:《论我国商标注册诚信原则运用机制的改进》,载《知识产权》2016 年第 11 期。
④ 参见范长军:《德国反不正当竞争法研究》,法律出版社 2010 年版,第 39 页。

护对象扩大为"商标"、"商品名称"和"产地来源标志",《德国商标法》开始成为保护商业标志的主要法律。① 当然,主要由《德国商标法》保护商业标志并不意味着《德国反不正当竞争法》在商业标志保护上不再有用武之地,原因在于:一方面,实践中的一些侵害他人商标权益的行为同样会落入反不正当竞争法规制的不正当竞争行为范畴,即商标法与反不正当竞争法存在交叉重叠的部分,如《德国反不正当竞争法》(以下未特殊说明即指 2016 年修订后的《德国反不正当竞争法》)第 4 条第 3 款和第 4 款保护商标、商业名称等标志;另一方面,尚存在一些商业标志,虽具有某种应受法律保护的利益(法益),但商标法无法为其提供绝对权保护,因此需要反不正当竞争法在存在相应不正当竞争行为时通过制止不正当竞争行为予以保护。因此,在德国,商标法与反不正当竞争法共同承担着商业标志的保护工作。

德国的商标法对于商标,即使是未注册商标,也是通过正面授予具有排他性的商标权的方式进行保护的,而德国的反不正当竞争法通过制止针对商标的不正当竞争行为对商标进行保护,二者在保护方式、保护范围、请求权主体等方面均存在差异,因此,在商标保护上不可避免会存在冲突。德国的学界普遍认为,反不正当竞争法与商标法是一般法与特别法的关系,在具体适用上特别法优于一般法,即当作为特别法的商标法没有规定时才适用反不正当竞争法,这一点在司法实践中有所体现。② 上述德国反不正当竞争法与

---

① 参见邵建东:《德国反不正当竞争法研究》,中国人民大学出版社 2001 年版,第 242 页。
② 参见邵建东:《德国反不正当竞争法研究》,中国人民大学出版社 2001 年版,第 243 页。

商标法的关系,在未注册商标领域表现为反不正当竞争法上未注册商标法益的补充性:(1)从限制角度,只有欠缺商标法构成要件而无法纳入商标法封闭保护的商标,才可能适用反不正当竞争法获得补充保护,①且这种补充不是任意的,需要充分考虑商标法未提供保护是否是立法者基于利益平衡而有意设置的法律状态。②(2)从补充保护角度,对于已经在商业活动中使用但尚未达到《德国商标法》第4条第2款所要求的影响力标准的未注册商标,商标法不提供保护的,在存在不正当竞争行为的情况下,可以寻求反不正当竞争法的保护。③

### (二)德国反不正当竞争法上未注册商标法益的法律依据与内容

#### 1. 未注册商标法益的法律依据

《德国反不正当竞争法》以维护竞争者、消费者以及其他市场参与人的利益不受不正当竞争的侵害和保护市场竞争中的公共利益为立法目标,④在这一目标指引下,《德国反不正当竞争法》列举了数种针对消费者、竞争者等主体的类型化的不正当竞争行为,其中,《德国反不正当竞争法》第4条第3款有关禁止模仿的规定与未注册商标法益保护密切相关。

《德国反不正当竞争法》第4条第3款共规定了三种构成模仿

---

① 参见李士林:《商业标识的反不正当竞争法规整——兼评〈反不正当竞争法〉第6条》,载《法律科学(西北政法大学学报)》2019年第6期。
② 参见范长军:《德国反不正当竞争法研究》,法律出版社2010年版,第43页。
③ 参见杜颖:《商标先使用权解读〈商标法〉第59条第3款的理解与适用》,载《中外法学》2014年第5期。
④ 参见《德国反不正当竞争法》第1条。

他人商品或服务的不正当竞争行为：一是在可避免的情况下欺诈性指示商品或服务来源的行为，即令购买者对商品或服务的来源产生混淆的行为；二是不适当利用或损害被模仿的商品或服务声誉的行为；三是以非诚信的方式获取模仿所需信息的行为。由于前两类行为实质上囊括了针对未注册商标的混淆以及"搭便车"、损害商誉的行为，因此，《德国反不正当竞争法》对前两类模仿行为的规制可作为德国未注册商标法益的法律基础。在适用《德国反不正当竞争法》第 4 条第 3 款时，需要注意：首先，《德国反不正当竞争法》第 4 条第 3 款规定的前提是"若所提供的商品或服务系模仿竞争者的商品或服务……"，因而，并非所有混淆、"搭便车"行为均受到禁止，此条仅制止以"提供"商品或服务的方式实施的不正当模仿行为，非"提供"行为的不属此例。[1] 其次，由于模仿本身是被允许的，只有在模仿会导致不公平后果的情况下才由《反不正当竞争法》予以制止，因此，法院往往要求被保护的对象（商标）具有独特性和获得一定程度的市场认可。[2]

除了《德国反不正当竞争法》第 4 条第 3 款，在德国司法实践中，法院会依据《德国反不正当竞争法》第 4 条第 4 款处理通过实施不正当竞争行为侵犯他人商标权益的案件。例如，在"AKA-DEMIKS"商标案中，德国联邦最高法院就是依据当时《德国反不正当竞争法》第 4 条第 10 款（现行《德国反不正当竞争法》第 4 条第 4 款）认定该案中被告的行为属不正当竞争行为。《德国反不

---

[1] 参见［德］安斯加尔·奥利、范长军：《比较法视角下德国与中国反不正当竞争法的新近发展》，载《知识产权》2018 年第 6 期。

[2] See Sean A Pager & Eric Priest, *Redeeming Globalization through Unfair Competition Law*, Cardozo L Rev, Vol. 41：6, p. 2435 – 2520（2020）.

正当竞争法》第4条第4款规定，旨在阻碍其他竞争者的行为是不正当竞争行为。该案中，德国联邦最高法院认为，由于商标法的地域性原则，将他人在国外使用的商标（未达驰名的程度且未在德国使用）注册在相同或近似的商品或服务上并可能引起混淆，这种行为一般不被《德国商标法》所禁止，但商标法的地域性原则与适用反不正当竞争法并不冲突，该案被告在明知原告商标的情况下，无正当理由在与原告商标所使用的类别相同的商品上抢注原告商标，并利用商标注册产生的排他性阻止原告进入德国市场，具有明显的阻碍竞争的不正当意图，因此，可以适用《德国反不正当竞争法》中阻碍竞争的条款即第4条第10款（现行《德国反不正当竞争法》第4条第4款）进行规制。① 从"AKADEMIKS"商标案可以看出，《德国反不正当竞争法》第4条第4款在规制涉及商业标志的不正当竞争行为时，主要针对利用商标注册申请，阻碍他人商标使用的情形。如若有人以阻碍竞争为目的，抢注他人在先使用的未注册商标，则商标所有人可以依据《德国反不正当竞争法》第4条第4款维护自身商标法益。《德国反不正当竞争法》第4条第4款较之《德国反不正当竞争法》第4条第3款，并未通过规定具体情形限制所规制的竞争行为的手段，而是仅强调"阻碍竞争"的目的，这使在"竞争者保护"这一总的条目下能够囊括更加广泛的内容。

2. 未注册商标的法益内容

《德国反不正当竞争法》第二章"法律后果"部分规定了针对不正当竞争行为的民事责任，且具体民事责任关乎不同情况下相关主体的民事请求权，因此，这一部分的规定可作为探究德国未注册

---

① See Urteil vom 10.1.2008 – *I ZR 38/05 – AKADEMIKS*；*OLG München*（lexetius.com/ 2008, 537），BGH（Nov. 24, 2020），https：//lexetius.com/2008, 537.

商标在反不正当竞争法上法益内容的依据。除民事责任外,《德国反不正当竞争法》还规定了刑事责任,不过此法中的刑事责任主要针对具有严重违法性的可罚性广告、泄露商业秘密或经营秘密等行为,[①] 与未注册商标法益无涉,故对《德国反不正当竞争法》上未注册商标法益内容的探讨仍以未注册商标法益人享有的民事请求权为主要关注点。在存在《德国反不正当竞争法》第 4 条第 3 款和第 4 款规定的不正当竞争行为时,未注册商标所有人享有以下请求权:

(1) 排除妨碍请求权与停止侵害请求权

《德国反不正当竞争法》第 8 条规定了权利人享有的排除妨碍请求权与停止侵害请求权。这两种请求权是未注册商标所有人反不正当竞争法益的核心内容,能够帮助未注册商标所有人及时制止正在发生的侵害行为与可能发生的侵害行为,有效维护注册商标所有人的未注册商标法益。由于排除妨碍请求权与停止侵害请求权均属于排除性请求权,因而在特定情况下二者的内容会发生重合,但从本质看,排除妨碍请求权与停止侵害请求权有不同的构成要件。排除妨碍请求权关注因行为人不正当竞争行为引发的侵害状态,因此,主张排除妨碍请求权,需要具备两项要件:一是行为人实施不正当竞争行为引发的侵害状态正在持续(不考虑不正当竞争行为是已实施完成还是正在实施);二是导致持续性侵害状态的不正当竞争行为具有违法性。停止侵害请求权关注不正当竞争行为本身,主张停止侵害请求权,需要满足:一是存在具体的不正当竞争行为;二是存在再犯的可能性。有关行使这两项请求权的前提,《德国反不正当竞争法》仅强调行为人行为的不正当性,并不要求行为人的

---

① 参见 2016 年《德国反不正当竞争法》第 16 条、第 17 条、第 18 条、第 19 条等。

主观过错。同时,《德国反不正当竞争法》还规定了排除妨碍请求权与停止侵害请求权的消灭时效为 6 个月,自请求权人知道或非重大过失下应当知道请求权产生和相关义务人时起算,且无论请求权人是否知晓,请求权均在产生后 3 年因不行使而消灭。

(2) 损害赔偿请求权

当行为人的不正当竞争行为给未注册商标所有人造成损害时,依照《德国反不正当竞争法》第 9 条,未注册商标所有人享有损害赔偿请求权。这里损害赔偿请求权的行使和排除妨碍请求权与停止侵害请求权的行使存在不同。首先,从主体范围看,只有受到直接损害的经营者才可以作为损害赔偿请求权的主体,经营者团体、消费者团体等均不享有此权利;其次,从权利行使要件看,仅在行为人具有主观过错即故意或过失的情况下,经营者才可针对竞争者造成的损害请求赔偿;① 最后,从消灭时效看,损害赔偿请求权具有更长的最长消灭失效,即自权利产生之日起 10 年消灭,最长不超过损害发生之日起 30 年。②

## 第二节　日本未注册商标法益考察

日本与我国相似,在商标权取得上以注册为基础,只有经过注册的商标才能够获得商标权,但这并不意味着日本不关注未注册商标,无论是《日本商标法》还是《日本反不正当竞争法》,均为未

---

① 参见 2016 年《德国反不正当竞争法》第 9 条。
② 参见 2016 年《德国反不正当竞争法》第 11 条。

注册商标设置了相对充分的法益内容，为未注册商标提供切实有效的法律保护。

## 一、日本的商标权取得模式

1884年，日本颁布了《日本商标条例》，这是日本第一部工业产权法。在《日本商标条例》中日本确立了商标注册原则与先申请原则，依据这两项原则，在日本只有经过注册的标志才能够享有商标权，且商标权授予最先申请商标注册的主体。[①] 1899年，日本正式制定了《日本商标法》，延续了1884年《日本商标条例》中注册取得商标权的基本模式，并在《日本商标条例》的基础上增加了一些《巴黎公约》中关于商标注册与保护的内容。[②] 随后，《日本商标法》经历了数次修订，不仅商标法律制度更加科学细致，内容亦与国际规则保持接轨。从日本商标法律的发展历程看，虽然日本商标法律规范的具体内容有所变动，但商标注册原则贯穿始终并成为日本商标法律的重要基础。

在商标注册原则下，日本十分关注商标的实际使用问题。日本虽未将"实际使用"作为商标注册的前提，但强调申请人的"使用意图"，不仅在规定商标注册要件时将可获准注册的商标表述为"在自己业务所属的商品或服务上使用的商标"，[③] 还规定特定情况下，申请人在申请商标注册过程中向特许厅长官提交的必要文件中

---

[①] 参见李明德、闫文军：《日本知识产权法》，法律出版社2020年版，第643-645页。
[②] 参见李明德、闫文军：《日本知识产权法》，法律出版社2020年版，第643-645页。
[③] 参见《日本商标法》第3条。

应包括"关于商标使用或者使用意图的书面材料"。① 同时，为进一步克服纯注册制的弊端，日本重视商标注册后的商标使用情况，规定注册商标连续 3 年未在日本国内使用的，任何人可以请求撤销该商标，即将商标使用作为维持商标注册的条件。日本对商标实际使用的关注体现在未注册商标保护上。早在 1884 年《日本商标条例》中就已经存在有关商标在先使用者权益的条款，且《日本商标法》经过历次修法，其中有关未注册商标保护的规定不断完善。对于通过使用已经承载了一定商誉的未注册商标，日本虽未赋予其商标权，但给予了有效的法律保护。在这种背景下，日本实质上与我国采取基本相同的"注册取得商标权，使用产生法益"的商标权取得模式。

## 二、《日本商标法》上的未注册商标法益

### （一）未注册商标阻却他人在后注册的权利

**1. 以《日本商标法》第 4 条第 1 款第 10 项阻却注册**

《日本商标法》第 4 条第 1 款第 10 项是以混淆理论保护未注册商标法益的主要条款。依据该项规定并结合《日本商标法》第 4 条第 3 款可知，在商标申请人提出注册申请时，如若已存在"消费者广泛知晓的其为表示他人业务所属商品或服务"的商标，且申请人申请的商标与他人商标相同或近似并使用在相同或类似的商品或服务上，则申请人不能获得商标注册。②

---

① 参见《日本商标法》第 5 条以及《日本商标审查指南》第 4 部分第 1 条，载日本特许厅网 2020 年 11 月 24 日，https：//www.jpo.go.jp/e/system/laws/rule/guideline/trademark/kijun/document/index/0400.pdf。

② 参见《日本商标法》，李扬译，知识产权出版社 2011 年版，第 5-7 页。

深入理解《日本商标法》第4条第1款第10项的规定,需要从以下几个方面入手。首先,该项规定的适用前提是未注册商标是"消费者广泛知晓"的商标,这是对未注册商标的实质性要求。日本在判断商标是否为消费者广泛知晓时,不仅认可被最终消费者广泛知晓的商标,亦认可被业务往来人员广泛知晓的商标,同时,在商标影响力的地域标准上,日本认为该项并不仅限于在全国范围内被广泛知晓的商标,也包括在某一地区被广泛知晓的商标。[①] 在具体案件中,如"大禾咖啡DDC商标案",在适用该项时,法院认为大禾咖啡公司的"DDC"标记在相邻数县的相当地域中,应至少被相同行业中半数以上企业所知。[②] 其次,除商标知名度与影响力的要求外,适用该项需要具备"存在来源混淆"的要件。虽然该项并未明确规定混淆要件,但《日本工业所有权法逐条解说》指出,该项的立法目的即解决商标的来源混淆问题。[③] 再次,该项并未将注册人的主观恶意作为未注册商标阻却注册的要件,即不论注册人是否采取了不正当手段,只要未注册商标达到一定的知名度与影响力,即可阻止他人的抢注行为。最后,该项的阻却效果仅是阻止他人在"相同或类似"商品或服务上的注册行为。

2. 以《日本商标法》第4条第1款第15项阻却注册

《日本商标法》第4条第1款第15项规定,除《日本商标法》第4条第1款第10项到第14项规定的情形外,与他人所属商品或

---

[①] 参见[日]森智香子、[日]广濑文彦、[日]森康晃:《日本商标法实务》,北京林达刘知识产权代理事务所译,知识产权出版社2012年版,第41页。

[②] 参见[日]田村善之:《日本知识产权法》,周超、李雨峰、李希同译,知识产权出版社2010年版,第116–117页。

[③] 特許厅『工業所有権法逐条解說』(20版)(有斐阁,2017年)1412页参照。转引自芦苗苗:《抢注未注册驰名商标法律规制的中日比较研究》,华东政法大学2018年硕士学位论文。

服务易存在混淆可能性的商标不能获得商标注册。这里的混淆可能性不仅包括狭义上的，相关公众可能会误以为申请注册的商标所标示的商品或服务与他人业务相关的商品或服务具有同一来源的情形，还包括更广意义上的，相关公众可能误以为商品或服务的提供者与他人具有经济或组织关系的情形。

从规定的内容看，《日本商标法》第 4 条第 1 款第 15 项是对可能产生混淆的注册行为的兜底规定，因而，对于能够适用具体规定制止的混淆性注册行为，不宜再适用该项规定。对于《日本商标法》第 4 条第 1 款具体规定以外的混淆性注册行为，例如，注册人申请注册的商品或服务的类别与未注册商标所使用的商品或服务的类别并不类似，但存在混淆可能性的，才落入该项的规制范围。① 当然，这种补充兜底并非无限制的，虽然该项并未对未注册商标的知名度与影响力作出要求，但在司法实践中，对于未达到《日本商标法》第 4 条第 1 款第 10 项"消费者广泛知晓"要件的未注册商标，法院一般会拒绝《日本商标法》第 4 条第 1 款第 15 项的适用。②

3. 以《日本商标法》第 4 条第 1 款第 19 项阻却注册

《日本商标法》第 4 条第 1 款第 19 项针对的是，出于不正当目的，注册与他人（日本国内或国外）已经为消费者广泛知晓的商标相同或近似商标的注册行为。与《日本商标法》第 4 条第 1 款第 10

---

① 日本著名学者田村善之先生认为，鉴于《日本商标法》第 4 条第 1 款第 15 项的立法目的，此处混淆应理解为广义的混淆，包含超出类似商品或服务范围的混淆。参见 [日] 田村善之：《日本知识产权法》，周超、李雨峰、李希同译，知识产权出版社 2010 年版，第 118 页。

② 参见 [日] 田村善之：《日本知识产权法》，周超、李雨峰、李希同译，知识产权出版社 2010 年版，第 118 页。

## 第五章　域外考察：有关国家未注册商标法益之实践经验

项对比，该项没有规定"相同或类似商品或服务"的要件，但增加了"不正当目的"要件。

能够适用《日本商标法》第 4 条第 1 款第 19 项的未注册商标的知名度与影响力标准，对于日本国内未注册商标，应为"消费者广泛知晓"的程度与《日本商标法》第 4 条第 1 款第 10 项无异，不仅包括在全国范围内被消费者广泛知晓，也包括在某一地区被消费者广泛知晓，但对于国外未注册商标，其知名度与影响力须达到在全国范围内驰名，才能依据该项获得保护。① 值得注意的是，日本对国外未注册商标的保护突破了地域性原则，只需要商标在其所在国内被广泛知晓即可，并不需要在日本国内达到广泛知晓的程度。② 除知名度与影响力要求外，注册人具有"不正当目的"是《日本商标法》第 4 条第 1 款第 19 项的关键要件，获得不正当利益的目的、损害他人利益的目的均属该项规定的不正当目的。在实践中，以丑化或淡化他人商标为目的进行商标注册；以阻止国外驰名商标进入日本为目的抢注他人驰名商标即属于该项规定的不正当目的。在个案中，认定注册人具有不正当目的时，能够表明商标为消费者知晓程度的商标使用的资料、商标标志本身的显著性、申请人使用商标可能对商标信誉造成损害的资料等均可以作为参考，此外，当他人的驰名商标属于臆造词汇或在构成上具有显著特征，且申请注册的商标与该商标相同或近似的，则推定申请人具有不正当目的。③

---

① 参见芦苗苗：《抢注未注册驰名商标法律规制的中日比较研究》，华东政法大学 2018 年硕士学位论文，第 39 页。
② 参见黄武双、刘榕：《驰名商标地域性认定标准的突破》，载《科技与法律》2020 年第 5 期。
③ 参见［日］森智香子、［日］广濑文彦、森康晃：《日本商标法实务》，北京林达刘知识产权代理事务所译，知识产权出版社 2012 年版，第 54 页。

《日本商标法》第 4 条第 1 款第 19 项并未对商品或服务的类型作出限制，这与该项的立法目的并非为制止混淆有关。对于一些未注册商标来说，若被他人擅自注册并使用，即使不发生来源混淆，也可能会遭受淡化或丑化，① 因此，在日本，满足商标具有一定知名度与影响力、注册人具有不正当目的、申请注册的商标与未注册商标相同或近似的要件时，即使不会引起混淆，未注册商标所有人也拥有阻却他人商标注册的权利。

对于上述依据《日本商标法》第 4 条第 1 款第 10 项、第 15 项和第 19 项请求宣告他人商标无效的权利，除《日本商标法》第 4 条第 1 款第 19 项无期限限制外，《日本商标法》第 4 条第 1 款第 10 项和第 15 项均规定，除非申请人出于不正当竞争目的获得注册，否则自商标获得注册之日起满 5 年不得再请求宣告注册商标无效。②

## （二）未注册商标先用权

《日本商标法》第 32 条是未注册商标先用权的法律依据，依据此条，在先未注册商标使用者享有在他人就与未注册商标相同或近似的商标取得注册后，继续在原商品或服务上使用其商标的权利。从第 32 条在《日本商标法》中的位置与表述方式看，日本有关未注册商标先用权的规定与我国存在一定差异。我国将未注册商标先用权规定在商标权的例外部分，使用"注册商标专用权人无权禁止……"的表述，即从注册商标视角，强调商标先用权限制注册商标权的属性。而日本将未注册商标先用权规定在商标权利部分，使

---

① 参见 ［日］田村善之：《日本知识产权法》，周超、李雨峰、李希同译，知识产权出版社 2010 年版，第 118 页。

② 参见《日本商标法》第 47 条。

用"使用者享有继续在该商品或服务上使用该商标的权利"的表述,该表述从未注册商标视角展开论述,更符合未注册商标法益保护的目的。但需要注意的是,这并不意味着在日本未注册商标先用权具有积极的排他效力。

有关行使未注册商标先用权的要件,《日本商标法》作出了相对全面的规定。首先,日本明确提出了商标在先使用人的主观善意要件,只有"没有不正当竞争目的"的在先使用者才能享有商标先用权。其次,日本规定了未注册商标取得先用权的知名度要件,即取得先用权的未注册商标必须是通过在日本国内使用达到了使消费者"广泛知晓"程度的未注册商标。日本司法机关将此处未注册商标的知名度与《日本商标法》第4条第1款第10项规定的商标的知名度作了区分,认为享有商标先用权的商标所需要达到的知名度,要明显低于享有阻却他人商标注册权利的商标的知名度。[①] 最后,日本规定了行使商标先用权的时间要件:一方面,在先使用人对未注册商标的使用应在注册人提出商标注册申请之前;另一方面,在注册人提出商标注册申请时,未注册商标应已具备相应的知名度要件。

在符合上述要件的情况下,未注册商标所有人享有继续使用其未注册商标的权利。不过,这里的继续使用需要受到一定限制,表现为继续使用的商标与原商标应具有同一性且继续使用的商标所标示的商品或服务的类别应限定在原有商品或服务的类别上。此外,注册商标权人与专有使用权人可以要求在先使用人附加适当的标记

---

① 参见[日]田村善之『知的財産法』(第5版)(有斐閣,2010年)152–153頁;参见[日]田村善之:《日本知识产权法》,周超、李雨峰、李希同译,知识产权出版社2010年版,第116–117页。

以防止产生混淆。① 如若享有先用权的商标所涉及的业务被继承,则继承者可拥有相同的商标先用权。

### 三、《日本反不正当竞争法》上的未注册商标法益

(一)《日本反不正当竞争法》概况

日本早在 1934 年（昭和 9 年）就制定了《日本反不正当竞争法》，但当时该法只有 6 条，仅涉及海牙协定（1925 年）的少部分内容。随后，《日本反不正当竞争法》经过 1938 年、1950 年、1953 年、1965 年、1975 年、1990 年、1993 年等多次修订，在内容上扩大了假冒原产地、假冒出处的范围，删除了不正当竞争行为民事请求权关于不正当竞争目的主观要件的要求，增加了有关立法目的的规定等，② 逐步形成现今的反不正当竞争体系。《日本反不正当竞争法》具有以下特征：

第一，从立法目的看，《日本反不正当竞争法》以"确保经营者间的公平竞争以及与此相关国际条约的有效实施"为直接目的，③ 是从商业伦理的立场出发，促进市场经营者之间的竞争有序进行，并通过司法程序对经营者进行援助的法律。因此，《日本反不正当竞争法》所指的请求权者仅限于市场竞争中的经营者。④

第二，从规制的不正当竞争行为的类型看，《日本反不正当竞争法》在第 2 条以封闭列举的方式规定了多种不正当竞争行为，且

---

① 参见《日本商标法》第 30 条、第 32 条。
② 参见翁心刚、姜旭主编：《日本流通相关法律解读》，中国财富出版社 2013 年版，第 51－52 页。
③ 参见《日本反不正当竞争法》第 1 条。
④ 参见翁心刚、姜旭主编：《日本流通相关法律解读》，中国财富出版社 2013 年版，第 53 页。

并未规定有关不正当竞争行为的抽象或概括的一般条款,这与我国的反不正当竞争立法存在显著不同。日本之所以采取这种立法模式,是因为日本主流观点认为,一般条款虽可以涵盖尚未被明确规定的新型不正当竞争行为,但会造成法院认定不正当竞争行为的困难,且最终可能产生限制竞争的不利后果。① 这就意味着,在日本除《反不正当竞争法》明确列举的不正当竞争行为外,市场主体的竞争行为并不受限制,市场主体具有较大的竞争自由。

第三,从《日本商标法》与《日本反不正当竞争法》的关系看,能够识别商品或服务来源的标志如若已经获得商标注册,则可寻求《日本商标法》的保护,而未经注册的商标,在满足一定条件时可寻求《日本反不正当竞争法》的保护。事实上,在商标保护上,《日本反不正当竞争法》所保护的主要就是未注册商标。②

(二)《日本反不正当竞争法》上未注册商标的法益内容

《日本反不正当竞争法》有关未注册商标法益的规定主要涉及制止商业标志仿冒与制止商业标志淡化。《反不正当竞争法》上未注册商标的法益内容需要从受保护的商品标志、两类涉及未注册商标法益的不正当竞争行为的类型、法律救济与例外三个方面予以分析。

1. 受保护的商业标志

《日本反不正当竞争法》第 2 条第 1 款第 1 项规定了"为消费者广泛知晓"的商业标志(以下简称周知标志),第 2 条第 1 款第 2

---

① 参见[日]田村善之『不正当竞争法概说』(第 2 版)(有斐阁,2003 年)7 页。转引自高祥主编:《比较法在法制建设中的作用:第三届比较法学与世界共同法国际研讨会论文集》,中国政法大学出版社 2017 年版,第 206 – 207 页。

② 参见李明德、闫文军:《日本知识产权法》,法律出版社 2020 年版,第 783 页。

项规定了"著名"的商业标志，由此可知，《日本反不正当竞争法》所保护的商业标志实质上有两种，分别为周知标志与著名标志。从条文逻辑来看，"著名"是指在全国范围内为相关公众所知晓，而"周知"则不要求公众认识是全国范围的，因此，对标志知名度的要求，"著名"要高于"周知"。[①] 从保护范围来看，《日本反不正当竞争法》保护的是广义上的商业标志，除商标外还包括其他与商品和经营活动相关的标志。对于"商标"，《日本反不正当竞争法》明确规定，此法所指的商标是《日本商标法》第 2 条第 1 款规定的商标，[②] 由于《日本商标法》第 2 条第 1 款并未将商标限定为注册商标，因此未注册商标是《日本反不正当竞争法》所保护的商业标志。同时，在反不正当竞争的语境下，由于对信誉的保护是在信誉载体（标记）的承载范围内进行的，无须要求被模仿的商业标记具备商标注册的公示性要件，因此并不会发生作为具体信誉载体的标志因未注册而不被给予法律保护的情形。[③] 综上，当未注册商标成为周知商标或著名商标时，即可成为《日本反不正当竞争法》的保护对象。[④]

2. 两类涉及未注册商标法益的不正当竞争行为

《日本反不正当竞争法》第 2 条第 1 款第 1 项与第 2 项除所保护的未注册商标的类型不同外，所规制的不正当竞争行为不相同。

《日本反不正当竞争法》第 2 条第 1 款第 1 项规制的是针对周知

---

[①] 参见杜颖：《商标先使用权解读〈商标法〉第 59 条第 3 款的理解与适用》，载《中外法学》2014 年第 5 期。

[②] 参见《日本反不正当竞争法》第 2 条第 2 款。

[③] 参见 [日] 田村善之：《日本知识产权法》，周超、李雨峰、李希同译，知识产权出版社 2020 年版，第 59 页。

[④] 日本的著名商标实质上就类似于我国的驰名商标。

未注册商标的混淆行为，即将他人的周知未注册商标，在相同或者类似商品上使用，造成与他人商品或服务混淆的行为。① 日本对混淆赋予了宽泛的解释，首先，从混淆主体看，法律使用"造成与他人商品或服务混淆"的表述，说明并未将混淆主体限定为购买者或消费者，而承认普遍的混淆主体。其次，这里的混淆既包括一般性的来源混淆，亦包括可能产生的经营者间的关系混淆。② 司法实践中，法院在具体判断是否会造成混淆时，往往结合商品类型的相同与近似、标志的知名度以及创造性、商品之间是否存在关联性交易对象和消费者是否具有共通性等内容进行综合性认定。③

《日本反不正当竞争法》第2条第1款第2项规制的是针对著名未注册商标的淡化（弱化与丑化）行为，即在自己的商品上，使用与他人著名未注册商标相同或近似的标志，或者将使用这种标志的商品予以转让、交付，或者为转让、交付而展览、进口或出口，或者在网络上提供的行为。④ 由于著名商标具有脱离具体商品与服务的、对顾客独立的吸引力和财产价值，因此针对其实施的不正当竞争行为与传统混淆行为存在差别。淡化行为主要有以下两种形态：一种是利用他人的著名商标，伪装成著名商标所标示的商品或服务的主体，即能够引起广义混淆的行为；另一种则是通过使用他人著名商标吸引消费者注意力的行为。1993年以前的《日本反不正当竞争法》并未为著名商标设置特别的保护措施，当时司法实践主要通过承认广义上的混淆可能性来实现对"搭便车"行为的规制，1993

---

① 参见《日本反不正当竞争法》第2条第1款第1项。
② 参见李龙：《日本知识产权法律制度》，知识产权出版社2012年版，第375页。
③ 参见李龙：《日本知识产权法律制度》，知识产权出版社2012年版，第372—373页。
④ 参见《日本反不正当竞争法》第2条第1款第2项。

年修法后,《日本反不正当竞争法》第2条第1款第2项明确禁止任何人在著名商标作为商标被使用的范围内,利用该商标吸引消费者,1993年《日本反不正当竞争法》的此项规定有力保护了著名商标免遭淡化(弱化与丑化)行为的危害。①

在认定上述行为时,使用人是否具有不正当竞争目的,不影响其不正当竞争行为的定性。例如,在亚西卡株式会社与大丽花工业株式会社商标不正当竞争纠纷案中,东京地方法院就指出,不论被告是否具有针对原告著名商标的"搭便车"目的,只要客观上产生了相应的后果就可以认定被告的行为构成不正当竞争。②

3. 法律救济与例外

在未注册商标法益受到侵害时,《日本反不正当竞争法》为未注册商标所有人提供了相对全面的法律救济。依据《日本反不正当竞争法》第3条,未注册商标所有人对于针对其未注册商标实施的不正当竞争行为享有停止侵害请求权。未注册商标所有人不仅可以请求法院下达禁令以制止损害其经营利益或给其经营利益带来损害危险的行为,必要时还可以请求销毁侵害物品,清除被告实施侵害行为时使用的设备,等等。这里需要强调的是,周知未注册商标所有人所能请求禁令的范围与其商标影响力所能达到的地域范围密切相关。在一个案件中,如若未注册商标仅在一个地区达到被消费者广为知晓的程度,那么其禁令仅能及于这个地区,未注册商标所有人并不能请求法院禁止被告在其他地区使用争议商标。③ 除停止侵

---

① 参见[日]田村善之:《日本知识产权法》,周超、李雨峰、李希同译,知识产权出版社2020年版,第85-86页。
② 参见最高人民法院经济审判庭编:《日本专利商标判例选编》,最高人民法院经济审判庭1984年版,第191-220页。
③ 参见李明德、闫文军:《日本知识产权法》,法律出版社2020年版,第785页。

害请求权外，当不正当竞争行为人存在故意或过失的主观状态且其不正当竞争行为给未注册商标所有人造成了实际的商业损失时，未注册商标所有人可以依据《日本反不正当竞争法》第 4 条请求获得损害赔偿。当然，《日本反不正当竞争法》规定了一些例外情况，例如，他人正当使用商品或服务通用名称的行为，他人无不正当目的使用自己姓名的行为，在周知商标"广为知晓"前已使用特定标志的在先使用人无不正当目的的使用行为，在著名商标"著名"前已使用特定标志的在先使用人无不正当目的的使用行为，等等。这些行为被排除在反不正当竞争法规制的不正当竞争行为外。面对上述行为，未注册商标所有人不能依据《日本反不正当竞争法》第 3 条和第 4 条请求停止侵害或损害赔偿。

## 第三节　美国未注册商标法益考察

在美国，未注册商标经过使用可以享有各州普通法上的商标权，但在美国联邦商标法上，使用但未注册的商标较之注册商标，受保护的程度更低，商标所有人仅在其商业活动所及的范围内享有权利，且该权利的属性更接近于法益。本节主要讨论美国联邦商标法和联邦反不正当竞争法上的未注册商标法益。[①]

---

[①] 美国《兰哈姆法》第 43 条规定了广泛的制止不正当竞争的内容，这使该法成为与州一级反不正当竞争法并行的联邦一级的反不正当竞争法。本书参考李明德老师在其著作《美国知识产权法》的做法，将《兰哈姆法》依内容分为联邦商标法与联邦反不正当竞争法，并分别在下文中论述。

## 一、美国的商标权取得模式

美国商标法以英国的普通法与反不正当竞争法为法源。从 17 世纪初开始，英国就利用普通法中的"假冒诉讼"保护商标，在假冒诉讼中，原告可以通过其证明已经使用商标并使商标在相关公众中建立了商誉，制止他人对自身商标的不当利用行为。[①] 美国独立后，继承了英国的"假冒"理论，但随着美国司法实践和经济的发展，以假冒诉讼来保护商标的不足逐渐显现：一是商标所有人在证明取得商誉上需要花费大量的精力；二是在早期普通法上，商标保护的范围过于狭窄，仅局限于特定区域，难以适应新经济条件下商标保护的需求。为此，在企业界的普遍要求下，美国试图建立一个联邦商标保护体系以补充各州普通法对商标的保护。1870 年 7 月，美国国会颁布了第一部联邦商标法，首次规定了针对普通法上商标的商标注册制度，并在 1876 年增加了针对侵犯注册商标行为与仿冒注册商标行为的刑事措施，但很快这部联邦商标法被美国联邦最高法院在商标案中裁定违宪，受此影响，美国国会在商标立法中，步伐放缓且更加小心。[②] 在经历了漫长的准备后，终于在 1946 年 7 月，美国国会通过了真正实体意义的联邦商标法——《兰哈姆法》，此部商标法成为美国商标法的法规基础，至今有效。

《兰哈姆法》虽然规定了联邦一级的商标注册程序，但并未从根本上改变美国商标权的取得模式，无论从《兰哈姆法》的立法精

---

[①] 参见杜颖：《在先使用的未注册商标保护论纲——兼评商标法第三次修订》，载《法学家》2009 年第 3 期。

[②] 参见李明德：《美国知识产权法》（第 2 版），法律出版社 2014 年版，第 456-457 页。

神还是从司法实践的相关判决看,美国普通法上商标权只能通过"使用"取得。① "任何市场主体,只要在商业活动中采纳并使用了具有显著性的商标,就可以获得排他性的商标权"②,而商标注册只是对普通法上的商标权予以确认,并非授予了新的商标权,即美国的商标权在取得上,只有商标使用是具有决定意义的。但由于只有经过注册(主簿注册)的商标才能够获得联邦商标法的全面保护,因此,美国的商标权取得模式可以说是以使用为主,注册为辅的使用制。

在美国的商标权取得模式下,"使用"具有重要的价值。依据《兰哈姆法》,"使用"是商标获得联邦注册的前提,只有在商业中实际使用的商标才能够获得的注册。虽然在1988年以后《兰哈姆法》增加了"意图使用"可以获得注册的规定,但商标权的获取仍以"使用"为必要的条件。因为通过"意图使用"申请商标注册的,申请人获得的仅是一个"允许通知"并非"注册证书",只有在"允许通知"颁发后的6个月内(或经延长至12个月内,但累加后的期间最长不能超过24个月),申请人提出真实使用的声明,且该声明经美国专利商标局审查合格后,申请人才能得到注册证书,真正取得商标注册。③

在美国的商标权取得模式下,虽通过注册不能取得商标权且得到的权利更多地表现为程序上的权利,但因获得联邦注册而具有的优势仍不容忽视。首先,在举证上,拥有注册证书意味着拥有了享

---

① See Frazer J. d., *American Jurisprudence Proof of Facts*, Lawyers Cooperative Publishing, 1974, p. 84.
② 李明德:《美国知识产权法》(第2版),法律出版社2014年版,第508页。
③ 参见《兰哈姆法》第1条第a款和第1条第b款。

有商标权、注册有效性以及商标权的有效性等的决定性证明（可通过其他证据推翻），商标权人在具体案件中可免去商标权的证明责任；① 其次，若存在若干主体在不同区域善意使用着相同或近似的商标，则其中某一主体一旦获得商标注册，其他主体只能在原有的范围内使用自己的商标；② 最后，商标注册满 5 年且商标注册人持续使用着商标，除存在《兰哈姆法》第 14 条第 1 款第 3 项与第 5 项规定的可申请撤销商标注册的情形外，商标权人的商标权将具有不可争议性。③

## 二、美国联邦商标法上的未注册商标法益

### （一）商标使用的认定

前文已述，在美国，实际使用商标是获得普通法上商标权的途径，是取得联邦商标注册的基础，因此"商标使用"在美国商标法上具有重要地位。本书所讨论的美国的未注册商标，实质上针对的就是在美国通过商标使用取得了普通法上的商标权，但并未寻求联邦商标注册的标志，因此，明确美国商标法律框架中"商标使用"的内涵与具体要求是研究美国商标法上未注册商标法益的前提。

有关商标使用的内容被规定在《兰哈姆法》第 45 条，依据该条，商标使用是指在商业中真实地使用商标，而不仅是为保持商标权进行的使用，其中"商业"指美国国会合法规范的一切经营。④ 具体来讲，商标在商品上的使用，即当商品于商业中销售或运输

---

① 参见《兰哈姆法》第 33 条。
② 参见李明德：《美国知识产权法》（第 2 版），法律出版社 2014 年版，第 531 页。
③ 参见《兰哈姆法》第 15 条。
④ 参见《兰哈姆法》第 45 条。

时，商标以任何方式贴附在商品上、容器上或与商品一同展示或附加在商品标签上；① 在服务上的使用，即当服务于商业中提供时，商标在销售服务或为服务做广告时使用或展示。《兰哈姆法》第 45 条对商标使用的规定，主要强调了商标使用的外在方式，除上述外在方式外，美国对商标使用还有一些实质要求。

首先，此处探讨的商标使用是获权意义上的商标使用，区别于侵权认定上的商标使用，二者在具体判断时侧重不同。获权意义上的商标使用，原则上要求使用者在取得商标权之前已经就商标建立起了某种市场渗透，有此要求是为了防止对潜在商标使用者造成不合理影响，而在侵权语境中，认定商标使用并不需要确定被诉侵权者的使用足以在消费者心中获得品牌意义，如果被诉侵权者在欺骗性产品的广告中使用商标，那么即使被诉侵权者从未交付过带有该商标的产品，这种使用也可能会引发消费者对商品来源或从属关系的混淆，从而构成侵权的商标使用。②

其次，商标使用必须是充分的使用，即在商业活动中真实有效地使用商标，让商标发挥指示来源的作用。③ 在麦当劳诉汉堡王商标案中，法院就指出，能够建立普通法上商标权或构成联邦商标注册的基础的商标使用，一定是公开的、足够充分的，能够使相关公众识别商品来源的使用。《兰哈姆法》要求商标必须附着于商品之上，这并非意在限制商标的使用方式与范围，而是意在强调对商标的使用应使消费者能够一起感知商品和商标，从而在商品和商标之

---

① 如若商品自身属性使无法贴附商标，可将商标贴附在与商品或商品销售有关的文件上。
② See Stacey L. Dogan & Mark A. Lemley, *Grounding Trademark Law Through Trademark Use*, Iowa Law Review, Vol. 92：5，p. 1669 – 1702（2007）。
③ 参见李明德：《美国知识产权法》（第 2 版），法律出版社 2014 年版，第 509 页。

间形成来源指示的关联。①

最后，单纯在广告宣传中使用商标并不能获得商标权。在 But. v. Perosa 案中，原告（一家纽约咖啡馆的业主）与被告（一家与原告拥有相同商标的意大利公司）有关"时尚咖啡厅"商标是否能够获得商标注册的纠纷的争议焦点是被告以"时尚咖啡馆"的名义进行了一系列广告促销活动，但未附带提供任何商品或服务，这种情况是否能够构成商标使用。在审判过程中，法院吸纳了美国联邦最高法院法官西奥多·雷克塔努的意见，认为一方当事人在商标上的权利只产生于与商标有关的既定业务或贸易中，并据此得出结论，仅对"时尚咖啡馆"商标进行单纯广告宣传性质的使用，并不构成在《兰哈姆法》意义上的商标使用。②

## （二）联邦商标法上未注册商标的法益内容

### 1. 阻却在后商标注册

《兰哈姆法》第 2 条规定了数种不能作为商标注册或限制作为商标注册的标志，例如，包含不道德、欺骗性或毁誉性的事物或由其构成的标志，包含美国及美国的州、市或者其他国家的国旗、徽章或其他证章或模仿这些标志的事物或由其构成的标志，由仅具有描述商品的意义或欺骗性描述商品的标志构成的标志，等等。其中《兰哈姆法》第 2 条第 1 款第（d）项规定，包含与已注册的标志、与他人在美国在先使用并尚未放弃的标志或商号相似的标志或者由其构成，将标志用于申请人的商品之上可能会造成混淆、错误或欺

---

① See McDonald's Corp. v. Burger King Corp., 107 F. Supp. 2d 787 (E. D. Mich. 2000).

② See Tommaso But. v. Impressa Perosa, 139 F. 3d 98 (Cir. 1998).

骗的，不予注册。该款规定是未注册商标在美国享有阻却在后商标注册法益的法律依据。依据此规定，美国未注册商标与注册商标在阻却在后商标注册上具有相同的法律效力。

《兰哈姆法》明确规定了"可能造成混淆、错误或欺骗的"即具有混淆可能性的，才不予注册，因而，对混淆可能性的判断十分重要。1946 年《兰哈姆法》在规定"混淆"时，使用的是"有可能造成购买者在商品或服务来源上的混淆，或者误导、欺骗购买者"的表述，在 1962 年修法时《兰哈姆法》删除了"购买者"和"商品或服务来源上"的限定，将混淆的主体扩大至更广泛的主体，在混淆类型上不再局限于狭义的来源混淆，而可以包括关联关系混淆等。[①] 在具体认定具有混淆可能性时，美国专利商标局及审查法院一般会参考以下要素综合判断：（1）标志在外观、声音、内涵和商业印象方面的全部相似性与不同性；（2）商标所标示的产品或服务的相似性或不同性；（3）已建立且可能继续发挥作用的贸易渠道的相似性或不同性；（4）销售条件与购买者的谨慎程度；（5）前一商标的声誉（销售、广告、使用时间长度）；（6）任何实际混淆的性质和程度；（7）潜在混淆的程度，即是最小化还是实质性；（8）申请人与先前商标所有者之间的市场接触，等等。[②]

同时，需要注意的是，《兰哈姆法》在规定注册商标、未注册商标阻却他人在后商标注册时，仅规定了商标的近似，并未规定商品或服务的相同或类似这一限制条件，但这并不意味着在先商标使

---

[①] 参见李明德：《美国知识产权法》（第 2 版），法律出版社 2014 年版，第 564－565 页。

[②] See Application of E. I. DuPont DeNemours & Co., 476 F. 2d 1357, 177 U. S. P. Q. 563 (C. C. P. A. 1973).

用人拥有普遍的、阻止他人在不相类似的商品或服务上注册与在先商标使用人的商标相同或近似商标的权利。由于在判断混淆可能性时，美国专利商标局和法院往往会考察争议商标涉及的商品或服务是否类似，因而，对商品或服务类别的限制实质上暗含在混淆可能性的要求之中。

2. 先用抗辩权

美国的未注册商标先用抗辩制度由美国的商标共存使用制度发展而来。[①] 商标共存使用制度发源于美国，是维护善意商标使用人，实现商标保护公平与秩序价值的制度之一。早在《兰哈姆法》颁布之前，美国就在1916年的汉诺威磨制公司案[②]和1918年的联合药品公司案[③]中确定了一般的商标共存使用规则，即在获得普通法上的商标权的基础上，商标权的效力与特定的营业密切相关，在不同区域，不会造成消费者混淆的情况下，特定商标可以由不同商标权人共同使用。构成商标共存使用的核心要件是：（1）在后使用人主观上是善意的；（2）在后使用人使用商标的区域是与在先使用人使用商标的区域距离较远的区域；（3）不会引起消费者混淆。[④] 最初，美国的商标共存使用制度针对的是两个未注册商标之间的冲突。《兰哈姆法》颁布之后，为解决在先使用未注册商标与注册商标之间的冲突，美国提出了新的商标共存使用方案即未注册商标先用抗辩权。

---

① 此处的"先用"主要是指先于注册人的注册商标公告日，对应的是商标注册人在先使用而未注册商标所有人在后使用的情形。这与我国商标先用权所规定的双重在先要求：先于商标注册人的注册申请和先于商标注册人的使用，存在明显不同。

② See Hanover Star Milling Co. v. Metcalf, 240 U. S. 90 (1916).

③ See United Drug Co. v. Rectanus Co., 248 U. S. 403 (1918).

④ 参见李雨峰、倪朱亮：《寻求公平与秩序：商标法上的共存制度研究》，载《知识产权》2012年第6期。

《兰哈姆法》第 33 条明确规定了注册商标权受未注册商标先用抗辩权限制的情形，依据此条，被控侵权商标使用人不知商标注册人的在先使用，且在注册商标公告日前持续使用商标的，可提出商标侵权抗辩。据此，即使存在使用人通过联邦注册获得了在全国范围内有效的商标权，其他未注册商标使用人在满足上述条件时，依旧可以通过提出先用抗辩与注册商标权人共同使用商标。不过，这种使用要受到地域范围的限制。《兰哈姆法》第 33 条进一步说明，未注册商标使用人的此项抗辩权仅在已经确证的，存在连续在先使用的地区适用。这一点在思锐福特（Thrifty）汽车案①中已有体现，法院在判断思锐福特汽车公司（先用抗辩权人）能够继续使用商标的市场范围时指出，在思锐福体租车公司（商标注册人）根据《兰哈姆法》获得商标注册之前（1964 年 7 月之前），思锐福特汽车公司确实已使用商标，但其所持续使用的市场范围仅限于东陶顿，并不涉及科德角、玛莎葡萄园以及南塔基特，据此，思锐福特汽车公司抗辩权的效力仅限于东陶顿，思锐福特汽车公司无权在东陶顿之外的地区继续使用商标。

《兰哈姆法》第 33 条在规定先用抗辩权时，提出了"被控侵权商标使用人不知商标注册人的在先使用"的要件，参考美国商标共存使用制度，此要件实质上是对被控侵权商标使用人主观善意的要求。但是，并非被控侵权商标使用人知晓商标注册人的使用就绝对意味着被控侵权商标使用人具有恶意，被控侵权商标使用人若并未利用注册商标的商誉且不具有不正当竞争的目的，则不被认定为具

---

① See Thrifty Rent - a - Car System, Inc. v. Thrift Cars, Inc., 831 F. 2d 1 177（Is Cir. 1987）.

有恶意。①

在他人商标获准注册后,在后商标使用人原则上不能提出先用抗辩。但存在这样一种特殊情况,即在先商标注册人的业务尚未进入在后商标使用人所在的地域,也就是说,注册商标并未在在后使用人所在地域建立起声誉,对此,即使在后商标使用人的使用在商标注册之后,在后商标使用人也可以继续在原有范围内使用商标。原因在于,依据《兰哈姆法》第 32 条,注册商标权人行使禁止权的前提是他人的商标使用行为可能产生混淆,如若在先商标注册人并未在在后商标使用人所在地域建立商誉,混淆可能性无从产生,也就意味着在先商标注册人并不享有禁止在后商标使用人使用的权利。这一点在 1959 年"甜甜圈"商标案②中得到确认,该案中法院正是以不存在混淆可能性为由,拒绝向在原告注册商标后开始使用该商标的使用人发出禁令。

3. 并存注册

在美国,未注册商标所有人享有在他人在先提出商标注册申请后,请求获得并存注册的权利。《兰哈姆法》第 2 条第 1 款第(d)项规定,美国专利商标局局长如果认为两个以上主体依据特定条件或限制,以某种方式或在一定地域于商品之上继续使用同一或类似标记不会造成混淆、错误或欺骗,那么可作出并存注册的决定。据此,在美国,对于在相同或类似商品或者服务上使用的两个相同或近似商标,可允许在商标注册簿上并存注册,当然这种并存的前提

---

① See David S. Welkowitz, *The Problem of Concurrent Use of Trademarks: An Old/New Proposal*, University of Richmond Law Review, Vol. 28: 2, p. 315 – 384 (1994).

② See Dawn Donut Co. v. Hart's Food Stores, Inc., 267 F. 2d 358 (2d Cir. 1959).

是不会造成混淆。① 商标并存注册一般发生在以下情形中，即存在两个或两个以上的商标使用者，在互不知情的情况下共同使用着相同或近似的商标，其中某一使用者提出了商标注册申请或获得了联邦商标注册，其他共同使用者在知晓这一情况后，向美国商标复审委员会提出异议，同时请求获得共同注册。并存注册申请人如若对其未注册商标的使用，满足在他人提出申请或获得注册前已经使用商标和继续使用不会造成混淆的要件，则可以获得并存注册。同时，依据《兰哈姆法》第18条，美国专利商标局局长应根据《兰哈姆法》第2条第1款第（d）项的规定确定商标共存的条件和限制，包括使用方式、使用地域、使用商品的条件等。对于依据《兰哈姆法》的并存注册还有一个例外规定，如若已经获得商标注册的权利人同意其他申请人并存注册，就无须要求并存注册申请人在提出注册申请前已使用该商标。

### 三、美国联邦反不正当竞争法上的未注册商标法益

（一）《美国反不正当竞争法》概述

反不正当竞争法根源于法律对公平价值的追求，反不正当竞争法的基本理念是一个人不应该收获其没有播种的东西。② 在商标保护与反不正当竞争的关系上，美国参议院专利委员认为，商标侵权与广义上的不正当竞争之间没有本质的区别，不正当竞争是商标侵

---

① See § 6: 51. Definition of rights—Exceptions to rights—Concurrent use registrations agreements, IP Due Diligence in Corp. Transactions § 6: 51.

② See Brett Thomas Reynolds, *Appellate Review of Lanham Act Violations: Is Likelihood of Confusion A Question of Law or Fact?*, Southwestern Law Journal, Vol. 38: 2, p. 743 - 773 (1984).

权的组成部分。① 因此，商标保护与反不正当竞争密切相关，商标保护的目的包括保护诚实的商人，惩罚以不公平手段转移他人业务的不诚实竞争者，以及保护公众免受欺骗。②

《美国反不正当竞争法》由普通法上的侵权行为规范发展而来，在最初一直是由各州的普通法制止实践中各类不正当竞争行为。1946年《兰哈姆法》颁布，其第43条第（a）款规定了广泛的制止不正当竞争的内容，这样一来，《美国反不正当竞争法》就形成了州一级反不正当竞争法与联邦反不正当竞争法并存的法律模式。③从法源看，《美国反不正当竞争法》的法源除普通法外还有制定法，包括联邦制定法（《兰哈姆法》及其修正案和1914年《联邦贸易委员会法》及其补充法案）和各州的制定法。④ 在反不正当竞争理念上，早期美国的反不正当竞争案件仅关注那些由不公平、不诚实和虚假陈述行为导致的直接竞争损害，随着不正当竞争理论的发展，现代《美国反不正当竞争法》在制止不正当竞争行为时不再仅基于直接竞争损害，而基于"具有商业价值的财产权益应免受任何形式的不公平侵犯或侵害"这一更广泛的原则。⑤ 为此，《兰哈姆法》第43条第（a）款放弃了普通法将直接竞争损害作为构成不正当竞争先决条件的做法，并规定任何认为自己的利益可能受到损害的主体

---

① See McCarthy, *McCarthy on trademarks & unfair competition*, West Academic Publishing (5th ed.), p. 800.
② See Brett Thomas Reynolds, *Appellate Review of Lanham Act Violations: Is Likelihood of Confusion A Question of Law or Fact?*, Southwestern Law Journal, Vol. 38: 2, p. 743 – 773 (1984).
③ 参见李明德：《美国知识产权法》（第2版），法律出版社2014年版，第623页。
④ 参见张广良、冯靓：《从华盛顿州反不正当竞争新法案看美国知识产权保护新动向》，载《知识产权》2011年第10期。
⑤ See § 18: 1. Unfair competition defined, 4 Entertainment Law 3d: Legal Concepts and Business Practices § 18: 1.

均可提起不正当竞争诉讼。

有关未注册商标法益,虽然《兰哈姆法》在1946年颁布时就规定了针对未注册商标不正当竞争的内容,但直到1970年初,州普通法都是未注册商标侵权认定的唯一法律依据,即有关未注册商标的诉讼需要向州法院提起。这种情况在1970年美国联邦法院开始在案例中适用《兰哈姆法》第43条第(a)款保护未注册商标后得到改变,随后,《兰哈姆法》第43条第(a)款逐渐成为未注册商标侵权索赔的主要依据。[1]

(二)一般未注册商标的仿冒禁止法益

《美国反不正当竞争法》保护的商标主要是未注册商标。[2] 有关未注册商标仿冒禁止法益的内容规定在《兰哈姆法》第43条第(a)款第1项中,依据此规定,任何人使用未注册商标"可能引起对该人与他人的附属、联合或结合关系的混淆、误认或欺骗,或者对其商品或服务或商业活动来源于他人、由他人赞助或认可的混淆、误认或欺骗"的,应当在诉讼中承担责任。就商标侵权来说,依据《兰哈姆法》第43条第(a)款第1项提起不正当竞争诉讼的未注册商标可获得与注册商标本质上相同的保护。[3] 了解美国一般未注册商标的仿冒禁止法益需要注意以下两点:

第一,未注册商标应是合法有效和可受保护的商标。对于获得了联邦注册的商标,可推定该商标的有效性与商标权的有效性以及

---

[1] See § 1: 19. Federal Lanham Act § 43 (a) federalizes part of state unfair competition law, 1 McCarthy on Trademarks and Unfair Competition § 1: 19 (5th ed.).
[2] 李明德:《美国知识产权法》(第2版),法律出版社2014年版,第630页。
[3] 李明德:《美国知识产权法》(第2版),法律出版社2014年版,第629页。

商标至少达到了可受法律保护的最低标准,但对于未注册商标来说,其所有人在主张仿冒禁止法益时,首先需要证明自己就未注册商标拥有普通法上有效的商标权,或者说其所有人需要证明已对其进行了充分使用。在以往的案例中,美国法院在判断一个主体是否通过使用获得了普通法上的商标权时,会依据商标所附着产品的销售规模、在相关区域的增长趋势、实际购买人数和潜在客户以及广告宣传的数量等要素综合判断。① 有关使用程度的标准,一些法院认为,如果没有注册,所有未注册的商标必须获得第二含义才能作为商标受到法律保护,因为商标具有固有显著性对消费者来说并没有意义,此时消费者依靠商标识别商品或服务来源的可能性仍然是理论上的,② 只有商标通过使用显示出了第二含义,才说明消费者可以通过商标将商品与商品的提供者联系起来。

第二,混淆可能性。无论是制止针对注册商标的商标侵权行为,还是制止针对未注册商标的不正当竞争行为,根本目的都在于避免特定行为在相关公众中引发混淆,因此,类似案件具有同样的调查方向——被告的行为是否可能造成混淆。③ 反不正当竞争法上未注册商标仿冒行为的混淆可能性的判断与对注册商标侵权中的混淆可能性的判断并无本质区别。

综上,当未注册商标所有人证明了其拥有普通法上合法有效的商标权和他人的仿冒行为具有混淆可能性后,即可获得美国联邦反

---

① See Lucent Information Management, Inc. v. Lucent Technologies, Inc., 186 F. 3d 311 (3d Cir. 1999).

② See Rebecca Tushnet, *Registering Disagreement: Registration in Modern American Trademark Law*, Harvard Law Review, Vol. 130:3, p. 867 – 941 (2017).

③ See § 2:7. Trademark infringement is a type of unfair competition, 1 McCarthy on Trademarks and Unfair Competition § 2:7 (5th ed.).

不正当竞争法的法律救济。这种救济表现为未注册商标所有人可以依据《兰哈姆法》第34条，请求法院下达禁令以制止行为人的不正当竞争行为。当行为人主观上存在故意时，未注册商标所有人还可以依据《兰哈姆法》第35条请求获得包括行为人的所得利润、未注册商标所有人的损失和诉讼费用在内的损害赔偿，以及依据《兰哈姆法》第36条请求销毁侵权物品。

（三）驰名未注册商标的淡化禁止法益

美国于1995年在修订《兰哈姆法》第43条时，增加了有关驰名商标反淡化的规定。依据《兰哈姆法》第43条第（c）款，对于驰名商标（无论注册与否），他人在商业经营中使用特定商标，有可能因冲淡或污损导致驰名商标淡化的，驰名商标所有人有权获得禁令救济，[①] 同时，在对方存在主观故意的情况下，驰名商标所有人可依据《兰哈姆法》第35条、第36条请求损害赔偿和销毁侵权物品。在具体适用时：

首先，在对商标"驰名"的要求上，美国采用地域与声誉的双重标准。一方面，商标作为商标所有人指示商品或服务来源的标志需要被"美国境内"的消费者广泛认知；[②] 另一方面，出于对立法意图的满足，美国对驰名商标的声誉采用很高的标准，要求商标必须有"相当大的声誉"才可认定为驰名商标。

其次，在淡化的认定上，《兰哈姆法》规定了"冲淡和污损"即弱化和丑化两种情形，并进一步指出，弱化是指因使用与驰名商标相似的商标或商号，引发了与驰名商标相关的联想，这种联想削

---

[①] 参见李明德：《美国知识产权法》（第2版），法律出版社2014年版，第671页。

[②] 参见《兰哈姆法》第43条第（c）款第（2）项。

弱了驰名商标的显著性；丑化是指因使用与驰名商标相似的商标或商号，引发了与驰名商标相关的联想，这种联想损害了驰名商标的声誉。在存在上述弱化和丑化的情形时，无论驰名商标所有人与相对人之间是否存在竞争、是否存在现实的混淆与混淆可能性、是否给驰名商标所有人造成了实际的经济损害，均不影响该两种情形构成对驰名商标的淡化。[1] 在具体判断淡化可能性时，《兰哈姆法》规定了法院可参考的因素：商标相似度、驰名商标固有显著性与获得显著性的程度、驰名商标使用程度、驰名商标市场认可度、使用者意图以及特定商标与驰名商标发生实际联系的事实。在司法实践中，除上述因素外，法院还会参考商品或服务的相似度、争议商标的显著程度等因素。[2]

最后，《兰哈姆法》第43条第（c）款第3项还规定了三种驰名商标淡化的免责事由，分别是：第一，驰名商标的合理使用；第二，针对驰名商标的新闻报道与新闻评论；第三，所有非商业性使用驰名商标的行为。在存在上述情形时，驰名商标所有人不能以其驰名商标被淡化为由提起诉讼。

## 第四节  域外未注册商标法益的总结分析

通过分析德国、日本以及美国有关未注册商标的法律制度可

---

[1] 参见《兰哈姆法》第43条。

[2] See Mark V. B. Partridge, *A Review of Recent Trademark and Unfair Competition Cases in the U. S*, The Journal of Law and Technology, Vol. 38：1, p. 57 – 104（1997）.

知,这三个在商标权取得模式上极具代表性的国家,在其本国商标法律框架内均承认未注册商标法益的存在并为未注册商标提供一定程度的法律保护。这三个国家的具体规定可在以下几方面供我国参考与借鉴。

## 一、可受保护的未注册商标

可受保护的未注册商标主要指享有法益的未注册商标。虽然德国、日本和美国采用不同的商标权取得模式,但在未注册商标保护上,三者保护的均是通过"使用"商标产生的应受保护的商标权或商标法益。从类型上看,德国、日本和美国所保护的未注册商标可分为一般未注册商标和驰名未注册商标,三个国家均为驰名未注册商标提供了较之一般未注册商标更强的法律保护。

在可获得保护的未注册商标所需达到的标准上,三个国家的要求有所不同。基于德国注册和使用均可取得商标权的商标权取得模式,德国是从权利角度规定未注册商标的国家,《德国商标法》将可以获得商标权的未注册商标规定为"在商业交易中使用,且在所涉及的公众中作为商标获得市场认可的商标"。《日本商标法》在规定未注册商标时,并未区分一般未注册商标与驰名未注册商标,而是统一表述为"作为表示他人业务所属商品或服务的标志被消费者广泛知晓的商标"。美国《兰哈姆法》对未注册商标的规定比较简单,即"在先使用并尚未抛弃的标记"。从上述规定,特别是德国和日本的规定可知,未注册商标受保护的前提是"使用",且这种使用需要达到诸如"作为商标获得市场认可""被消费者广泛知晓"的影响力标准。

在影响力标准上,与德国授予未注册商标商标权相匹配,德国的要求相对更高，在未注册商标对抗在后商标注册时，德国要求未注册商标需要达到能够在全德国范围内禁止他人使用的影响力标准。相较于德国，日本与美国对未注册商标影响力的认定更加灵活，并不绝对地要求未注册商标要达到一个较高的影响力标准，但将未注册商标的效力限定在未注册商标的影响力所能达到的地域与范围。同时，在日本，对于阻却在后商标注册的未注册商标与具有商标先用权的未注册商标，后者的影响力标准要更低。

## 二、未注册商标的法益内容

德国、日本和美国在保护未注册商标的方式上有所不同，这构成了三国不同的未注册商标法益内容。参考我国未注册商标的法益内容并结合德国、日本和美国未注册商标保护的特点，此处主要对德国、日本和美国的以下未注册商标保护方式作出讨论：（1）阻却在后商标注册；（2）商标先用权；（3）一般未注册商标反混淆。

首先，有关未注册商标阻却在后商标注册。德国在规定未注册商标阻却在后商标注册的要件时，除对未注册商标"使用＋影响力"的要求外，并未明确规定其他要件。美国在规定未注册商标阻却在后商标注册时，以与未注册商标"相似或由其构成"（商标相同或近似）、"商品或服务相同或类似"[①] 以及"混淆可能性"为要件。日本的规定较为特殊，需单独讨论。日本就未注册商标阻却在后商标注册规定了三种情况，不同情况有不同的要件要求：第一种情况为"商标相同或近似" ＋ "商品或服务相同或类似" ＋ "混

---

[①] 在判断混淆可能性时，美国专利商标局和法院往往会考察商品或服务是否近似，因而对商品或服务类别的限制实质上暗含在混淆可能性的要求之中。

可能性"[①]；第二种情况为仅要求"混淆可能性"（不限制商品或服务相同或类似）；第三种情况为"商标相同或近似" + "他人具有不正当目的"（不限制商品或服务相同或类似，不关注是否具有混淆可能性）。与我国《商标法》第 32 条后半段未注册商标阻却在后商标注册的规定相比，德国、日本和美国均认可未注册商标法益设置的独立性，均未像我国一样，将商标注册申请人的主观"恶意"（存在不正当手段）作为未注册商标阻却在后商标注册的必备要件之一。

其次，在涉及未注册商标先用权时，德国（《德国商标法》第 22 条）、日本（《日本商标法》第 32 条）和美国（《兰哈姆法》第 33 条）所规定的详尽程度不同。德国仅规定了在后注册商标的所有人不得禁止在先使用人对商标的使用。美国与日本的规定类似，美国和日本明确规定了包括"时间在先"、"使用人善意"（在认定善意时，日本要求"无不正当竞争目的"，美国虽规定了"不知"但司法实践中仍以使用人不具有不正当竞争目的的认定善意）、"在原有地区继续使用"的要件，除此之外，日本还有附加区别标记以防止混淆的规定。

最后，在商标侵权阶段，对一般未注册商标进行反混淆保护上，德国、日本和美国都具有相对一致的态度与要求，即禁止混淆性使用与他人一般未注册商标相同或近似商标的行为。其中，《德国反不正当竞争法》还强调了只有"可避免的"欺诈性指示商品或服务来源的行为才被禁止。在对驰名未注册商标进行反淡化保护上，德国、日本和美国均有规定，其中，《德国商标法》禁止"无合理理由以不正当方式利用和损害知名商标区别力或声誉"的行

---

① 虽然《日本商标法》第 4 条第 1 款第 10 项并未明确规定混淆要件，但日本《工业所有权法逐条解说》指出，该条的立法目即为解决未注册驰名商标的来源混淆问题。

为,《德国反不正当竞争法》制止"不适当利用或损害被模仿的商品或服务声誉"的行为;《日本反不正当竞争法》禁止"在自己商品上使用与他人著名商标相同或类似标志"的行为;《美国反不正当竞争法》禁止"可能因冲淡或污损导致驰名商标淡化的行为"。[①] 我国无论是《商标法》还是《反不正当竞争法》,并未为驰名未注册商标提供反淡化保护。

### 三、商标法与反不正当竞争法在未注册商标法益上的划分

德国、日本和美国,均主要以商标法和反不正当竞争法保护本国的未注册商标。《德国商标法》与《德国反不正当竞争法》在未注册商标法益上的划分最具特殊性。由于依据《德国商标法》,注册与使用均可产生商标权,因此《德国商标法》第14条在规定商标专用权时,在商标侵权救济上为注册商标与未注册商标规定了基本相同的内容。除《德国商标法》外,《德国反不正当竞争法》为未注册商标提供侵权救济,但此种救济仅具有补充性,即只有欠缺法律要件而无法纳入商标法封闭保护的未注册商标,才可能适用反不正当竞争法获得补充保护。由于《德国商标法》对未注册商标获权所需达到的影响力要求很高,因此未达要求不能寻求商标法保护的未注册商标,一般会寻求《德国反不正当竞争法》的保护。可见,在商标侵权阶段,《德国商标法》与《德国反不正当竞争法》均为未注册商标提供保护。

与德国不同,日本和美国的商标法与反不正当竞争法在未注册商标法益的划分上,表现出了一定的共性,即在商标授权确权阶

---

[①] 参见《德国商标法》第14条、《德国反不正当竞争法》第4条、《日本反不正当竞争法》第2条、美国《兰哈姆法》第43条。

段，主要由商标法调整未注册商标法益，为未注册商标提供保护；在商标侵权阶段，主要由反不正当竞争法调整未注册商标法益，为未注册商标提供保护。在日本，只有商标注册才能产生商标权，商标法主要保护注册商标，因而上述设计与日本商标法律制度的基本特点相符合。在美国，虽然未注册商标能够通过使用获得普通法上的商标权，但联邦商标法主要保护的是注册商标，未注册商标只有经过联邦注册才能在全美范围内取得商标权，进而获得联邦商标法的有效保护，因此，对未注册商标的侵权救济交由联邦反不正当竞争法规定。我国商标法对未注册商标与注册商标的态度与日本和美国类似，因此，在未注册商标法益设置上，日本商标法和美国商标法与美国反不正当竞争法的划分对于我国有一定的借鉴意义。

## 本 章 小 结

注册取得商标权与使用取得商标权是有关商标确权的两种最基本的立法模式，但鉴于这两种模式各有优势与劣势，世界范围内，鲜有纯粹采取注册取得商标权或使用取得商标权的单一确权模式的国家，大多数国家选择在一种模式的基础上向某种折中的模式转变，以维护注册和使用在商标确权效力中的合理平衡。[1] 这种转变表现为：在注册取得商标权模式的基础上不断加强使用理念，例如我国、德国和日本；在使用取得商标权模式的基础上日益强化注册

---

[1] 参见彭学龙：《寻求注册与使用在商标确权中的合理平衡》，载《法学研究》2010年第3期。

的效力，例如美国。由于折中模式在商标确权中兼顾注册的效力与使用的效力，因此向折中模式转变的国家在面对未注册商标这种通过使用与商品或服务结合，但又未经注册的商标时，未注册商标保护问题成为其所要解决的重要问题。

德国从注册取得商标权模式发展为注册与使用并行的商标权取得模式，以此为基础，未注册商标在德国经使用获得了相当比例的相关公众的认可时，将与注册商标一样享有商标权。获权后的未注册商标不仅可以对抗在后的商标注册、取得商标专用权，还可以作为财产标的被转让或许可，这是商标法对未注册商标所涉因使用产生的利益保护的最为全面的状态。已使用但未达获权要求的未注册商标可在注册申请人存在恶意的情况下阻却在后商标注册。在《德国反不正当竞争法》上，未注册商标所有人享有制止他人在可能产生混淆或淡化的情况下，以"提供"商品或服务的方式使用其未注册商标的权利。日本在注册取得商标权模式的基础上给予未注册商标以有限保护，形成了"注册取得商标权，使用产生法益"的商标确权模式。在《日本商标法》上，已为消费者广泛知晓的未注册商标的法益包括：阻却他人在相同或类似的商品或服务上注册与未注册商标相同或近似商标的权利；阻却他人注册可能与未注册商标所指示的商品或服务的来源产生混淆的商标的权利；阻却他人以不正当使用为目的，注册与未注册商标相同或近似商标的权利；商标先用权。在《日本反不正当竞争法》上，周知未注册商标具有反混淆法益，著名未注册商标具有反淡化法益。虽美国采用使用取得商标权的模式，但联邦注册是证明与强化商标权的重要手段，在联邦商标法上，未注册商标的效力弱于注册商标的效力，未注册商标的效力属性更接近于法益。对于在先使用的未注册商标，其所有人享有阻却他人在后混淆性注册、先用抗辩和获得并存注册的权利。在美国联邦反不正当竞争法上，未注册商标法益包括一般未注册商标的仿冒禁止法益与驰名未注册商标的淡化禁止法益。

　　无论一国采用何种商标权取得模式，未注册商标法益均受到各国商标立法的重视与保护。对于未注册商标法益，德国、日本和美国的规定各有特点，但表现出一定的共性，当我国现行有关未注册商标法益的规定与德国、日本和美国的共性规定存在不同时，尤其值得以该不同为依据审视我国现有规定是否具有合理性。对于德国、日本和美国现有规定中不同的部分，既需要在其本国商标法律制度中理解其如此规定的缘由，又需要以我国商标权取得模式的特点、我国未注册商标法益保护的实际需求等为基础，探究相关规定的可借鉴性。

# 第六章 制度设计：我国未注册商标法益设置之完善思路

在上文明确了我国未注册商标法益的现存问题后，我国未注册商标法益的完善需要以解决问题为基础进行制度设计。"未注册商标法益保护"与"恶意注册的法律规制"混同是我国未注册商标法益设置的关键问题，不仅使我国商标制度在保护未注册商标法益上的效果大打折扣，更可能使一些具有明显恶意的抢注行为因现有规定对未注册商标"一定影响"的要求而脱离制裁。事实上，一方面，对他人恶意抢注行为的规制具有独立的法理基础——诚实信用原则，因而应直接否定该行为的合法性；另一方面，保护具有相当影响力的未注册商标，是法律对在先使用人通过有效的使用行为建立起的商誉的肯定，与他人是否恶意注册无关，因此，将"未注册商标法益保护"与"恶意注册的法律规制"区分开来，并明确各自的构成要件和法律后果是完善我国未注册商标法益的关键。除此之外，我国对未注册商标法益保护整体不足，未注册商标法益制度本身存在模糊、不协调和引发争议的部分，《商标法》与《反不正当竞争法》在未注册商标法益设置上界限不明的问题，需要通过制度完善与制度解释得到有效解决。这一过程中,《商标法》与《反不正当竞争法》在未注册商标法益设置上的应有定位、未注册商标法益取得的实质要求、不同阶段未注册商标法益的具体设置是必须要释明的内容。在对比与借鉴域外有益经验的基础上,笔者接下来的分析与提出的构想并非旨在刻意加大我国对未注册商标法益的保护力度,而是希望通过合理的制度安排和对相关制度的解释,勾勒出一个针对未注册商标的规范化体系,使合法的未注册商标法益得到应有的保护,使恶意抢注、不当抢注他人未注册商标的行为得到有效制止。

## 第一节 我国未注册商标法益设置的基本前提

### 一、《商标法》与《反不正当竞争法》在未注册商标法益设置上的应有定位

(一) 不应只由《反不正当竞争法》保护未注册商标法益

知识产权作为对知识信息的独占权,兼具抑制竞争与促进竞争的双重属性,尤其是商标权和专利权的权利范围和强度,将直接影响市场竞争的自由与公平。[①]《反不正当竞争法》以维护自由与公平

---

① 参见孔祥俊:《反不正当竞争法的司法创新和发展——为〈反不正当竞争法〉施行20周年而作》(上),载《知识产权》2013年第11期。

的市场竞争为目标,① 因而与知识产权有着天然的联系,且这种联系首先就表现在《反不正当竞争法》对知识产权权益的保护上。《反不正当竞争法》对知识产权权益的保护较之知识产权专门法具有补充作用,这种补充作用在维护自由竞争的立法目的下,并非在知识产权专门法的保护范围之外,随意扩张知识产权的保护范围,而是基于维护公平竞争的目的,主要保护与知识产权专门法的立法政策兼容的,却未被知识产权专门法的保护范围涵盖的权益。未注册商标法益即属此例,为此,实践中存在一种观点,即我国在商标权益保护的划分上,应由《商标法》保护注册商标权,由《反不正当竞争法》保护未注册商标法益。笔者并不认同这种观点,原因如下:

《反不正当竞争法》秉持的是法益中性的法益观,即单从损害他人的法益本身并不足以得出行为具有不正当性。② 在这种法益观下,法益并非反不正当竞争的出发点与立足点,《反不正当竞争法》对法益的态度表现为:一方面,从对一些不正当行为的规制中难以推定某些法益是否已经受到《反不正当竞争法》的保护;另一方面,即使是受保护的正当法益所获得的也仅是消极保护,这是由《反不正当竞争法》行为规制法的属性决定的,在行为法模式下,行为本身的正当与否是判断行为是否应受《反不正当竞争法》规制的基准。③ 因此,以《反不正当竞争法》保护未注册商标法益时,

---

① 参见孔祥俊:《反不正当竞争法的司法创新和发展——为〈反不正当竞争法〉施行20周年而作》(上),载《知识产权》2013年第11期。
② 参见孔祥俊:《反不正当竞争法的司法创新和发展——为〈反不正当竞争法〉施行20周年而作》,载《知识产权》2013年第12期。
③ 参见孔祥俊:《反不正当竞争法的司法创新和发展——为〈反不正当竞争法〉施行20周年而作》,载《知识产权》2013年第12期。

| 第六章 制度设计：我国未注册商标法益设置之完善思路 |

未注册商标法益并不具有独立的法律地位，且未注册商标所有人只能在相对人的竞争行为存在违法性时，才获得制止违法性竞争行为的禁止权，进而维护自身未注册商标法益。除此之外，《反不正当竞争法》在保护未注册商标时，制止的是擅自"使用"经营者未注册商标的仿冒行为，如若他人仅恶意抢注未注册商标，并不将商标投入实际使用，而通过阻挠未注册商标所有人对商标的使用，逼迫未注册商标所有人支付商标许可使用费或转让费，那么《反不正当竞争法》就失去了适用的空间。同时，未注册商标所有人不能依据《反不正当竞争法》对他人不当的注册申请提出异议，不能依据《反不正当竞争法》请求宣告已注册的商标无效。质言之，《反不正当竞争法》不能制止仅在商标授权确权阶段针对未注册商标实施的侵占未注册商标法益的行为，这是仅利用《反不正当竞争法》保护未注册商标法益最大的弊端。

（二）《商标法》与《反不正当竞争法》保护未注册商标法益的划分

目前，我国《商标法》和《反不正当竞争法》在涉及未注册商标法益的规定上存在重合的部分。例如，对于他人擅自使用未注册驰名商标，容易导致混淆的行为，我国《商标法》第 13 条第 2 款和《反不正当竞争法》第 6 条第 1 项均有"禁止使用"的规定，存在法律竞合的情况。虽然这种情况下，驰名未注册商标所有人可以选择适用《商标法》或《反不正当竞争法》，即法律竞合并不影响其对自身利益的维护，但是，对于基于同样法益保护理论基础的驰名未注册商标与一般未注册商标，一个既给予《商标法》上的侵权保护又给予《反不正当竞争法》上的侵权保护，而另一个仅给予

《反不正当竞争法》上的侵权保护，这不免会损害我国商标法律制度的科学性与严谨性。因此，需要明确我国《商标法》与《反不正当竞争法》在未注册商标法益保护上的划分。由于在商标授权确权阶段，针对未注册商标法益的以异议权、无效宣告请求权、商标先用权等为内容的法律救济需要依赖商标注册制度，因此，此时应由《商标法》为未注册商标法益提供保护。此处讨论的主要是在商标侵权阶段，我国《商标法》与《反不正当竞争法》在未注册商标法益保护上的划分。

商标自产生之初就是经营者之间进行商业竞争的手段，经营者通过在商标上积累商誉从而获得一定的竞争优势，因而，有人通过仿冒商标等行为破坏他人的竞争优势的，则会被认定为不正当竞争行为而受到法律的禁止。因此，长期以来，《反不正当竞争法》调整着商标法律关系，通过制止商标仿冒行为保护商标法益。[1] 但随着商标日益财产化，部分商标法益上升为权利，由与之相关的专门法即《商标法》进行调整，《商标法》逐渐从竞争法中独立出来，《商标法》虽然仍具有维护正当竞争秩序的属性，但更关注从正面确定商标权。[2] 很明显，在我国商标法律制度中，上升为权利的部分即是注册商标，注册商标具备绝对权所需要的权利成立的客观性、公示公开性等属性，而未注册商标仍旧未脱离法益属性，因而属于未上升为权利的那部分法益。从这个角度看，对未注册商标法益的侵权救济仍应由《反不正当竞争法》继续实现。此外，与权利保护的稳定性不同，未注册商标法益的有无或大小是动态的，常常需要在具体情境中加以判断与衡量，因而对未注册商标法益的保护

---

[1] 参见李雨峰：《重塑侵害商标权的认定标准》，载《现代法学》2010年第6期。
[2] 参见黄汇、谢申文：《驳商标被动使用保护论》，载《知识产权》2012年第7期。

| 第六章　制度设计：我国未注册商标法益设置之完善思路 |

需要动态看待，在保护条件上更需灵活性，① 因此，《反不正当竞争法》的行为法模式较之《商标法》的设权模式与未注册商标法益的侵权保护更契合。同时，从域外的实践经验看，日本和美国在《商标法》与《反不正当竞争法》保护未注册商标法益的分工上，均采用：在商标授权确权阶段，由《商标法》为未注册商标法益提供保护；在商标侵权阶段，由《反不正当竞争法》为未注册商标法益提供保护。②

综上，我国《商标法》与《反不正当竞争法》在保护未注册商标法益上的划分应采用：第一，在商标授权确权阶段，由《商标法》为未注册商标法益提供以制止抢注、商标先用权为内容的保护；第二，在商标侵权阶段，由《反不正当竞争法》为未注册商标法益提供侵权保护。不过，存在一种特殊情况，即代理人或者代表人擅自使用被代理人或被代表人的未注册商标，由于此处的未注册商标可能是尚未使用的未注册商标，并不具有因商标使用形成的未注册商标法益，未注册商标所有人无法获得以保护商誉为基础的《反不正当竞争法》的保护，对于这种情况，应仍由《商标法》规定禁止代理人或者代表人擅自使用被代理人或被代表人的未注册商标。这样规定其实与《商标法》与《反不正当竞争法》在未注册商标法益保护上的分工并不违和，因为禁止代理人或代表人擅自使用被代理人或被代表人未注册商标的基础本就不在于保护未注册商标法益，而是对信赖关系中背信行为进行制裁。

---

① 参见孔祥俊：《反不正当竞争法的司法创新和发展——为〈反不正当竞争法〉施行20周年而作》，载《知识产权》2013年第12期。

② 此处美国的商标法和反不正当竞争法分别指的是美国联邦商标法和联邦反不正当竞争法。

## 二、未注册商标法益取得的实质要求

### （一）未注册商标的知名度与未注册商标法益的关系

在探讨未注册商标法益取得的实质要求前，首先需要明确一个问题，即未注册商标的知名度与未注册商标法益的关系问题，这对随后未注册商标法益有无与未注册商标法益大小的判断有重要影响。

由于我国《商标法》明确规定了驰名未注册商标和具有一定影响的未注册商标，并分别设置了不同的保护规则，这容易使人以为未注册商标的知名度与未注册商标法益是相对应的关系，即未注册商标若具有较高的知名度则具有较大的法益。例如，有学者指出，对在先使用商标"有一定影响"的认定，实际上是在考察商标的"知名度"，因而"有一定影响"的认定可以转化为商标知名度或影响力的认定，并认为商标知名度等级越高，受保护的程度越高，排他效力越强。[1] 笔者认同商标的知名度作为商标被公众知晓的程度与未注册商标法益密切相关，但同时认为未注册商标的知名度与未注册商标法益不具有绝对的对应关系，未注册商标法益的大小才是未注册商标排他效力的决定因素。这一点已被许多学者意识到，例如，有学者指出，在评判标志与特定商品或服务的来源建立了唯一对应关系，即建立了值得保护的商业信誉上，"较高知名度说"只是一种间接推论，其弱点和弊端是明显的；[2] 还有学者指出，"产生知名度的标志使用行为与产生显著性的商标使用行为具有不同的法

---

[1] 参见程德理：《在先使用商标的"有一定影响"认定研究》，载《知识产权》2018年第11期。

[2] 参见熊文聪：《论商标法中的"第二含义"》，载《知识产权》2019年第4期。

律性质"①。此外，单纯强调未注册商标的知名度可能与"商标使用"脱离。有学者在概括我国驰名未注册商标的认定条件时，认为"实际使用"是认定未注册驰名商标时需要着重考虑的因素，且这种"实际使用"应以"商标法意义上的使用"为目的。②这种对"实际使用"的强调在一定程度上意味着，未注册商标即使不通过"实际使用"或"商标法意义上的使用"也是可以在相关公众中被广泛知晓即具有较高的知名度的。例如，并不将商标投入流通环节与商品或服务相结合，而大力进行广告宣传时，商标可获得较高知名度；又如，利用明星的知名度与流量效应，可以迅速使商标获得知名度，但此时的知名度并非基于对未注册商标的使用产生的，而是依附于明星的与识别商品或服务来源无关的知名度。

未注册商标法益是未注册商标所有人就未注册商标享有的，基于商标使用行为产生的受法律保护的利益，这种"受法律保护的利益"的本质是商誉或商标经使用实际具有的来源识别性。在认识未注册商标法益时，需要注意的关键信息有两点：第一，未注册商标法益是一种在商标使用中积累的应受保护的价值；第二，未注册商标法益是一种与商品或服务来源相关的信息。因此，当未注册商标的知名度并非基于商标使用产生或与商品或服务的来源时，未注册商标的知名度与未注册商标法益不具有绝对的对应关系。

### （二）未注册商标法益的取得方式：商标使用

在我国商标法律框架内，"商标使用"这一概念贯穿商标授权

---

① 刘维、张丽敏：《未注册商标权益形成机制研究》，载《知识产权》2016 年第 7 期。
② 参见张玲玲：《论未注册驰名商标的司法认定与保护——兼评〈商标法〉第十三条及〈反不正当竞争法〉第六条第一项的适用》，载《法律适用》2019 年第 11 期。

确权、商标维持、商标侵权、商标损害赔偿的全程。《商标法》中既有作为获得商标法益重要途径的商标使用、作为维持商标权前提的商标使用、作为构成商标侵权要件的商标使用,又有作为商标损害赔偿基础的商标使用,不同环节中,商标使用的意义与内涵存在差别。此处讨论的仅是能够产生未注册商标法益的商标使用。本书在讨论"我国在先使用并具有一定影响未注册商标的认定"时,对商标使用的内涵已作出了一定分析,此处予以进一步强调。

第一,产生未注册商标法益的商标使用应是用于识别商品或服务来源的使用。我国《商标法》第 48 条采用列举加概括的方式规定了商标使用,其中,《商标法》第 48 条列举出的将商标用于商品、商品包装、容器等处的具体情形,并不能反映出商标使用的本质,因为随着现代传媒的兴起以及商品或服务交易方式向多样化发展,商标可以被使用在各种媒介上与特定商品或服务产生联系,因而除《商标法》第 48 条列举的具体情形外,对未注册商标的使用还需要满足我国《商标法》第 48 条句末的概括规定"用于识别商品来源"。从"用于……的行为"的表述看,其表明的是未注册商标所有人使用商标的目的是识别商品的来源。我国保护未注册商标本就是为了维护在先使用人在使用商标过程中建立起的商誉或识别性,因此,能够产生未注册商标法益的商标使用,首先应是使用人具有识别商品或服务来源主观意图的使用。如若使用人对商标的使用并非意在与商品或服务的来源相关联,而仅是作为装饰商品或描述商品特征的使用,即使在消费者中产生了识别商品或服务来源的后果,也不能将使用人的使用行为认定为商标使用。①

---

① 参见黄汇、谢申文:《驳商标被动使用保护论》,载《知识产权》2012 年第 7 期。

将识别商品或服务的来源仅理解为对使用者使用意图的要求并不够，还要求使用者的使用行为实际产生了识别商品或服务来源的效果。我国在注册取得商标权模式下保护未注册商标，并非为了颠覆现有商标注册制度，而是基于公平正义原则对商标权注册取得予以修正，因此，保护未注册商标时所保护的是经营者通过对商标富有成效的使用而凝结起来的商业信誉。如若经营者以识别商品或服务来源为目地使用特定商标，但消费者并未将商标与其商品或服务相关联，例如仅将经营者对商标的使用当作对商品的装饰，则经营者的使用行为并不能构成产生未注册商标法益的商标使用。当然，在这种情况下，未注册商标不可能具有《商标法》或《反不正当竞争法》所要求的影响力。

第二，产生未注册商标法益的商标使用应是进入流通环节的商标使用。商品流通环节，既是商品价值流通与实物流通的统一，同时也是商品从生产者手中历经各个环节进入消费者手中的运动过程，一般来说，商品流通包括批发环节、零售环节和仓储环节等。①本书所指的商品流通环节是商品从生产、经营者处转移至商标法上"相关公众"的过程。这里有两个关键点：一是存在商品或服务的提供行为；二是商标依附于商品和服务被提供。产生未注册商标法益的商标使用应是进入流通环节的商标使用，我国司法实践对此已有确认。例如，在 2012 年"无印良品"商标异议复审行政纠纷案中，最高人民法院明确指出，商标的基本功能在于区别不同商品或服务的来源，因此商标只有在商品的流通环节中才能发挥其功能。②

---

① 参见《商品流通环节》，载百度百科 2022 年 11 月 19 日，https：//baike. baidu. com/item/%E5%95%86%E5%93%81%E6%B5%81%E9%80%9A%E7%8E%AF%E8%8A%82。

② 参见最高人民法院（2012）行提字第 2 号行政判决书。

又如，在"美丽俏佳人"商标异议复审行政纠纷案中，北京知识产权法院认为，东方风行公司仅提交场地租赁协议、广告合作协议等证据，不能证明其商标使用行为，且在各类节目中使用的未注册商标应依附于节目，对于正在制作尚未完成的节目，其赖以产生区分性的载体并未在市场上流通，故不产生基于使用的影响力。① 除我国外，美国司法实践同样秉持这样的观点，例如，在 Buti v. Perosa 案中，法院认为当事人在商标上的权利只产生于与商标有关的既定业务或贸易中，因此，未附带提供任何商品或服务的广告促销活动，并不构成《兰哈姆法》意义上的商标使用。②

### （三）未注册商标法益的取得标准：显著性标准与影响力标准

未注册商标所有人对其未注册商标进行了实际的商标使用，并不意味着未注册商标就具有了可受法律保护的法益。未注册商标法益的获取还需要满足一定的取得标准，这种标准既包括显著性标准又包括影响力标准。

#### 1. 显著性标准

商标的显著性指"商标标示产品出处并使之区别于其他同类产品的属性"③，依据我国《商标法》第 9 条和第 11 条的规定，商标具有固有显著性是商标获得注册的前提，缺乏固有显著性的商标只有通过使用获得显著特征后，才可以作为商标注册。上述规定虽然

---

① 参见樊雪：《"在先使用并具有一定影响"条款中"使用"要件的判断——评海南海视旅游卫视传媒有限责任公司与商标评审委员会、东方风行（北京）传媒文化有限公司商标异议复审行政纠纷案》，载《中华商标》2019 年第 4 期。
② See Buti v. Perosa, F. 3d 98 (2d Cir. 1998).
③ 彭学龙：《商标显著性新探》，载《法律科学（西北政法学院学报）》2006 年第 2 期。

是针对商标注册的规定，但反映的是各国《商标法》对商标的基本要求，因此，对于未注册商标来说，能够受到保护的未注册商标一定是具有显著性的商标。

未注册商标法益取得标准中的显著性，指的是商标的获得显著性，而非固有显著性。原因在于，之所以法律保护未注册商标，是因为未注册商标经有效使用与其所指代的商品或服务已经建立起了固定的联系，即产生了识别性或商誉。一个具有最强固有显著性的臆造商标，如若没有经过使用，并不会被消费者接触与认识，无法在消费者间产生识别性，因此，虽然商标的固有显著性对商标注册的意义重大，但对于未注册商标法益的判断，还是应考察商标是否经过使用获得了显著性，是否已能够与特定商品或服务的来源在一定范围内建立对应关系。我国《商标法》与《反不正当竞争法》在规定未注册商标时使用"一定影响"的表述，且在解释"一定影响"时仅强调"为相关公众知晓"，这未能体现对未注册商标获得显著性的要求，而更接近于是对知名度的要求。对此，《日本商标法》的规定值得借鉴，《日本商标法》将未注册商标规定为"消费者广泛知晓的作为表示他人业务所属商品或服务的标志"，[1] 不仅强调"知晓"，更强调的是"作为表示他人商品或服务的来源的标志"被知晓。

2. 影响力标准

如果说显著性标准是对未注册商标取得法益的"质"的要求，那么影响力标准就是对未注册商标取得法益"量"的规定，即考察未注册商标在多大范围内获得了显著性。2010年，最高人民法院

---

[1] 参见《日本商标法》第4条。

发布的《授权确权意见》第18条第2款第1句指出,"在中国境内实际使用并为一定范围的相关公众所知晓的商标,即应认定属于已经使用并有一定影响的商标"。这里对"一定范围"的规定即是对未注册商标影响力的要求。未注册商标的影响力大小与未注册商标法益的大小、法益的效力范围密切相关,且不同法益内容对应不同的影响力要求。因此,未注册商标具体的影响力标准需要在未注册商标所有人对抗他人恶意抢注、对抗他人非恶意抢注、行使先用抗辩权以及制止他人擅自混淆性使用等具体情形中加以讨论。

3. 判断依据

在判断未注册商标所有人是否取得了未注册商标法益时,既要关注证明未注册商标获得显著性的因素,又要关注证明未注册商标具有一定范围影响力的因素。在"兰州牛肉拉面"商标案中,北京市高级人民法院明确提出了判断标志获得显著性所需考量的因素:(1)该标志实际使用的方式、效果、作用,即该标志是否以商标的方式进行使用,在此应当以是否能够识别商品或服务的来源为判断基准;(2)该标志实际持续使用的时间、地域、范围、销售规模等经营情况;(3)该标志在相关公众中的知晓程度;(4)其他因素。[①] 北京市高级人民法院提出的前两项考量因素具有重要的可参考性,但第三项考量因素,即"该标志在相关公众中的知晓程度"应具体化为"该标志作为表示他人商品或服务的来源的标志在相关公众中的知晓程度"才可避免落入单纯知名度的判断中。对于未注册商标影响力的判断,最高人民法院发布的《授权确权意见》第18条第2

---

① 参见北京市高级人民法院(2018)京行终6256号行政判决书。

款指出，有证据证明在先商标有一定的持续使用时间、区域、销售量或者广告宣传等的，可以认定该商标有一定影响。除北京市高级人民法院和最高人民法院发布的《授权确权意见》中提出的有关标志使用时间、区域等表示经营者经营情况的因素外，美国司法实践中还提出了标志所涉产品"在相关区域的增长趋势"以及"潜在客户人数"这种建立在经营者现有经营成果基础上又显示出未来发展趋势的因素[1]，这值得我国加以借鉴。综合来看，未注册商标是否具有了应受保护的法益应主要从以下三个方面考量：第一，标志实际使用的方式、效果作用，即标志是否以商标的方式进行使用，标志的实际使用是否达到识别商品或服务来源的程度；第二，该标志的经营情况，例如标志实际持续使用的时间、地域、范围、销售量、广告宣传，标志所涉产品在相关区域的增长趋势与潜在客户等；第三，作为表示他人商品或服务的来源的标志在相关公众中的知晓程度。

（四）未注册商标法益的判定时间：商标注册申请日或他人擅自使用时

在商标授权确权阶段，我国《商标法》分别在第32条后半段与第59条第3款中规定了"已经使用并有一定影响""先于商标注册人使用与注册商标相同或者近似并有一定影响"等涉及未注册商标的时间限制，表明我国《商标法》在商标授权确权阶段所保护的未注册商标是一种使用"在先"的商标，所保护的未注册商标法益是一种"在先"形成的法益。这种设计与作为我国未注册商标法益

---

[1] See Lucent Information Management, Inc. v. Lucent Technologies, Inc., 186 F. 3d 311 (3d Cir. 1999).

正当性基础之一的先占理论相契合。

在面对他人的商标注册申请时，由于对未注册商标进行使用的时间点一定早于未注册商标产生一定影响（产生未注册商标法益）的时间，因此，此处主要讨论未注册商标法益产生的在先性。《日本商标法》第 4 条第 3 款明确规定对于《日本商标法》第 4 条第 1 款第 10 项、第 15 项和第 19 项（有关未注册商标的条款），如果在提出商标注册申请时不具备各项要件，则不适用各项规定。我国《商标审查审理指南》规定商标是否具有一定影响原则上以系争商标申请日为准予以判定。此处《日本商标法》规定的"商标注册申请时"与我国《商标审查审理指南》规定的"商标申请日"意义相同并具有科学性。之所以这里并未用商标注册申请"前"限定，是因为未注册商标法益的大小会随着商标使用情况与商标影响力的变化不断变动，很可能存在一个未注册商标在他人提出商标注册申请前具有较大的影响力，但在商标注册申请时其影响力已不复存在，此时未注册商标就失去了受保护的法益基础。综上，在商标授权确权阶段，判断未注册商标是否具有应受保护的法益的时间点应是商标注册申请日。

在商标侵权阶段，基于未注册商标法益的变动性，对未注册商标法益存在与否以及对未注册商标法益大小的判断，均应以商标被他人擅自使用时为准。未注册商标即使曾具有较大法益，但因不当使用或停止使用等，在他人使用时已不具有相当的法益的，则不能寻求相应的侵权救济。

## 第二节 我国未注册商标法益的具体设置
## ——商标授权确权阶段

如前文所述，我国未注册商标法益设置存在的关键问题是"未注册商标法益保护"与"恶意注册的法律规制"混同，解决此问题是完善我国商标授权确权阶段的未注册商标法益设置的关键。通过考察域外未注册商标法益的实践经验可知，德国、日本和美国在规制不当抢注未注册商标行为时，均未像我国一样将商标注册申请人的主观"恶意"作为未注册商标阻却在后商标注册的必备要件之一，此种做法是未注册商标法益保护的应有状态，有助于厘清"未注册商标法益保护"与"恶意注册的法律规制"的界限。因此，我国在具体设置未注册商标法益时，对于恶意抢注未注册商标的，应使其落入惩罚恶意的法律规制；对于恶意抢注外，不当抢注未注册商标的，不以抢注人的恶意为未注册商标所有人行使异议权与无效宣告请求权的限制条件。

### 一、恶意抢注未注册商标：落入惩罚恶意的法律规制

对于恶意抢注未注册商标的，对商标申请人恶意的判断是认定恶意抢注的关键，当申请人具有恶意时，无须未注册商标具有较大的影响力，即可落入惩罚恶意的法律规制，关联恶意抢注的法律后果。

## （一）恶意的判断

在判断商标申请人是否具有恶意时，首先需要明确恶意的内涵。《日本商标法》第 4 条第 1 款第 19 项将商标注册阶段申请人的恶意定义为"获得不正当利益或者加害他人等不正当目的"。司法实践中，德国联邦最高法院通过具体案件将恶意的内涵明确为，商标注册人具有对第三方不正当或违反公序良俗的阻碍目的。[①] 日本和德国对恶意的认定与我国基本相似。上文已述，我国在司法实践中，在探究申请人的恶意时，除考察申请人是否"明知或应知"未注册商标外，还考察申请人是否有侵占未注册商标声誉的目的，因此，商标申请人在抢注他人未注册商标时的"恶意"指的是具有谋取他人商标声誉、阻碍他人竞争等不正当目的。

明确了恶意的内涵后，在具体判断恶意是否存在时可分为两种情形。第一，能够证明商标申请人有明确恶意的情形。这种情形通常需要通过客观事实证明商标申请人的主观恶意，例如，商标申请人与未注册商标所有人曾发生过其他纠纷的；系争商标注册后，商标申请人胁迫未注册商标所有人与其进行贸易合作的，或者向未注册商标所有人索要高额转让费、许可使用费、侵权赔偿金的；在先使用商标为臆造商标，而在后商标申请人申请的商标与在先使用商标完全相同的。[②] 第二，仅能证明申请人明知或应知未注册商标的情形。无论是域外还是我国的商标司法实践，均在判定注册恶意时

---

[①] 参见王莲峰：《规制商标恶意注册的法律适用问题研究》，载《中州学刊》2020 年第 1 期。

[②] 参见杜颖：《在先使用的未注册商标保护论纲——兼评商标法第三次修订》，载《法学家》2009 年第 3 期。

关注申请人是否知晓他人商标的存在。如在美国，依据《兰哈姆法》的规定，联邦注册具有推定通告的效果，一人获得联邦商标注册后推定该商标在全国范围内被他人知晓，在此之后开始使用该商标的，则不能被认为是善意使用。① 这种做法具有一定的合理性，因为现实中在知晓他人商标的情况下，依旧在相同或近似的商品或服务上注册与他人商标相同或近似的标志的人，往往具有侵占他人商誉的目的。因此，鉴于商标申请人"明知、应知"主观状态与"恶意"主观状态的关联性，在判断恶意时，可参考我国《最高人民法院关于审理商标授权确权行政案件若干问题的规定》中"不正当手段"的判断标准，即商标注册申请人明知或者应知该商标存在，可推定其构成"恶意"，但商标注册申请人举证证明其没有利用在先使用商标商誉的恶意的除外。换言之，在能证明商标注册申请人明知或应知未注册商标存在时，推定其具有恶意，但商标注册申请人可通过证明自身无恶意予以推翻。不过，需要注意的是存在例外情况，即在代理人、代表人等关系人抢注的情况下，由于其与未注册商标所有人特殊关系的存在，其明知即可认定恶意存在。

## （二）对未注册商标影响力的要求

"恶意抢注的法律规制"对未注册商标影响力的要求与"未注册商标法益保护"有较大的不同。我国有学者已经认识到，规制恶意抢注应将对抢注人主观恶意的认定置于核心地位，从而弱化对未注册商标"具有一定影响"条件的认定。② 笔者十分赞同这种看法。

---

① 参见李明德：《美国知识产权法》（第 2 版），法律出版社 2014 年版，第 531－532 页。

② 参见魏丽丽：《商标恶意抢注法律规制路径探究》，载《政法论丛》2020 年第 1 期。

同时参考德国在规制恶意注册时的做法,即构成"恶意注册"并不必然要求在先使用商标有一定的知名度,只需要在先使用人对商标具有值得保护的占有状态即可。① 笔者认为,只要未注册商标所有人已经实际使用了未注册商标且使商标具有了识别商品或服务来源的显著性,无论这种显著性在多大范围内产生影响,未注册商标就具有了可受法律保护的状态。这样规定,不仅有助于将惩罚恶意与未注册商标法益保护区分开来,而且能够体现诚实信用原则在规制恶意抢注方面独立的法律地位。我国《商标法》中有关禁止代理人、代表人以外的关系人抢注的规定就体现了这种立法意旨。

### (三) 恶意抢注未注册商标的法律后果

有关恶意抢注的法律后果,无争议的是"不予注册",即未注册商标所有人可以针对商标注册申请提出注册异议,在恶意抢注人注册成功后,还可以请求宣告商标无效。这里值得讨论的是,是否需要为恶意抢注未注册商标配置损害赔偿的法律后果。目前,我国《商标法》中有关恶意抢注未注册商标损害赔偿的规定尚待补充完善,以致商标恶意抢注的情况时有发生。

从经济人理性立场看,人具有天生的逐利理性,会自觉追求自身利益的最大化,且这种逐利理性使每个人都存在不负担"车费"而"搭别人的便车"的心理,只有通过制度安排使"搭便车"的成本大于收益,才能够抑制"搭便车"现象的普遍发生。② 恶意抢注

---

① 参见刘自钦:《论我国商标注册诚信原则运用机制的改进》,载《知识产权》2016年第11期。
② 参见宁立志:《知识产权权利限制的法经济学分析》,载《法学杂志》2011年第12期。

他人未注册商标即是一种商标领域的"搭便车"行为。抢注者付出较低的抢注成本成功抢注他人商标后,就可以通过向被抢注人高额出售商标、收取被抢注人使用许可费、迫使被抢注人与其合作等方式获得利益,即使抢注来的商标被宣告无效,对于抢注者来说,也仅丧失了原本就不属于自己的商标。① 因此,从成本收益角度看,在我国现有商标制度框架内,通过恶意抢注他人商标以"搭便车"的行为,具有收益远大于成本的属性,这是恶意抢注行为无法被有效遏制的重要原因。不仅如此,由于法律的稀缺性,当正当权利人不能得到有效的法律保护,即法律供给小于需求时,就会刺激市场参与者的投机心理,因此,现有法律规定甚至会诱导恶意抢注行为的发生。② 综上,通过立法设计使恶意抢注未注册商标行为的成本大于收益,是遏制恶意抢注现象的重要手段,而设置恶意抢注未注册商标的损害赔偿制度,不仅能够提高恶意抢注人的抢注成本,而且能够弥补被抢注人的经济损失,具有正当性与必要性。

## 二、不当抢注未注册商标:以混淆可能性为禁止依据

不当抢注未注册商标是区别于恶意抢注的,因不合理侵占了未注册商标法益而应被法律禁止的抢注行为。不当抢注的认定并不关注抢注人主观是否具有恶意,而以未注册商标已具有较大的影响力为前提,以存在混淆可能性为禁止依据。

---

① 参见王明科:《新中国商标抢注防范制度的历史形成与展望》,载《产业创新研究》2020年第6期。

② 参见郑孟云:《商标恶意囤积的法经济学分析》,载《经济研究导刊》2020年第10期。

## （一）对未注册商标影响力的要求

此处讨论的对未注册商标影响力的要求，主要是确定未注册商标影响力的最低标准，即未注册商标的影响力至少应达到这个标准，未注册商标所有人才能在他人不具有抢注恶意的情况下，有权制止他人的抢注行为。在设计最低标准时，除对未注册商标获得显著性的要求外，主要关注的是未注册商标识别商品或服务的来源的影响力范围。

虽然我国不必像德国一样，规定"有权在整个德意志联邦共和国领域禁止使用已注册商标的"，才能够对抗他人的注册，[①] 但毕竟此处的未注册商标要对抗他人的全国性注册，因而至少应规定未注册商标具有较大范围的影响力的，才具有可制止他人不当抢注的法益。此外，如若令未注册商标仅在较小的地域范围内获得影响力就能够阻碍他人注册，将过度限制善意注册人选择商标的自由，特别是在他人已经获得注册，并开始投入精力与财力使用并经营自身商标的情况下，允许仅具有较小范围影响力的未注册商标所有人使他人的注册商标无效，将有失公平且有可能损害消费者的利益。同时，商标注册申请人在申请商标注册时，只能通过检索了解到已经注册的商标和处于公示期的商标，对于未注册商标，商标注册申请人往往难以预见，因此，如若要求商标注册申请人避开所有影响力较小的未注册商标，无疑给商标注册申请人施加了不能履行的义务。综上，笔者参考一些我国《商标法》第32条规定的未注册商标"一定影响"认定上的观点，认为此处未注册商标的影响力至少应该在地域范围上达到在相邻数省或较重要的经济圈内被广泛知晓

---

[①] 参见《德国商标法》第12条。

的程度。① 在具体判断时，未注册商标实际的使用地域具有首要的参考价值，在传统商业活动电子化、信息化与网络化的今天，还要关注未注册商标声誉所及的地域。

## （二）不当抢注未注册商标的要件

我国《商标法》第 57 条规定了直接侵犯注册商标专用权的行为，第一种是未经许可在相同商品上使用与注册商标相同商标的；第二种是未经许可在相同或类似商品上使用与注册商标相同或近似的商标，容易导致混淆的。针对第一种情况，《商标法》未明确规定混淆可能性的要件，实质上默认在商标和商品双重相同的情况下混淆会自然发生，因此，在注册商标侵权中，存在混淆可能性是判断侵权的关键。从《商标法》对注册商标侵权的规定中其实可以得出，与他人在相同或类似商品或服务上已注册的商标相同或近似且具有混淆可能性，是商标不予注册的理由，一旦此类商标获得注册，在后注册人就享有商标专用权，这不仅会使在先注册人的利益受损，也会引发消费者的混淆。对此，德国的规定更加明确，《德国商标法》第 9 条规定，商标与已提出申请的或已注册的在先商标相同或近似，且两商标包含的商品或服务相同或类似，而在公众中产生混淆危险的，可撤销该商标的注册。

商标法律制度有此设计，与在先商标是否获得注册无关，这是从商标识别商品或服务来源的本质出发，维护商标基本的来源识别功能，因此，未注册商标在对抗不当抢注时，应以存在混淆可能性为要件。美国《兰哈姆法》和《日本商标法》在规定在先使用商标

---

① 参见张鹏：《规制商标恶意抢注规范的体系化解读》，载《知识产权》2018 年第 7 期。

制止他人抢注时均规定了"混淆可能性"要件，如美国规定"将标记用于申请人的商品之上可能会造成混淆、错误或欺骗的"，[①] 日本规定"与他人业务所属商品或服务产生混淆之虞的"，均不能获得商标注册。[②] 我国《商标法》在规定未注册商标对抗抢注的一般条款时，仅在第32条后半段规定了"不得以不正当手段抢先注册他人已经使用并有一定影响的商标"，在以往的认定中，"不正当手段"和"一定影响"是判断的关键。为与恶意抢注相区分，剥离抢注人"不正当手段"的恶意要件后，则仅剩"不得抢先注册他人已经使用并有一定影响的商标"的要求，这样规定，会使人误以为只要未注册商标具有较大影响力就能绝对禁止他人的抢注行为。事实上，未注册商标在对抗他人抢注时不应有超出注册商标的对抗效力，其能够对抗的仅是他人实施的具有混淆可能性的注册行为，因此，具有混淆可能性是未注册商标对抗他人注册的重要要件。混淆可能性要件实质上还包含了商标相同或近似、商品或服务相同或类似的要件，在我国《商标法》中应将这两个要件予以明确，防止因笼统规定而扩大未注册商标所有人可实施的制止不当抢注的范围。综上，构成不当抢注未注册商标，在未注册商标具有较大影响力的前提下，还应满足以下要件：第一，商标相同或近似；第二，商品或服务相同或类似；第三，将商标用于申请注册人申请的商品或服务之上具有混淆可能性。

### （三）不当抢注未注册商标的法律后果

不当抢注未注册商标的法律后果是不予注册与宣告注册商标无效。（1）不予注册：未注册商标所有人可以在在后商标提出注册申

---

[①] 参见美国《兰哈姆法》第2条。
[②] 参见《日本商标法》第4条。

请后，依据《商标法》第 33 条在商标初审公告之日起 3 个月内向商标局提出异议，商标局应当听异议人和被异议人陈述事实和理由，经调查核实后作出不予注册的决定。（2）宣告注册商标无效：如若未注册商标所有人异议未成功或者未在规定商标初审公告之日起 3 个月内提出异议，未注册商标所有人还可以依据《商标法》第 35 条、第 45 条，在自注册商标注册之日起的 5 年内向商标评审委员会请求宣告该注册商标无效。该注册商标被宣告无效后，其商标专用权视为自始不存在。（3）未注册商标所有人如若在注册商标注册之日起 5 年内，均未行使其异议权或无效宣告请求权，注册商标则成为不可争议商标，未注册商标所有人仅可以在满足《商标法》第 59 条规定的情况下，在原有范围内继续使用该商标。

### 三、未注册商标先用权

未注册商标先用权是在商标注册人申请商标注册前，已经先于商标注册人在相同或类似的商品或服务上使用该商标的未注册商标所有人享有的，在原使用范围内继续使用该商标的权利。

对于未注册商标先用权，我国司法实践和学术研究在其适用条件上基本形成了相对一致的认识。一般认为，未注册商标先用权的适用条件为：商标使用人为善意、商标的使用在先、在先使用的商标具有一定影响、商标使用人在原有范围内继续使用、必要时附加适当的区别标志。[①] 将上述适用条件与我国《商标法》第 59 条第 3

---

[①] 参见王莲峰：《商标先用权规则的法律适用——兼评新〈商标法〉第 59 条第 3 款》，载《法治研究》2014 年第 3 期；芮松艳、陈锦川：《〈商标法〉第 59 条第 3 款的理解与适用——以启航案为视角》，载《知识产权》2016 年第 6 期；冯术杰、李楠楠：《商标在先使用抗辩条款的适用条件》，载《中华商标》2017 年第 9 期。

款对比后可发现，我国现有规定的不足表现在缺少了重要的要件——使用人善意要件。《商标法》设置商标先用权制度，本就是为了弥补绝对注册原则下合法存在的未注册商标法益得不到有效保护的弊端，防止因注册制度产生违背公平正义的结果，因此，在先使用人如若具有攀附商誉、挤占市场等不正当竞争的目的，则此时已失去了利益受保护的正当性基础。综上，在《商标法》中明确规定未注册商标先用人的善意要件具有必要性。在这方面我国可以参考《日本商标法》，《日本商标法》明确规定，"在他人注册申请之前，没有不正当竞争目的"的，才享有继续使用商标的权利。

有关行使商标先用权对未注册商标影响力的要求，现有规定要求未注册商标需具有"一定影响"。在 2013 年我国《商标法》修改后，针对有关商标先用权的规定，许多学者就曾提出此处对未注册商标先用权的规定存在令人遗憾的地方，即对未注册商标先用权的行使附加了知名度（"一定影响"）的限制,[1] 认为如此规定挤压了未注册商标受保护的空间，应在坚持注册原则的情况下，关注商标在先使用人和在后注册人的利益平衡，不能对商标在先使用人过于苛求。[2] 笔者基本同意上述看法，并认为依据商标先用权，善意的在先使用人本就仅具有在原有范围内继续使用商标的消极权利，如若要求未注册商标具有《商标法》第 32 条规定的对抗他人在后注册的"一定影响"才能行使先用权，将大大削弱商标先用权平衡未注册商标所有人与商标注册人利益关系的功能，不利于对已形成的

---

[1] 参见曹新明：《商标先用权研究——兼论我国〈商标法〉第三修正案》，载《法治研究》2014 年第 9 期。

[2] 参见王莲峰：《商标先用权规则的法律适用——兼评新〈商标法〉第 59 条第 3 款》，载《法治研究》2014 年第 3 期。

未注册商标法益进行保护。《日本商标法》与我国现有规定类似，在规定未注册商标阻却注册与未注册商标先用权时，对未注册商标采用了同样的影响力表述，即"使消费者广泛知晓该商标是表示其业务所属商品或服务的标志"，但实践中在涉及未注册商标影响力的具体判断时，日本司法机关对两处未注册商标影响力大小作出了明确区分，认为享有商标先用权的商标所需要达到的影响力，要明显低于享有阻却他人商标注册权利的商标的影响力。① 综上，我国对于具有商标先用权的未注册商标影响力的要求应低于对于能够阻却他人不当注册的未注册商标影响力的要求，只要未注册商标经过使用已经能够发挥识别商品或服务来源的作用即已经获得了显著性，并在较小区域内具有了影响力，就认为未注册商标已满足行使未注册商标先用权的影响力要求。

有关"原使用范围"的判断，无争议的是"原使用范围"包括未注册商标所使用的商品或服务的原有类别，即在先使用人不能将商标扩大使用在类似或不同的商品或服务上，有争议的是"原使用范围"是否包括原有规模和销售地域。有学者认为，对商标先用权应在地域上予以限制，因为保护商标先用权本是对在先使用人在商标申请注册日前的利益的保护，因此将商标使用范围限制在商标注册日前的使用规模与销售地域无可厚非，同时如若对商标先用权不作地域限制，将造成商标混淆进而影响市场秩序。② 有持有相反观点的学者认为，扩大经营是在先使用人潜在的既得利益，在后注册

---

① 参见［日］田村善之『知的财产法』（第5版）（有斐阁，2010年）152-153页。
② 参见张峣：《商标先用权保护探讨》，载《知识产权》2014年第2期。

人通过行使商标权阻止在先使用人扩大营业的，对权利进行了滥用。[①] 笔者认为，不应对在先使用人的经营规模与销售地域作出绝对的限制。未注册商标先用权是对在先使用人基于商标使用事实产生的未注册商标法益的保护，不应成为限制在先使用人扩大经营与未来发展的桎梏。在先使用的未注册商标与在后注册商标共存时，防止出现商标混淆与搭载他人商誉的情况才是关键，如若通过附加区别标志能够使商标正确识别商品或服务的来源，有效避免公众混淆，且在先使用人并不具有不正当竞争的目的，在先使用人扩大经营规模与销售地域的行为不应受到限制。此外，在判断在先使用人对争议商标超出原有范围的使用是否构成商标侵权时，应在具体案件中考量在先使用人超出原有范围的使用行为对注册商标的影响，合理平衡未注册商标在先使用人与在后注册人之间的利益关系。

## 第三节　我国未注册商标法益的具体设置
### ——商标侵权阶段

在商标侵权阶段，由《反不正当竞争法》为未注册商标提供保护，这种保护应既包括对一般未注册商标的反混淆保护，亦包括对驰名未注册商标的反淡化保护，表现在未注册商标法益的设置上，即一般未注册商标具有反混淆法益，驰名未注册商标除反混淆法益外，还具有反淡化法益。

---

[①] 参见李扬：《商标法中在先权利的知识产权法解释》，载《法律科学（西北政法学院学报）》2006年第5期。

## 一、一般未注册商标之反混淆法益

我国《反不正当竞争法》第 6 条第 1 项是一般未注册商标寻求《反不正当竞争法》保护的法律依据。关于本项规定所保护的客体，虽然现有规定并未作穷尽式列举，而以"商品名称、包装、装潢等"表述以涵盖类似客体（如未注册商标），但为明确未注册商标的法律地位，发挥法律规则明确的指引功能，笔者仍建议在法条中加入"未注册商标"这一概念。

关于对一般未注册商标影响力的要求。与前文讨论的《商标法》为未注册商标提供的制止他人不当抢注的保护不同，《反不正当竞争法》在此处为未注册商标提供着眼于市场真实情况，限于未注册商标影响力所及范围的侵权救济。《反不正当竞争法》制止针对未注册商标的不正当竞争行为，以存在混淆与误认为前提要件，如若未注册商标作为识别商品或服务的标志的影响力或声誉未到达一定区域，在此区域的相关公众本就不知晓该商标，自然不可能因他人的使用行为而混淆或误认。基于此，《反不正当竞争法》上未注册商标的法益效力与未注册商标的法益大小相对应，此处对未注册商标影响力的要求不必像未注册商标制止他人不当抢注时一样，规定一个较高的标准，未注册商标只要具有一定影响力，即可在其影响力范围内受到《反不正当竞争法》的救济。与我国在商标法律制度上最为相似的日本，日本在司法实践中利用《反不正当竞争法》对"周知"未注册商标提供反仿冒救济时，对商标"周知性"地域范围和程度的要求就并不高。[①]

---

[①] 参见刘丽娟：《确立反假冒为商标保护的第二支柱——〈反不正当竞争法〉第 6 条之目的解析》，载《知识产权》2018 年第 2 期。

知识产权专门制度中在法律关系、侵权判定方面均内嵌了相应的平衡机制，商标法律制度亦不例外：在法律关系维度，商标权只能针对特定的使用行为，商标权的效力范围受到合理使用等限制；在侵权判定维度，《商标法》中的混淆可能性标准，使在不同类的商品或服务上使用除驰名商标外的特定商标的行为不被认定侵权，上述设计意在减轻确立和行使商标专用权可能产生的负面效应。因此，《反不正当竞争法》在对未注册商标法益进行补充保护时，应遵循《商标法》中确定的平衡机制，对于《商标法》有意排除的部分不再提供保护。① 以此为基础并结合反仿冒的基本原理，对于一般未注册商标，我国《反不正当竞争法》所禁止的应是擅自在相同或近似的商品或服务上使用他人未注册商标，引人误认为该商品是他人商品或者与他人存在特定联系的混淆行为。

此外，需要注意的是对商标侵权阶段的未注册商标与注册商标冲突的处理。这种冲突表现为对于他人已经抢注（非恶意抢注）成功的注册商标，未注册商标所有人是否可以依据《反不正当竞争法》阻止在后注册商标的使用。笔者认为解决这个冲突，需要分两种情况讨论。第一种情况是在商标注册之日起 5 年内。由于存在合法的注册商标权，未注册商标所有人不能依据《反不正当竞争法》请求在后注册商标停止使用，即在后注册商标可以以自己合法的注册商标权进行侵权抗辩。未注册商标所有人仅可以依据《商标法》行使无效宣告请求权，一旦注册商标被宣告无效，则未注册商标所有人可以依据《反不正当竞争法》禁止在后注册商标的使用。第二种情况是自商标注册之日起已满 5 年。此时注册商标已经成为不可

---

① 参见杨红军：《反不正当竞争法过度介入知识产品保护的问题及对策》，载《武汉大学学报（哲学社会科学版）》2018 年第 4 期。

## 第六章 制度设计：我国未注册商标法益设置之完善思路

争议的商标，在先未注册商标所有人不能依据《反不正当竞争法》阻止在后注册商标的使用，只能在原有范围内使用自身商标。

### 二、驰名未注册商标之反淡化法益

通过考察域外保护驰名未注册商标的立法实践可知，德国、日本和美国均在《反不正当竞争法》中为驰名未注册商标提供了反淡化保护。如德国规定了"不适当利用或损害被仿冒商品或服务的声誉"的行为为不正当竞争行为；日本规定不限于使用在相同或类似的商品或服务上，"对自己的商品，使用与他人著名商品等的表示相同或者相类似表示的行为"为不正当竞争行为；美国规定：在商标驰名后，他人在商业经营中使用标记或商号，有可能因冲淡或污损而使驰名商标淡化的，驰名商标所有人有权获得侵权救济。这说明无论一国采用何种商标权取得模式，在《反不正当竞争法》中为驰名商标提供反淡化保护已经成为普遍做法。

在商标授权确权阶段，笔者提出的设置未注册商标法益的基本思路中，并未区分驰名未注册商标与一般未注册商标，笔者认为即使是驰名未注册商标，也仅具有在存在混淆可能性的情况下，阻却他人在相同或近似的商品或服务上注册与在先未注册商标相同或近似标志的效力，在这一点上，驰名未注册商标与一般未注册商标无异。但驰名未注册商标毕竟通过使用获得了很高的商誉，其影响力往往已经超越了其所标示的商品或服务的类别，因而极易被他人在不相类似的商品或服务上不正当利用。此时，如若任由这种情况发生，将会弱化驰名未注册商标与商品或服务来源建立起的唯一联系或者损害驰名未注册商标所蕴含的良好的声誉，最终侵害驰名未注册商标的法益。除此之外，驰名商标反淡化的理论基础是商标通过使用建立起的知名度,这与商标是否注册并无关系。对驰名商标进行跨类反淡化保护,除了适当维护商标权人的利益,更多是为了维护公平竞争的市场秩序与诚实信用的商业道德,这是《反不正当竞争法》的价值目标。①

综上,笔者建议在我国《反不正当竞争法》中增加驰名未注册商标反淡化法益的内容,以在商标侵权阶段为驰名未注册商标提供反淡化保护。

## 第四节 完善我国未注册商标法益设置的立法建议

在上文分析得出结论的基础上,本节将相关结论予以梳理并提出完善我国未注册商标法益设置的立法建议。

(1) 删除《商标法》第13条第2款的"就相同或者类似商品申请注册的商标是复制、摹仿或者翻译他人未在中国注册的驰名商标,容易导致混淆的,不予注册并禁止使用"。

修正理由及说明:

在《商标法》未在商标授权确权阶段给予驰名未注册商标跨类的反淡化保护时,《商标法》中的驰名未注册商标与一般未注册商标基于使用具有的未注册商标法益所能受到保护的方式与程度是一样的,因此无须将驰名未注册商标单独规定。

---

① 参见周樨平:《混淆理论和淡化理论在驰名商标跨类保护中的适用》,载《河北大学学报(哲学社会科学版)》2011年第6期。

（2）在《商标法》第一章"总则"部分，增加一条，"恶意抢注他人在先使用的未注册商标，未注册商标所有人提出异议的，不予注册"。

修正理由及说明：

首先，在恶意抢注的情况下，商标注册申请人的"恶意"具有独立的否定其合法性的法理基础——诚实信用原则，这与规制"不当抢注"时以未注册商标具有较大影响力为前提，以存在混淆可能性为禁止依据不同，因而予以单独规定。其次，在抢注人存在恶意的情况下，对于未注册商标，仅要求因在先使用具有值得法律保护的状态即可，不要求具有较大的影响力，因而此处未限定未注册商标的影响力。最后，之所以"未注册商标所有人提出异议的"才不予注册，是因为恶意抢注是利用商标注册制度损害相对人利益的行为，应属于商标相对不予注册的事由，商标局无须也难以主动审查，因此未注册商标所有人需主动提出异议。

（3）在《商标法》第一章"总则"部分，增加一条，"在相同或者类似的商品上，申请注册与他人在先使用并因识别商品的来源而具有一定影响的商标相同或近似，容易导致混淆的商标，未注册商标所有人提出异议的，不予注册"。

修正理由及说明：

该条是涉及未注册商标法益的主要条款。首先，与《商标法》第 32 条后半段规定的"不得以不正当手段抢先注册他人已经使用并有一定影响的商标"对比，该条删除了"不正当手段"的限制，以与规制"恶意抢注"的条款相区分，这使该条回归保护经营者因富有成效的商标使用行为而获得的未注册商标法益的本质。其次，该条将"一定影响的商标"修改为"因识别商品的来源而具有一定影响的商标"，意在防止将"一定影响"单纯地理解为商标的"知名度"，明确此处要求的是特定商标因实际识别商品或服务的来源而具有的影响力。最后，该条明确规定了不予注册的相关要件，即"商标相同或近似"、"商品或服务相同或类似"以及"具有混淆可能性"，以防规定得过于模糊而引发一些具体适用的争议，同时对经营者的行为作出明确的指引。

（4）保留《商标法》第32条的前半段规定，删除《商标法》第32条后半段的"也不得以不正当手段抢先注册他人已经使用并有一定影响的商标"。

修正理由及说明：

首先，前边在"总则"部分已分别规定了规制恶意抢注和不当抢注未注册商标的条款，故将此处有关抢注的规定删除。其次，《商标法》第32条前半段规定的"申请商标注册不得损害他人现有的在先权利"，可以保护未注册商标上涉及的著作权、外观设计权、肖像权、姓名权等，这种权益是基于其他单行法律规定产生的非商标权益，与基于有效的商标使用行为产生的未注册商标法益存在差别，因而予以单独规定，从而防止混淆不同情况下的法律适用基础。

（5）在《商标法》第47条第1款的"依照本法第四十四条、第四十五条的规定宣告无效的注册商标，由商标局予以公告，该注册商标专用权视为自始即不存在"后增加"因恶意抢注给未注册商标所有人造成的损失，恶意抢注人应当给予赔偿"。

修正理由及说明：

增加针对恶意抢注未注册商标的损害赔偿责任的规定，是为了提高恶意抢注人的抢注成本，抑制市场参与者的投机心理，同时弥补被抢注人因恶意抢注产生的损失。

（6）将《商标法》第 59 条第 3 款第 1 句的 "商标注册人申请商标注册前，他人已经在同一种商品或者类似商品上先于商标注册人使用与注册商标相同或者近似并有一定影响的商标的" 修改为 "商标注册人申请商标注册前，他人无不正当目的已经在同一种商品或者类似商品上先于商标注册人使用与注册商标相同或者近似的商标并因识别商品的来源而具有一定影响的"。

修正理由及说明：

首先，该条款在原有规定的基础上增加了在先使用人 "无不正当目的" 的善意要件，意在将司法实践与学术研究中已然达成共识的要件在法律中予以明确。其次，再次明确这里的 "一定影响" 非单纯的知名度，而是识别商品或服务来源导致的影响力。最后，此处商标先用权中对他人在先使用的未注册商标影响力的要求低于对阻却他人不当抢注的未注册商标的影响力要求，只要未注册商标经过使用已经能够发挥识别商品或服务来源的作用即已经获得了显著性，并在较小区域内具有了影响力，就认为未注册商标具有了《商标法》第 59 条规定的法益。

（7）《商标法》第 19 条、第 33 条、第 45 条等与上述修正建议相关的条款依次作出修改。

（8）将《反不正当竞争法》第 6 条的 "经营者不得实施下列混淆行为，引人误认为是他人商品或者与他人存在特定联系：（一）擅自使用与他人有一定影响的商品名称、包装、装潢等相同或者近似的标识" 修改为 "经营者不得实施下列混淆行为，引人误认为是他人商品或者与他人存在特定联系：（一）擅自使用与有一定影响的未注册商标、商品名称、包装、装潢等相同或者近似的标识"。

修正理由及说明：

首先，增加了"未注册商标"概念，以明确未注册商标相对独立的法律地位，更好地发挥法律规则的指引功能。其次，此处未注册商标所有人能禁止的仅是他人在"相同或者类似商品或服务"上的使用行为，原因在于，《反不正当竞争法》在对未注册商标法益进行补充保护时，应遵循《商标法》中已确定的平衡机制，仅为一般未注册商标提供同类的反混淆保护，这种保护与驰名未注册商标跨类反淡化保护相区分。

（9）在《反不正当竞争法》第二章"不正当竞争行为"部分，增加一条，"经营者不得擅自实施在不相同或者不相类似的商品上使用与他人驰名未注册商标相同或近似的标识，误导公众，致使该驰名商标所有人的利益可能受到损害的行为"。

修正理由及说明：

在商标授权确权阶段，驰名未注册商标与一般未注册商标一样，其法益的效力仅及于相同或类似的商品或服务，但驰名未注册商标通过使用建立起的较高的商誉极易被他人在不相类似的商品或服务上不正当利用，因此，在商标侵权阶段，由《反不正当竞争法》增加驰名未注册商标反淡化保护的规定，以维护公平竞争的市场秩序与诚实信用的商业道德。

## 本 章 小 结

以我国未注册商标法益的现存问题为基础完善我国未注册商标法益，首先需要阐明一些前提性问题。一是《商标法》与《反不正当竞争法》在未注册商标法益设置上的应有定位。我国《反不正当竞争法》在知识产权专门法外，为知识产权权益提供补充保护，但鉴于《反不正当竞争法》法益中性的法益观以及单独保护未注册商标法益的局限性，仅由《反不正当竞争法》保护未注册商标法益的观点并不可取。在《商标法》与《反不正当竞争法》的划分上，适当的做法应是：在商标授权确权阶段，由《商标法》为未注册商标法益提供以制止抢注、商标先用权为内容的保护；在商标侵权阶段，由《反不正当竞争法》为未注册商标法益提供侵权救济。二是未注册商标法益取得的实质要求。首先，未注册商标具有较高的知名度并不意味着未注册商标就具有较大的法益，当未注册商标的知名度并非基于商标使用产生的或与商品或服务的来源无关时，未注册商标的知名度与未注册商标法益不具有绝对的对应关系。其次，商标使用是取得未注册商标法益的方式，这种使用必须是用于识别商品或服务来源的使用，既要求使用者具有识别商品或服务来源的意图，亦要求产生了识别商品或服务来源的实际效果，且应是进入流通环节的使用。再次，显著性标准与影响力标准是未注册商标法益的取得标准，未注册商标在因使用获得显著性后，即符合了未注册商标取得法益"质"的要求，而影响力标准是对未注册商标取得法益"量"的规定，即考察未注册商标在多大范围内获得了显著性。未注册商标不同的法益内容对应不同的影响力要求。最后，商标注册申请日和他人擅自使用时分别是在商标授权确权阶段和商标侵权阶段，判定未注册商标法益的时间。

在明确了上述前提性问题后，有关我国未注册商标法益的具体制度设计，在商标授权确权阶段，解决"未注册商标法益保护"与"恶意注册的法律规制"混同问题是关键，对此，只有明确指出恶意抢注与不当抢注未注册商标的成立要件与各自对应的法律后果，才能划分出"未注册商标法益保护"与"恶意注册的法律规制"的清晰界限。具体而言：对于恶意抢注未注册商标的，对商标申请人恶意的判断是认定恶意抢注的关键，申请人具有恶意时，无须未注册商标具有较大的影响力，即可落入惩罚恶意的法律规制，关联恶意抢注的法律后果；对于不当抢注未注册商标的，并不关注抢注人主观是否具有恶意，而以未注册商标已具有较大的影响力为前提，以存在混淆可能性为禁止依据。除未注册商标制止抢注的法益外，当未注册商标具有一定影响力时，未注册商标所有人享有商标先用权，此处对未注册商标影响力的要求低于对阻却他人不当注册的未注册商标影响力的要求。由于驰名未注册商标在商标授权确权阶段并不具有超出一般未注册商标的法律效力，因此，上述设计并未区分驰名未注册商标和一般未注册商标，而规定了针对所有未注册商标的普遍标准。在商标侵权阶段，我国《反不正当竞争法》已为一般未注册商标设置了反混淆法益，此处未注册商标只要具有一定影响力，即可在其影响力范围内受到《反不正当竞争法》的救济。除一般未注册商标反混淆法益外，在借鉴域外经验的基础上，我国《反不正当竞争法》还应为驰名未注册商标设置反淡化法益，防止他人跨类不正当利用驰名未注册商标的商誉。

# 结　语

　　任何法律都具有内在精神，这种精神先于法律制度出现，外化于具体的法律规定，并在法律实施、修改、演进的全过程一以贯之。如若过度关注法律制度之表象规定，而忽视法律制度之内在精神，法律不仅不能实现其目的与功能，更可能在演进过程中成为其所调整的法律关系的桎梏。在现代商标法中，鉴于商标注册在商标公示、管理等方面的优势，各国都先后建立了商标注册制度，并由此形成了基于商标注册的不同的商标权取得模式，但商标注册即使再具重要性也只能作为实现商标法立法精神的手段，不应上升至法律目的。我国以商标注册制度为根本制度，采用注册取得商标权的基本模式，符合我国国情且有助于实现立法功能，但将注册取得商标权的模式绝对化，不免偏离商标法律制度的根本精神。

　　商标的生命在于使用，商标的功能在于识别商品或服务的来源，"使用"与"识别"是商标存在的意义。《商标法》与《反不正当竞争法》作为调整商业活动中商标法律关系的法律规范，服务于商标实际功能的发挥，其相关法律精神不能脱离商标的本质。我国在坚持商标注册制度根本地位的同时，应防止仅关注注册商标而导致商标保护与商标使用、商标识别的脱节。未注册商标作为通过使用与商品或服务结合，能够识别商品或服务来源的标志，是真正发挥着商标功能、符合商标本质、与市场相关联的商标。保护未注册商标法益不仅能够保护诚实经营者的正当商标权益，更有益于弥补现有商标注册制度的不足，维护公平竞争的市场秩序，故是商标法律精神的应有之义。

  目前，经过多次修法，我国已然搭建起了以《商标法》第13条、第15条、第32条、第59条，《反不正当竞争法》第6条为主要法律条款的未注册商标法益的初步框架，但此框架仍有待完善，以致在实践中助长了商标恶意抢注与不当抢注的行为。因此，是时候认真考量我国未注册商标法益的整个框架，体系化解释与完善现有规定，以促进相关制度功能的充分发挥。笔者对我国未注册商标法益作出了系统的理论研究，并提出了制度完善的立法建议。其中，核心结论是：首先，应通过区分恶意抢注与不当抢注，划分我国"未注册商标法益保护"与"恶意注册的法律规制"的清晰界限。对于恶意抢注未注册商标的情形，落入惩罚恶意的法律规制不对未注册商标通过使用形成的影响力做过高要求，只要未注册商标具有受法律保护的状态即可；对于不当抢注未注册商标的情形，以混淆可能性为禁止依据，要求未注册商标具有识别商品或服务来源的较高的影响力。其次，《商标法》增加针对恶意抢注的损害赔偿责任的规定。最后，在商标授权确权阶段，由《商标法》为未注册商标法益提供以制止抢注、商标先用权为内容的保护；在商标侵权阶段，《反不正当竞争法》增加"未注册商标"概念，且由《反不正当竞争法》为一般未注册商标设置反混淆法益，为驰名未注册商标设置反淡化法益。

| 结　语 |

　　受制于主客观因素，笔者的研究仍存在不尽如人意的地方。在此抛砖引玉，希望本书能够引起学界与实务界对我国未注册商标法益的更多关注，以求在下一次《商标法》和《反不正当竞争法》修改时，集中讨论我国未注册商标法益设置的应有状态，完善相关法律制度，助力我国商标法律制度立法精神与制度功能的充分实现。

# 参 考 文 献

## 一、中文参考文献

### (一) 中文著作

[1] 北京市高级人民法院知识产权审判庭编著:《商标授权确权的司法审查》,中国法制出版社2014年版。

[2] 曹昌伟:《侵权法上的违法性研究》,中国政法大学出版社2017年版。

[3] 曹新明主编:《知识产权法学》(第3版),中国人民大学出版社2016年版。

[4] 曾世雄:《民法总则之现在与未来》,中国政法大学出版社2001年版。

[5] 杜颖译:《美国商标法》,知识产权出版社2013年版。

[6] 范长军:《德国反不正当竞争法研究》,法律出版社2010年版。

[7] 冯术杰:《商标法原理与应用》,中国人民大学出版社2017年版。

[8] 付继存:《商标法的价值构造研究——以商标权的价值与形式为中心》,中国政法大学出版社2012年版。

[9] 高祥主编:《比较法在法制建设中的作用:第三届比较法学与世界

共同法国际研讨会论文集》，中国政法大学出版社 2017 年版。

［10］国家工商行政管理总局商标局、国家工商行政管理总局商标评审委员会编著：《商标法理解与适用》，中国工商出版社 2015 年版。

［11］胡开忠：《商标法学教程》，中国人民大学出版社 2008 年版。

［12］黄茂荣：《法学方法与现代民法》，中国政法大学出版社 2001 年版。

［13］孔祥俊：《商标与不正当竞争法：原理与案例》，法律出版社 2009 年版。

［14］李琛：《论知识产权法的体系化》，北京大学出版社 2005 年版。

［15］李珂、叶竹梅编著：《法经济学基础理论研究》，中国政法大学出版社 2013 年版。

［16］李龙：《日本知识产权法律制度》，知识产权出版社 2012 年版。

［17］李明德、闫文军：《日本知识产权法》，法律出版社 2020 年版。

［18］李明德：《美国知识产权法》（第 2 版），法律出版社 2014 年版。

［19］李扬：《日本商标法》，知识产权出版社 2011 年版。

［20］李宗辉：《历史视野下的知识产权制度》，知识产权出版社 2015 年版。

［21］梁慧星：《民法总论》，法律出版社 2017 年版。

［22］梁慧星主编：《民商法论丛》第 52 卷，法律出版社 2013 年版。

［23］刘春田主编：《知识产权法》（第 5 版），中国人民大学出版社 2014 年版。

［24］刘铁光：《商标法基本范畴的界定及其制度的体系化解释与改造》，法律出版社 2017 年版。

［25］刘晓海主编：《德国知识产权理论与经典判例研究》，知识产权出版社 2013 年版。

［26］龙卫球：《民法总论》，中国法制出版社 2001 年版。

[27] 宁立志主编：《知识产权法》（第 2 版），武汉大学出版社 2011 年版。

[28] 彭学龙：《商标法的符号学分析》，法律出版社 2007 年版。

[29] 邵建东：《德国反不正当竞争法研究》，中国人民大学出版社 2001 年版。

[30] 王莲峰：《商标法学》（第 3 版），北京大学出版社 2019 年版。

[31] 王迁：《知识产权法教程》（第 5 版），中国人民大学出版社 2016 年版。

[32] 王太平：《商标法：原理与案例》，北京大学出版社 2015 年版。

[33] 王泽鉴：《民法总则》，中国政法大学出版社 2001 年版。

[34] 魏振瀛主编：《民法》（第 5 版），北京大学出版社、高等教育出版社 2013 年版。

[35] 翁心刚、姜旭主编：《日本流通相关法律解读》，中国财富出版社 2013 年版。

[36] 吴汉东：《知识产权总论》（第 3 版），中国人民大学出版社 2013 年版。

[37] 吴汉东主编：《知识产权年刊（2012 年号）》，北京大学出版社 2013 年版。

[38] 吴汉东主编：《知识产权制度：基础理论研究》，知识产权出版社 2009 年版。

[39] 余俊：《商标法律进化论》，华中科技大学出版社 2011 年版。

[40] 张文显主编：《法理学》（第 4 版），高等教育出版社、北京大学出版社 2011 年版。

[41] 张玉敏：《商标注册与确权程序改革研究：追求效率与公平的统一》，知识产权出版社 2016 年版。

[42] 郑成思：《知识产权论》，法律出版社 2003 年版。

[43] 朱冬：《财产话语与商标法的演进——普通法系商标财产化的历史考察》，知识产权出版社2017年版。

[44] 最高人民法院经济审判庭编：《日本专利商标判例选编》，最高人民法院经济审判庭1984年版。

[45] 左旭初：《中国商标法律史（近现代部分）》，知识产权出版社2005年版。

（二）中文译著

[1] [德] 黑格尔：《法哲学原理》，范扬、张企泰译，商务印书馆1961年版。

[2] [法] 让·波德里亚：《消费社会》，刘成富、全志钢译，南京大学出版社2000年版。

[3] [罗马] 查士丁尼：《法学总论：法学阶梯》，张企泰译，商务印书馆1989年版。

[4] [美] E. 博登海默：《法理学：法律哲学与法律方法》，邓正来译，中国政法大学出版社2017年版。

[5] [美] 理查德·A. 波斯纳：《法律的经济分析》，蒋兆康译，中国大百科全书出版社1997年版。

[6] [美] 约翰·罗尔斯：《正义论》，何怀宏、何包钢、廖申白译，中国社会科学出版社1988年版。

[7] [日] 森智香子、[日] 广濑文彦、[日] 森康晃：《日本商标法实务》，北京林达刘知识产权代理事务所译，知识产权出版社2012年版。

[8] [日] 田村善之：《日本知识产权法》，周超、李雨峰、李希同译，知识产权出版社2011年版。

[9] [英] 洛克：《政府论》（下篇），叶启芳、瞿菊农译，商务印书馆1964年版。

## (三) 中文论文

[1] [德] 安斯加尔·奥利、范长军:《比较法视角下德国与中国反不正当竞争法的新近发展》,载《知识产权》2018年第6期。

[2] 蔡晓东:《传统知识的知识产权化理论困境与反思》,载《国际商务研究》2014年第5期。

[3] 曹静:《商标淡化理论若干问题的思考》,载《知识产权》2013年第8期。

[4] 曹世海:《商标权注册取得制度研究》,西南政法大学2016年博士学位论文。

[5] 曹新明:《商标抢注之正当性研究——以"樊记"商标抢注为例》,载《法治研究》2011年第9期。

[6] 曹新明:《商标先用权研究——兼论我国〈商标法〉第三修正案》,载《法治研究》2014年第9期。

[7] 谌洪果:《法律实证主义的功利主义自由观:从边沁到哈特》,载《法律科学(西北政法学院学报)》2006年第4期。

[8] 程德理:《在先使用商标的"有一定影响"认定研究》,载《知识产权》2018年第11期。

[9] 崔国斌:《商标挟持与注册商标权的限制》,载《知识产权》2015年第4期。

[10] 戴文骐:《认真对待商标权:恶意抢注商标行为规制体系的修正》,载《知识产权》2019年第7期。

[11] 邓宏光:《商标混淆理论之新发展:初始兴趣混淆》,载《知识产权》2007年第3期。

[12] 邓社民:《未注册商标法律保护的理论基础》,载《中华商标》2006年第3期。

[13] 丁晓强:《深刻认识党的十一届三中全会的历史意义》,载《思

想理论教育导刊》2019 年第 4 期。

[14] 董慧娟、贺朗：《新"商标法"背景下恶意注册之类型化及规制——以商标审查程序为重点》，载《电子知识产权》2020 年第 6 期。

[15] 杜颖、郭珺：《论严格知识产权法定主义的缺陷及其缓和——以〈民法总则〉第 123 条为切入点》，载《山西大学学报（哲学社会科学版）》2019 年第 4 期。

[16] 杜颖、赵乃馨：《〈反不正当竞争法〉第 6 条第 1 项的理解与适用》，载《法律适用》2018 年第 15 期。

[17] 杜颖：《商标先使用权解读〈商标法〉第 59 条第 3 款的理解与适用》，载《中外法学》2014 年第 5 期。

[18] 杜颖：《在先使用的未注册商标保护论纲——兼评商标法第三次修订》，载《法学家》2009 年第 3 期。

[19] 樊雪：《"在先使用并具有一定影响"条款中"使用"要件的判断——评海南海视旅游卫视传媒有限责任公司与商标评审委员会、东方风行（北京）传媒文化有限公司商标异议复审行政纠纷案》，载《中华商标》2019 年第 4 期。

[20] 冯术杰、李楠楠：《商标在先使用抗辩条款的适用条件》，载《中华商标》2017 年第 9 期。

[21] 冯术杰：《未注册商标的权利产生机制与保护模式》，载《法学》2013 年第 7 期。

[22] 冯术杰：《我国驰名商标认定和保护中的几个问题》，载《电子知识产权》2017 年第 8 期。

[23] 冯术杰：《限制注册商标权：商标先用权制度的改革路径》，载《知识产权》2019 年第 8 期。

[24] 冯文杰：《我国商标专用权取得制度的反思与重构》，载《上海

政法学院学报（法治论丛）》2018 年第 4 期。

[25] 冯晓青、刘欢欢：《效率与公平视角下的商标注册制度研究——兼评我国商标法第四次修改》，载《知识产权》2019 年第 1 期。

[26] 冯晓青、罗晓霞：《在先使用有一定影响的未注册商标的保护研究》，载《学海》2012 年第 5 期。

[27] 冯晓青：《未注册驰名商标保护及其制度完善》，载《法学家》2012 年第 4 期。

[28] 冯晓青：《新时代中国特色知识产权法理思考》，载《知识产权》2020 年第 4 期。

[29] 高全喜：《休谟的财产权理论》，载《北大法律评论》2003 年第 1 期。

[30] 桂世河：《符号价值是商品的第三种价值吗》，载《西安电子科技大学学报（社会科学版）》2005 年第 3 期。

[31] 国家工商总局商标局：《商标注册与管理工作的曲折道路》，载《中华商标》2003 年第 3 期。

[32] 国家工商总局商标局：《新中国商标注册与管理制度的建立和发展》，载《中华商标》2003 年第 2 期。

[33] 何震、杜健：《在先使用未注册商标的司法保护》，载《人民司法》2013 年第 17 期。

[34] 黄保勇：《未注册商标的法律保护研究》，西南政法大学 2012 年博士学位论文。

[35] 黄晖：《反不正当竞争法对未注册商标的保护》，载《中华商标》2007 年第 4 期。

[36] 黄汇、谢申文：《驳商标被动使用保护论》，载《知识产权》2012 年第 7 期。

[37] 黄汇：《商标权正当性自然法维度的解读——兼对中国〈商标

法〉传统理论的澄清与反思》，载《政法论坛》2014 年第 5 期。

[38] 黄汇：《注册取得商标权制度的观念重塑与制度再造》，载《法商研究》2015 年第 4 期。

[39] 黄汇：《论〈反不正当竞争法〉对未注册商标的保护——兼论〈反不正当竞争法〉与〈商标法〉的体系协调》，载《法商研究》2024 年第 5 期。

[40] 黄汇：《反不正当竞争法对未注册商标的有效保护及其制度重塑》，载《中国法学》2022 年第 5 期。

[41] 黄璞琳：《新〈反不正当竞争法〉与〈商标法〉在仿冒混淆方面的衔接问题浅析》，载《中华商标》2018 年第 2 期。

[42] 黄武双、刘榕：《驰名商标地域性认定标准的突破》，载《科技与法律》2020 年第 5 期。

[43] 黄武双、阮开欣：《商标申请人与在后使用人利益的冲突与权衡》，载《知识产权》2015 年第 4 期。

[44] 纪建文：《法律中先占原则的适用及限度》，载《法学论坛》2016 年第 4 期。

[45] 江帆：《商誉与商誉侵权的竞争法规制》，载《比较法研究》2005 年第 5 期。

[46] 焦新伟：《〈商标法〉与〈反不正当竞争法〉商标权保护比较》，载《中华商标》2009 年第 1 期。

[47] 金武卫：《〈商标法〉第三次修改回顾与总结》，载《知识产权》2013 年第 10 期。

[48] 孔明安：《从物的消费到符号消费——鲍德里亚的消费文化理论研究》，载《哲学研究》2002 年第 11 期。

[49] 孔祥俊、夏君丽、周云川：《〈关于审理商标授权确权行政案件若干问题的意见〉的理解与适用》，载《人民司法》2010 年第

11 期。

[50] 孔祥俊：《反不正当竞争法的司法创新和发展——为〈反不正当竞争法〉施行 20 周年而作》（上），载《知识产权》2013 年第 11 期。

[51] 孔祥俊：《反不正当竞争法的司法创新和发展——为〈反不正当竞争法〉施行 20 周年而作》，载《知识产权》2013 年第 12 期。

[52] 孔祥俊：《论反不正当竞争法的竞争法取向》，载《法学评论》2017 年第 5 期。

[53] 孔祥俊：《论非使用性恶意商标注册的法律规制——事实与价值的二元构造分析》，载《比较法研究》2020 年第 2 期。

[54] 孔祥俊：《论商品名称包装装潢法益的属性与归属——兼评"红罐凉茶"特有包装装潢案》，载《知识产权》2017 年第 12 期。

[55] 孔祥俊：《论新修订〈反不正当竞争法〉的时代精神》，载《东方法学》2018 年第 1 期。

[56] 李琛：《论商标禁止注册事由概括性条款的解释冲突》，载《知识产权》2015 年第 8 期。

[57] 李琛：《质疑知识产权之"人格财产一体性"》，载《中国社会科学》2004 年第 2 期。

[58] 李琛：《中国商标法制四十年观念史述略》，载《知识产权》2018 年第 9 期。

[59] 李建华：《论知识产权法定原则——兼论我国知识产权制度的创新》，载《吉林大学社会科学学报》2006 年第 4 期。

[60] 李可：《类型思维及其法学方法论意义——以传统抽象思维作为参照》，载《金陵法律评论》2003 年第 2 期。

[61] 李明德：《关于〈反不正当竞争法〉修订的几个问题》，载《知识产权》2017 年第 6 期。

[62] 李明德：《关于反不正当竞争法的几点思考》，载《知识产权》2015 年第 10 期。

[63] 李胜利：《三种涉及商标的不正当竞争行为的法律规制》，载《社会科学家》2011 年第 12 期。

[64] 李士林：《商业标识的反不正当竞争法规整——兼评〈反不正当竞争法〉第 6 条》，载《法律科学（西北政法大学学报）》2019 年第 6 期。

[65] 李晓燕：《商标注册主义视阈下的未注册商标保护研究》，载《新余学院学报》2017 年第 6 期。

[66] 李岩：《民事法益研究》，吉林大学 2007 年博士学位论文。

[67] 李岩：《民事法益与权利、利益的转化关系》，载《社科纵横》2008 年第 3 期。

[68] 李扬：《商标法中在先权利的知识产权法解释》，载《法律科学（西北政法学院学报）》2006 年第 5 期。

[69] 李扬：《我国商标抢注法律界限之重新划定》，载《法商研究》2012 年第 3 期。

[70] 李扬：《知识产权法定主义及其适用——兼与梁慧星、易继明教授商榷》，载《法学研究》2006 年第 2 期。

[71] 李友根：《论消费者在不正当竞争判断中的作用——基于商标侵权与不正当竞争案的整理与研究》，载《南京大学学报（哲学·人文科学·社会科学）》2013 年第 1 期。

[72] 李雨峰、倪朱亮：《寻求公平与秩序：商标法上的共存制度研究》，载《知识产权》2012 年第 6 期。

[73] 李雨峰：《未注册在先使用商标的规范分析》，载《法商研究》2020 年第 1 期。

[74] 李雨峰：《重塑侵害商标权的认定标准》，载《现代法学》2010

年第 6 期。

[75] 刘国栋：《对未注册商标的法律保护》，载《中华商标》2006 年第 10 期。

[76] 刘丽娟：《确立反假冒为商标保护的第二支柱——〈反不正当竞争法〉第 6 条之目的解析》，载《知识产权》2018 年第 2 期。

[77] 刘铁光：《〈商标法〉中"商标使用"制度体系的解释、检讨与改造》，载《法学》2017 年第 5 期。

[78] 刘铁光：《规制商标"抢注"与"囤积"的制度检讨与改造》，载《法学》2016 年第 8 期。

[79] 刘维、张丽敏：《未注册商标权益形成机制研究》，载《知识产权》2016 年第 7 期。

[80] 刘燕：《商标抢注行为浅析与防范》，载《政法论坛》2010 年第 5 期。

[81] 刘自钦：《论我国商标注册诚信原则运用机制的改进》，载《知识产权》2016 年第 11 期。

[82] 卢洁华、王太平：《商标跨类保护的跨学科解释》，载《知识产权》2016 年第 4 期。

[83] 芦苗苗：《抢注未注册驰名商标法律规制的中日比较研究》，华东政法大学 2018 年硕士学位论文。

[84] 罗莉：《信息时代的商标共存规则》，载《现代法学》2019 年第 4 期。

[85] ［美］罗斯科·庞德、邓正来：《社会哲学法学派》，载《法制与社会发展》2004 年第 1 期。

[86] 罗霞、石磊：《〈意大利费列罗公司诉蒙特莎（张家港）食品有限公司、天津经济技术开发区正元行销有限公司不正当竞争纠纷案〉的理解与参照——对知名商品的特有包装、装潢进行足以引

起混淆误认的全面模仿构成不正当竞争》，载《人民司法（案例）》2016 年第 26 期。

[87] 马淑娟、吉生保：《符号价值理论评析——对马克思使用价值理论的再审视》，载《经济学家》2011 年第 2 期。

[88] 梅琼林：《符号消费构建消费文化——浅论鲍德里亚的符号批判理论》，载《学术论坛》2006 年第 2 期。

[89] 宁立志：《经济法之于知识产权的作为与底线》，载《经济法论丛》2018 年第 1 期。

[90] 宁立志：《知识产权权利限制的法经济学分析》，载《法学杂志》2011 年第 12 期。

[91] 彭学龙：《商标法基本范畴的符号学分析》，载《法学研究》2007 年第 1 期。

[92] 彭学龙：《商标显著性新探》，载《法律科学（西北政法学院学报）》2006 年第 2 期。

[93] 彭学龙：《寻求注册与使用在商标确权中的合理平衡》，载《法学研究》2010 年第 3 期。

[94] 乔云：《德国新商标法简介》，载《知识产权》1996 年第 4 期。

[95] 屈春海：《清末中外关于〈商标注册试办章程〉交涉史实考评》，载《历史档案》2012 年第 4 期。

[96] 芮松艳、陈锦川：《〈商标法〉第 59 条第 3 款的理解与适用——以启航案为视角》，载《知识产权》2016 年第 6 期。

[97] 孙明娟：《恶意注册的概念、类型化及其应用》，载《中华商标》2018 年第 3 期。

[98] 孙山：《民法上"法益"概念的探源与本土化》，载《河北法学》2020 年第 4 期。

[99] 孙山：《未注册商标法律保护的逻辑基础与规范设计》，载《甘

肃政法学院学报》2015 年第 2 期。

[100] 孙颖：《论反不正当竞争法对知识产权的保护》，载《政法论坛》2004 年第 6 期。

[101] 谭建华：《论西塞罗的自然法思想》，载《求索》2005 年第 2 期。

[102] 陶鑫良：《面对第二次修改后的〈商标法〉的思绪》，载《中华商标》2001 年第 12 期。

[103] 田广兰：《功利与权利——自由主义权利论对功利主义权利论的批判》，载《哲学动态》2007 年第 10 期。

[104] 田晓玲、张玉敏：《商标抢注行为的法律性质和司法治理》，载《知识产权》2018 年第 1 期。

[105] 佟姝：《商标先用权抗辩制度若干问题研究——以最高人民法院公布的部分典型案例为研究范本》，载《法律适用》2016 年第 9 期。

[106] 汪泽：《对"在先使用并有一定影响的商标"的保护——适用〈商标法〉第三十一条典型商标异议案点评》，载《中华商标》2007 年第 11 期。

[107] 汪泽：《中德商标法国际研讨会综述》，载《中华商标》2009 年第 12 期。

[108] 王春燕：《商标保护法律框架的比较研究》，载《法商研究（中南政法学院学报）》2001 年第 4 期。

[109] 王国柱：《论商标故意侵权的体系化规制》，载《东方法学》2020 年第 5 期。

[110] 王莲峰、刘润涛：《反法解读丨新反法第六条"有一定影响"的理解与适用》，载搜狐网 2017 年 11 月 29 日，https：//www.sohu.com/a/207469078_221481。

[111] 王莲峰:《规制商标恶意注册的法律适用问题研究》,载《中州学刊》2020 年第 1 期。

[112] 王莲峰:《商标先用权规则的法律适用——兼评新〈商标法〉第 59 条第 3 款》,载《法治研究》2014 年第 3 期。

[113] 王莲峰:《我国商标权限制制度的构建——兼谈〈商标法〉的第三次修订》,载《法学》2006 年第 11 期。

[114] 王美娟:《我国商标法的修改和完善》,载《法治论丛》1993 年第 6 期。

[115] 王明科、丁碧波:《侵权法视域下商标被抢注人的权益保护》,载《齐齐哈尔大学学报(哲学社会科学版)》2019 年第 6 期。

[116] 王明科:《新中国商标抢注防范制度的历史形成与展望》,载《产业创新研究》2020 年第 6 期。

[117] 王太平:《商标法研究的跨学科方法》,载《湘江青年法学》2015 年第 1 期。

[118] 王太平:《商标共存的法理逻辑与制度构造》,载《法律科学(西北政法大学学报)》2018 年第 3 期。

[119] 王太平:《我国普通未注册商标与注册商标冲突之处理》,载《知识产权》2020 年第 6 期。

[120] 王太平:《我国未注册商标保护制度的体系化解释》,载《法学》2018 年第 8 期。

[121] 王太平:《我国知名商品特有名称法律保护制度之完善——基于我国反不正当竞争法第 5 条第 2 项的分析》,载《法商研究》2015 年第 6 期。

[122] 王雪梅:《从商标牌号纠纷诉讼看清末民初商民的商标法律意识》,载《四川师范大学学报(社会科学版)》2015 年第 4 期。

[123] 韦之:《论不正当竞争法与知识产权法的关系》,载《北京大学

学报（哲学社会科学版）》1999年第6期。

[124] 魏丽丽：《商标恶意抢注法律规制路径探究》，载《政法论丛》2020年第1期。

[125] 吴汉东：《财产的非物质化革命与革命的非物质财产法》，载《中国社会科学》2003年第4期。

[126] 吴汉东：《财产权的类型化、体系化与法典化——以〈民法典（草案）〉为研究对象》，载《现代法学》2017年第3期。

[127] 吴汉东：《论反不正当竞争中的知识产权问题》，载《现代法学》2013年第1期。

[128] 吴汉东：《知识产权的多元属性及研究范式》，载《中国社会科学》2011年第5期。

[129] 谢晓尧：《也论知识产权的冲突与协调——一个外部性的视角》，"2006年度（第四届）中国法经济学论坛"会议论文集论文，2006年5月于南京。

[130] 谢晓尧：《论反不正当竞争法对知识产权的保护》，载《中山大学学报（社会科学版）》2006年第3期。

[131] 谢晓俊：《未注册商标在先使用的司法适用》，载《中华商标》2024年第1期。

[132] 熊文聪：《论商标法中的"第二含义"》，载《知识产权》2019年第4期。

[133] 严存生：《法理学、法哲学关系辨析》，载《法律科学（西北政法学院学报）》2000年第5期。

[134] 杨红军：《反不正当竞争法过度介入知识产品保护的问题及对策》，载《武汉大学学报（哲学社会科学版）》2018年第4期。

[135] 杨佳红：《民法占有制度研究》，西南政法大学2006年博士学位论文。

[136] 杨立新：《个人信息：法益抑或民事权利——对〈民法总则〉第 111 条规定的"个人信息"之解读》，载《法学论坛》2018 年第 1 期。

[137] 杨明：《试论反不正当竞争法对知识产权的兜底保护》，载《法商研究》2003 年第 3 期。

[138] 杨叶璇：《试论保护未注册驰名商标的法律依据和法律意义》，载《知识产权》2005 年第 2 期。

[139] 姚大志：《罗尔斯与功利主义》，载《社会科学战线》2008 年第 7 期。

[140] 姚鹤徽：《知名商品特有名称反不正当竞争保护制度辩证与完善——兼评〈反不正当竞争法〉（修订草案送审稿）》，载《法律科学（西北政法大学学报）》2016 年第 3 期。

[141] 姚洪军：《驰名商标相关法律问题研究》，中国社会科学院研究生院 2009 年博士学位论文。

[142] 叶霖：《我国商标注册制度完善研究》，中南财经政法大学 2020 年博士学位论文。

[143] 易继明：《评财产权劳动学说》，载《法学研究》2000 年第 3 期。

[144] 余俊：《商标注册制度功能的体系化思考》，载《知识产权》2011 年第 8 期。

[145] 占茂华：《论西方近代自然法观念的特征》，载《学术论坛》2010 年第 7 期。

[146] 张炳生：《论商标功能的实现途径与反向假冒的危害》，载《政法论坛》2005 年第 6 期。

[147] 张广良、冯靓：《从华盛顿州反不正当竞争新法案看美国知识产权保护新动向》，载《知识产权》2011 年第 10 期。

[148] 张恒山:《财产所有权的正当性依据》,载《现代法学》2001 年第 6 期。

[149] 张开泽:《法益性权利:权利认识新视域》,载《法制与社会发展》2007 年第 2 期。

[150] 张玲玲:《论未注册驰名商标的司法认定与保护——兼评〈商标法〉第十三条及〈反不正当竞争法〉第六条第一项的适用》,载《法律适用》2019 年第 11 期。

[151] 张明楷:《新刑法与法益侵害说》,载《法学研究》2000 年第 1 期。

[152] 张鹏:《〈商标法〉第 59 条第 3 款"在先商标的继续使用抗辩"评注》,载《知识产权》2019 年第 9 期。

[153] 张鹏:《规制商标恶意抢注规范的体系化解读》,载《知识产权》2018 年第 7 期。

[154] 张鹏:《我国未注册商标效力的体系化解读》,载《法律科学(西北政法大学学报)》2016 年第 5 期。

[155] 张平:《〈反不正当竞争法〉的一般条款及其适用——搜索引擎爬虫协议引发的思考》,载《法律适用》2013 年第 3 期。

[156] 张晓芝:《试论公平与效率相统一的法律基础》,载《经济管理》2003 年第 9 期。

[157] 张峣:《商标先用权保护探讨》,载《知识产权》2014 年第 2 期。

[158] 张玉敏:《论使用在商标制度构建中的作用——写在商标法第三次修改之际》,载《知识产权》2011 年第 9 期。

[159] 张玉敏:《知识产权的概念和法律特征》,载《现代法学》2001 年第 5 期。

[160] 赵惜兵:《完善商标法律制度适应我国入世需要——〈商标法〉

修改内容简介》，载《科技与法律》2001 年第 4 期。

[161] 赵毓坤：《民国时期的商标立法与商标保护》，载《历史档案》2003 年第 3 期。

[162] 郑成思：《反不正当竞争——知识产权的附加保护》，载《中国社会科学院研究生院学报》2003 年第 6 期。

[163] 郑孟云：《商标恶意囤积的法经济学分析》，载《经济研究导刊》2020 年第 10 期。

[164] 郑敏渝：《德国未注册商标的保护制度及其对我国的启示》，载《电子知识产权》2020 年第 7 期。

[165] 郑胜利：《论知识产权法定主义》，载《中国发展》2006 年第 3 期。

[166] 郑友德、万志前：《论商标法和反不正当竞争法对商标权益的平行保护》，载《法商研究》2009 年第 6 期。

[167] 郑友德、王活涛：《新修订反不正当竞争法的顶层设计与实施中的疑难问题探讨》，载《知识产权》2018 年第 1 期。

[168] 钟鸣、陈锦川：《制止恶意抢注的商标法规范体系及其适用》，载《法律适用》2012 年第 10 期。

[169] 周樨平：《混淆理论和淡化理论在驰名商标跨类保护中的适用》，载《河北大学学报（哲学社会科学版）》2011 年第 6 期。

[170] 周樨平：《商业标识保护中"搭便车"理论的运用——从关键词不正当竞争案件切入》，载《法学》2017 年第 5 期。

[171] 朱庆育：《权利的非伦理化：客观权利理论及其在中国的命运》，载《比较法研究》2001 年第 3 期。

[172] 朱谢群：《商标、商誉与知识产权——兼谈反不正当竞争法之归类》，载《当代法学》2003 年第 5 期。

[173] 朱谢群：《知识产权的法理基础》，载《知识产权》2004 年第

5期。

[174] 左旭初:《民国时期的商标管理（上）——北洋政府时期》，载《中华商标》2011年第12期。

（四）中文案例

[1] 北京市朝阳区人民法院（2017）京0105民初57615号民事判决书。

[2] 北京市第一中级人民法院（1994）中经知初字第566号民事判决书。

[3] 北京市第一中级人民法院（2010）一中知行初字第1135号行政判决书。

[4] 北京市高级人民法院（2018）京行终6256号行政判决书。

[5] 北京市高级人民法院（2015）高行（知）终字第1538号行政判决书。

[6] 北京市高级人民法院（2014）高行终字第1696号 | （2013）一中知行初字第1518号行政判决书。

[7] 北京市海淀区人民法院（2018）京0108民初25642号民事判决书。

[8] 北京市海淀区人民法院（2019）京0108民初12230号民事判决书。

[9] 北京市石景山区人民法院（2017）京0107民初13266号民事判决书。

[10] 北京知识产权法院（2016）京73民初字第277号民事判决书。

[11] 北京知识产权法院（2016）京73行初3037号行政判决书。

[12] 北京知识产权法院（2016）京73行初334号行政判决书。

[13] 北京市高级人民法院（2018）京行终5348号行政判决书。

[14] 北京知识产权法院（2019）京73行初5089号行政判决书。

[15] 北京知识产权法院（2019）京73民终3304号民事判决书。

[16] 北京知识产权法院（2020）京73民终1504号民事裁定书。

[17] 北京知识产权法院（2020）京73民终2520号民事判决书。

[18] 福建省福州市中级人民法院（2017）闽01民初327号民事判决书。

[19] 广东省广州市天河区人民法院（2019）粤0106民初38290号民事判决书。

[20] 广东省深圳市中级人民法院（2018）粤03民初581号民事判决书。

[21] 湖北省武汉市中级人民法院（2016）鄂01民初2178号民事判决书。

[22] 上海市浦东新区人民法院（2015）浦民三（知）初字第141号民事判决书。

[23] 上海市徐汇区人民法院（2018）沪0104民初27317号民事判决书。

[24] 上海知识产权法院（2015）沪知民初字第518号民事判决书。

[25] 上海知识产权法院（2015）沪知民终字第522号民事判决书。

[26] 浙江省高级人民法院（2020）浙民终299号民事判决书。

[27] 浙江省杭州市中级人民法院（2019）浙01民初20号民事判决书。

[28] 浙江省杭州市中级人民法院（2019）浙01民终6883号民事判决书。

[29] 最高人民法院（2013）知行字第80号行政裁定书。

[30] 重庆市第一中级人民法院（2017）渝01民终3926号民事判决书。

[31] 最高人民法院（2012）知行字第9号行政裁定书。

［32］最高人民法院（2009）民申字第 268 号民事裁定书。

［33］最高人民法院（2012）行提字第 2 号行政判决书。

## 二、外文参考文献

［1］ "*Efficient, Fast and Low – cost*"：*Law Amendments Strengthen Rights of Trade Mark Proprietors*, German Patent and Trade Mark （DPMA） （Nov. 24, 2020），https：//www. dpma. de/english/services/public_ relations/press_ releases/20200429. html.

［2］Frazer J. d. , *American Jurisprudence Proof of Facts*，Lawyers Cooperative Publishing, 1974, p. 84.

［3］Ann Bartow, *Likelihood of Confusion*, San Diego Law Review, Vol. 1, p. 722 – 816（2004）.

［4］Bernd Stegmaier, *German and European Trademark Law*, Contemporary Legal Issues, Vol. 12：1, p. 433 – 436（2001）.

［5］Brett Thomas Reynolds, *Appellate Review of Lanham Act Violations*：*Is Likelihood of Confusion A Question of Law or Fact?*, Southwestern Law Journal, Vol. 38：2, p. 743 – 773（1984）.

［6］David S. Welkowitz, *The Problem of Concurrent Use of Trademarks*：*An Old/New Proposal*, University of Richmond Law Review, Vol. 28：2, p. 315 – 384（1994）.

［7］Dawn Donut Co. v. Hart's Food Stores, Inc. , 267 F. 2d 358（2d Cir. 1959）.

［8］Dinwoodie & Graeme, *Territorial Overlaps in Trademark Law*：*The Evolving European Model*, Notre Dame Law Review, Vol. 92：4, p. 1669 – 1744（2017）.

［9］Doris Nehme, *Comparing Trademark Laws in the United States and*

*Japan*, Journal of Contemporary Legal Issues, Vol. 12: 1, p. 441 – 444 (2001).

[10] Elisabeth Kasznar Fekete, *Use of Unregistered and Registered Trademarks: The Brazilian System*, The Trademark Reporter, Vol. 104: 6, p. 1255 – 1274 (2014).

[11] Hanover Star Milling Co. v. Metcalf, 240 U. S. 90 (1916).

[12] Hunziker & Katherine, *The Good Faith, the Bad Faith and the Ugly*, Journal of the Patent and Trademark Office Society, Vol. 100: 4, p. 671 – 696 (2019).

[13] J. Thomas McCarthy, *McCarthy on Trademarks and Unfair Competition*, Eagan: Thomson West, 2010.

[14] Jeremy Phillips & Ilanah Simon, *Trade Mark Use*, Oxford: Oxford University Press, 2005.

[15] Ladas & Stephen. P, *International Trademark Protection: Private Interests and Public Programs: Key Presentations*, Patent, Trademark and Copyright Journal of Research and Education, Vol. 1: 15, p. 81 – 83 (1971 – 1972).

[16] Leslie F. Brown, *Avery Dennison Corp. v. Sumpton*, Berkeley Technology Law Journal, Vol. 14: 1, p. 247 – 266 (1999).

[17] Lisa P. Ramsey, *Using Failure to Function Doctrine to Protect Free Speech and Competition in Trademark Law*, Iowa Law Review Bulletin, Vol. 104: 1, p. 70 – 104 (2019 – 2020).

[18] Lucent Information Management, Inc. v. Lucent Technologies, Inc, 186 F. 3d 311 (3d Cir. 1999).

[19] Mark P. McKenna, *Teaching Trademark Theory Through the Lens of Distinctive ness*, St. Louis L. J., Vol. 52: 3, p. 843 – 854 (2008).

[20] Mark v. B. Partridge, *A Review of Recent Trademark and Unfair Competition Cases in the U.S.*, The Journal of Law and Technology, Vol. 38: 1, p. 57 – 104 (1997).

[21] Marsoof & Althaf, *TRIPS Compatibility of Sri Lankan Trademark Law*, Journal of World Intellectual Property, Vol. 15: 1, p. 51 – 72 (2012).

[22] Maxim Voltchenko, *Russian Highest Judicial Authority in Commercial Law Issues A Letter Interpreting the 1992 Russian Trademark Act*, The Trademark Reporter, Vol. 88, p. 63 – 71 (1998).

[23] Rebecca Tushnet, *Registering Disagreement: Registration in Modern American Trademark Law*, Harvard Law Review, Vol. 130: 3, p. 867 – 941 (2017).

[24] Robert Burrell & Michael Handler, *The Intersection Between Registered and Unregistered Trade Marks*, FedLawRw, Vol. 35: 3, p. 375 – 398 (2007).

[25] Robert Burrell, *"Trade Mark Bureaucracies" in Graeme, Trademark Law and Theory: A Handbook of Contemporary*, Edward Elgar, 2008.

[26] Robert G. Bone, *Hunting Goodwill: a History of the Concept of Goodwill in Trademark Law*, Boston University Law Review, Vol. 86: 3, p. 547 – 622 (2006).

[27] Sean A Pager & Eric Priest, *Redeeming Globalization through Unfair Competition Law*, Cardozo L Rev, Vol. 41: 6, p. 2435 – 2520 (2020).

[28] Shontavia Johnson, *Trademark Territoriality in Cyberspace: An Internet Framework for Common – Law Trademarks*, Berkeley Tech-

nology Law Journal, Vol. 29: 2, p. 1253 – 1300 (2014).

[29] Stacey L. Dogan & Mark A. Lemley, *Grounding Trademark Law Through Trade mark Use*, Iowa Law Review, Vol. 92: 5, p. 1669 – 1702 (2007).

[30] Suzuki, Masaya, *The Trademark Registration System in Japan: A Firsthand Review and Exposition Marquette*, Intellectual Property Law Review, Vol. 134: 5, p. 133 – 176 (2001).

[31] *The Trend Towards Enhancing Trademark Owners' Rights – a Comparative Study of U. S. and German Trademark Law*, Journal of Intellectual Property Law, Vol. 7: 2, p. 227 – 313 (2007).

[32] Thomas D. Selz & Melvin Simensky, Patricia Nassif Acton. Entertainment Law: Legal Concepts and Business Practices, Shephard's/McGraw – Hill, 1992.

[33] Thrifty Rent – a – CarSystem, Inc. v. Thrift Cars, Inc, 831 F. 2d 1 177 (Is Cir. 1987).

[34] Emil Brunner, trans. by Mary Hottinger, Justice and Social Order, 1945, p. 17.

[35] Uli Widmaier, *Use, Liability, and the Structure of Trademark Law*, Hofstra L. Rev, Vol. 33: 2, p. 603 – 710 (2004).

[36] United Drug Co. v. Rectanus Co., 248 U. S. 403 (1918).

[37] Verena von Bomhard & Artur Geier, *Unregistered Trademarks in EU Trademark Law*, The Trademark Reporter, Vol. 107: 3, p. 679 (2017).